NIEDERRHEINISCHE STUDIEN

ARBEITEN ZUR RHEINISCHEN LANDESKUNDE

ISSN 0373—7187

Herausgegeben von
H. Hahn   W. Kuls   W. Lauer   P. W. Höllermann   und   W. Matzat

Schriftleitung: H.— J. Ruckert

Heft 46

Niederrheinische Studien

Herausgegeben

von

Gerhard Aymans

1980

In Kommission bei
FERD. DÜMMLERS VERLAG · BONN
— Dümmlerbuch 7146 —

Niederrheinische Studien

Carl Gödde zum 60. Geburtstag

mit Beiträgen von

Christoph Abs, Gerhard Aymans, Hans Böhm,
Edgar Enzel, Peter Frankenberg, Winfried Golte,
Peter Hauth, Klaus Heine, Rosa Hemmers,
Wilfried Krings, Hans – Dieter Laux,
Helmut Siebertz, Günter Thieme

In Kommission bei

FERD. DÜMMLERS VERLAG · BONN

1980

Dümmlerbuch 7146

Gedruckt mit Unterstützung des Landschaftsverbandes Rheinland

ISBN 3 – 427 – 71461 – 6

© 1980 Ferd. Dümmlers Verlag, 53 Bonn 1
Herstellung: Richard Schwarzbold, Witterschlick b. Bonn

V

Vorwort

Die Geographischen Institute der Universität Bonn führen seit 1970 von ihrer Außenstelle Weeze-Baal (Kreis Kleve) aus praktische Übungen durch, die vor allem das Ziel verfolgen, Studienanfängern Fertigkeiten in der Beobachtung, Aufnahme und Analyse räumlicher Tatbestände und Vorgänge zu vermitteln. Die im vorliegenden Heft der ARBEITEN ZUR RHEINISCHEN LANDESKUNDE zusammengestellten Beiträge sind aus diesen Übungen hervorgegangen, wobei die einen unmittelbar im Zusammenhang mit Untersuchungen stehen, die die Verfasser mit den von ihnen betreuten Studenten angestellt haben, während die anderen Teilergebnisse von Examensarbeiten sind, die diese oder jene Frage aus den Übungen aufgegriffen und vertieft haben.

Der Wunsch, wenigstens einen Teil der Untersuchungsergebnisse zu veröffentlichen, ist vor allem von zwei Seiten geäußert worden, zum einen nämlich von Studenten, die an den Übungen teilgenommen und zu deren Ergebnissen beigetragen haben, und zum anderen von den Städten und Gemeinden, in deren Gebiet die jeweiligen Untersuchungen durchgeführt worden sind. Gerade die letztgenannten haben immer wieder ihr Interesse an den Untersuchungsergebnissen bekundet und darauf verwiesen, daß diese - jedenfalls für die betroffenen Städte und Gemeinden - praktisch verloren sind, wenn sie nur den unmittelbaren Zwecken des Unterrichts oder denen der meist nicht veröffentlichten Examensarbeiten dienen. Diesen Wünschen haben die Verfasser sich um so weniger entziehen zu können geglaubt, als die Arbeiten am unteren Niederrhein vor genau 10 Jahren aufgenommen worden sind und deshalb Anlaß für eine Rückbesinnung auf die dort gewonnenen Einsichten geben.

Nicht zuletzt ist dieses Heft jedoch aus dem Gedanken heraus entstanden, auf diese Art und Weise dem Gemeindedirektor der Gemeinde Weeze, Herrn Carl Gödde, anläßlich seines 60sten Geburtstages für seine stets wie selbstverständlich gewährte ideelle und materielle Unterstützung unserer Vorhaben sowie für seine häufig bewiesene Gastfreundschaft vielen Studentengruppen gegenüber herzlich zu danken. Ihm sind die "Niederrheinischen Studien" im Namen der Verfasser, aber auch im Namen der mehr als 1000 Studenten, die seit 1970 an den Übungen in Weeze-Baal teilgenommen haben, mit besten Wünschen zugeeignet.

Der Herausgeber hat bei der Vorbereitung und der Drucklegung des Heftes verständnisvolle Unterstützung von verschiedenen Seiten erfahren, denen er hier, auch im Namen der Verfasser der Einzelbeiträge, herzlich dankt: dem Landschaftsverband Rheinland für einen Druckkostenzuschuß, den Herausgebern der ARBEITEN ZUR RHEINISCHEN LANDESKUNDE für die Aufnahme der "Niederrheinischen Studien" in ihre Schriftenreihe und der Kartographie der Geographischen Institute der Universität Bonn für die bestechend klare Ausführung der Entwürfe zahlreicher Abbildungen und Karten. Besonders hervorgehoben zu werden verdient die große Sorgfalt, mit der Frau Sigrid Arenz die Druckgrundlage des Heftes geschrieben hat. Ihr sei daher auch besonders herzlich gedankt.

Bonn, den 20. Juli 1980   G. Aymans

Inhaltsverzeichnis

Seite

KLAUS HEINE und HELMUT SIEBERTZ:

Abriß der paläographischen Entwicklung des unteren Niederrheingebietes   1

WINFRIED GOLTE und KLAUS HEINE:

Fossile Rieseneiskeilnetze als periglaziale Klimazeugen am Niederrhein   15

PETER FRANKENBERG:

Bodenfeuchte, Mikroklima und Vegetation am Niederrhein   27

HELMUT SIEBERTZ:

Ausgewählte quartärmorphologische Probleme am unteren Niederrhein: Ergebnisse einer geomorphologischen Kartierung, dargestellt am Beispiel einer geomorphologischen Übersichtskarte vom Raum Kalkar   37

HANS DIETER LAUX und GÜNTER THIEME

Vorbemerkungen zu Studien über den Bevölkerungswandel der Gemeinde Weeze seit dem 19. Jahrhundert   47

HANS DIETER LAUX:

Dimensionen der natürlichen Bevölkerungsentwicklung im ländlichen Raum. Dargestellt am Beispiel der Gemeinde Weeze, 1871-1979   49

GÜNTER THIEME:

Räumlich-distanzielle Aspekte des Heiratsverhaltens. Eine Untersuchung am Beispiel der Gemeinde Weeze, 1878-1978   61

GERHARD AYMANS und EDGAR ENZEL:

Bevölkerungswanderungen am unteren Niederrhein. Die Stadt Goch in den Jahren 1970-1978 als Beispiel   73

ROSA HEMMERS:

Mängel der beruflichen Ausbildung im ländlichen Raum. Ergebnisse einer Fallstudie in der Gemeinde Weeze   91

WILFRIED KRINGS:

Persistente Muster in der Agrarlandschaft des Baaler Bruchs, Gemeinde Weeze   101

HANS BÖHM:

Entwicklung und Struktur des niederrheinischen Gartenbaus   117

CHRISTOPH ABS:

Goch-Nierswalde. Entwicklungsskizze der landwirtschaftlichen Siedlerstellen in einer Siedlung der Nachkriegszeit   137

PETER HAUTH:

Die Förderwürdigkeit kleiner Raumeinheiten. Ein Meßsystem, dargestellt am Beispiel der Region Kleve   145

Abriß der paläogeographischen Entwicklung des unteren Niederrheingebietes

Klaus Heine und Helmut Siebertz

Mit 6 Abbildungen und 1 Tabelle

Summary. Outline of the palaeogeographic evolution of the Lower Rhine area

The development of the geomorphologic features of the landscape took place during the Quaternary. During Early Pleistocene times the Rhine and Maas rivers deposited fluvial sediments. According to recent investigations these sediments represent 7 glacial and 6 interglacial periods. All Early Pleistocene deposits are either eroded or overlain by younger sediments. The Middle Pleistocene comprises 7 glacial and at least 5 (or 6) interglacial periods (Cromerium-Saalium). Fluvial sediments of Cromerium age (several glacial and interglacial periods) were deposited by the Rhine and the Maas in the Lower Rhine area. During the Elsterium glacial the Rhine and Maas rivers eroded most of the older sediments, thus forming their own broad valleys. Most of the landscape was formed during the Saalium glacial when the glaciers of the Scandinavian icecap reached the Lower Rhine area. The river Rhine was pushed to the west by the glaciers. Push moraines (Stauchwälle) were formed and outwash sediments were deposited. The deglaciation led to several changes of the Rhine river course. At the end of the Saalium glacial the Rhine flew to the north (Ijssel sea). During Late Pleistocene times the Rhine river again changed its course. Since the Weichselium glacial the Rhine used the recent valley. The geomorphologic features of the lower terraces (Niederterrassen) are strongly influenced by the Holocene processes. The evolution of the last 1000 years was characterized by the moving of different big maeander bends.

The interesting palaeogeographic history of the Lower Rhine area is documented by landforms that are unique in Western Germany. Therefore, a certain part of the Lower Rhine area was mapped in connection with the project 'Geomorphological mapping in the Federal Republic of Germany, scale 1 : 25 000' that is sponsored by the DFG (Deutsche Forschungsgemeinschaft).

1. Einleitung

Das Interesse an der Paläogeographie des Niederrheinischen Tieflandes hat sich in den letzten zwei Jahrzehnten merklich vergrößert, und die Forschung auf diesem Gebiet nimmt ständig zu (Fortschr. Geol. Rheinl. Westf. 28, 1978). In der niederrheinischen paläogeographischen Entwicklung spiegelt sich die jüngste geologische Vergangenheit wider, nämlich das Quartär, das weitgehend die großen Züge unserer geologischen und geomorphologischen Umweltvoraussetzungen mitbestimmt hat und unser geographisches Milieu prägt (LIEDTKE 1975). Schon im Jahre 1959 erschien in der Schriftenreihe "Fortschritte in der Geologie von Rheinland und Westfalen" der Band 4 ("Pliozän und Pleistozän an Mittel- und Niederrhein"). Damals schienen die Vorstellungen zur Paläogeographie des Quartärs zu einem gewissen Abschluß gekommen zu sein. Zusammen mit WOLD-STEDTs "Das Eiszeitalter, Grundlinien einer Geologie des Quartärs" (Band 1 und 2) sowie "Norddeutschland und angrenzende Gebiete im Eiszeitalter" (1955) war die Möglichkeit gegeben, sich umfassend als auch im einzelnen über den jüngsten Abschnitt der Erdgeschichte am Niederrhein zu informieren.

Die Forschung ist jedoch seitdem nicht stehengeblieben. Neue Untersuchungsmethoden, wie der Paläomagnetismus, absolute Altersbestimmungen, Kleinsäuger-Paläontologie, Statistik, Ur- und Frühgeschichte, und neue Arbeitsbereiche, wie das Binnenholozän (WOLDSTEDT und DUPHORN 1974), kamen hinzu. Im Vordergrund der jüngsten geologischen und paläogeographischen Arbeiten stehen stratigraphische Probleme; so werden beispielsweise Beziehungen hergestellt zwischen den Flußablagerungen, den Vorstößen des nordischen Inlandeises, den Löß- und Sandaufwehungen und dem Vulkanismus der Eifel. Die Untersuchungen in den altquartären Ablagerungen und in den Mittelterrassen der Niederrheinischen Bucht werfen neue Gesichtspunkte zu paläogeographischen Rekonstruktionen und damit zur Frage der Anzahl der Vereisungen und Interglaziale im Pleistozän auf (Fortschr. Geol. Rheinl. Westf., 28, 1978).

Während der letzten zehn Jahre konnten Studenten des Geographischen Instituts Bonn bei vielen Praktika und Exkursionen, die von Weeze aus durchgeführt wurden, mit den Problemen der niederrheinischen Paläogeographie konfrontiert werden. Die Beschäftigung mit dem niederrheinischen Raum führte darüber hinaus zu einer verstärkten wissenschaftlichen Bearbeitung der Geomorphologie und Paläogeographie durch verschiedene Angehörige des Geographischen Instituts der Universität Bonn. Über einige Ergebnisse dieser Arbeiten wird in diesem Heft berichtet (s. Beiträge GOLTE/HEINE und SIEBERTZ).

2. Paläogeographische Entwicklung des Niederrheingebietes im Quartär

2.1. Das Quartär

Das Quartär ist das jüngste System der Erdgeschichte (WOLDSTEDT und DUPHORN 1974). Nach neueren Kalium/Argon-Datierungen umfaßt es über 2 Millionen Jahre (Tab.1). Das Quartär gliedert sich in die beiden Abtei-

LITHOSTRATIGRAPHIE: VILLE - RHEINTAL:		BRÜGGEN:	WARMZEITEN:				KALTZEITEN:				BIOSTRATIGRAPHIE: (NIEDERLANDE)
HOLOZÄN			W	+	D	6				(+)	HOLOZÄN
NIEDERTERRASSEN							20	s + + +		+	WEICHSELIUM
EEM-INTERGLAZIAL			W	+						?	EEMIUM
MITTELTERRASSE IV (b?)							22	s + + + + +		+	SAALIUM
KREFELDER SCHICHTEN			W	+	C	6				?	HOLSTEINIUM
MITTELTERRASSE IIIb (+IVa?)							35	s + + + + +		+	?
?			?							?	?
MITTELTERRASSE IIb (+IIIa)				+			41	m + + + +		+	ELSTERIUM
FRIMMERSDORF - INTERGLAZIAL			W	+		6				(+)	
MITTELTERRASSE I (+IIa)							34!	m + + +		+	
TGB. - THERESIA ALTWASSERSED.			W	(+)	C					(+)	
HAUPTTERRASSE 4							44	m		(+)	CROMERIUM -
VILLE - INTERGLAZIAL - KOMPLEX	warm		W	(+)	C					(+)	
	kalt									(+)	KOMPLEX
	warm		W		C						
	kalt								(+)		
	warm		W		C						
HAUPTTERRASSE 3							33!	m + + +		(+)	
? (geringmächtiger Schluff)			?								MENAPIUM
HAUPTTERRASSE 2							42	m +			?
VERWITTERUNGSHORIZONT (Tonh.E)			W	+		6					WAALIUM
HAUPTTERRASSE 1							49	m + (+)			EBURONIUM
TONHOR. D = FRECHEN-INTERGLAZ.III	van EYCK-Int.		W	+	B	6					TIGLIUM C 5-6
SCHOTTER d = FRECHEN-KALTZEIT III							54	m +			TIGLIUM C4c
TONHOR.C = FRECHEN-INTERGLAZ.II			W	+	B	6					TIGLIUM C1-4b
SCHOTTER c = FRECHEN-KALTZEIT II							58	m			TIGLIUM B
TONHOR. B2 = FRECHEN-INTERGLAZ.I	BELFELDTON		W	+	B	6					TIGLIUM A
SCHOTTER b2 = FRECHEN-KALTZEIT Ib							56!				
TONHOR. B1 = FORTUNA-OSZILLATION			(W)	+	B						PRÄTIGLIUM
SCHOTTER b1 = FRECHEN-KALTZEIT Ia z.T.TONH. III							-75				
TONHOR. A2		TONH. II (u.z.T III)	W	+	A	6			Vulkan.SM =Schwermin.		REUVERIUM B - C
TONHOR. A 1		TONH. I					83	g			

MAGN. STRATIGRA: mio a — J.-PL.|HOL — BRUNHES — 0,7~ — MATUYAMA (Gilsa, Olduvai) — 2,45 — GAUSS

Links: QUARTÄR / TERTIÄR; HOLOZÄN — MITTELPLEISTOZÄN — ALTPLEISTOZÄN — PLIOZÄN

Spaltenkopf WARMZEITEN: Paläobot. / Dünnschicht-chromatogr. / Mollusken

Spaltenkopf KALTZEITEN: niedrigste Q-Zahl / Rundung / Driftblöcke / Kryoturb. / Eiskeile / nord. Geschiebe / Stauchmor. / Vulkan. SM

Dünnschicht:			g = gut
A - Gruppe	Quartär 6		m = mittel
B - "	Pliozän 6		s = schlecht
C - "			
D - "			

Tab. 1: Stratigraphische Gliederung der quartären Sedimente (Flußterrassen) in der Niederrheinischen Bucht. Nach BRUNNACKER, URBAN und ZAISS (1979).

lungen Pleistozän und Holozän. Das Holozän begann erst vor etwa 10 000 Jahren. Während des Pleistozäns (= Eiszeitalter) gab es wiederholt umfangreiche Vergletscherungen. Ein eiszeitliches Vergletscherungszentrum lag in Skandinavien. Gletscher dieses Eisschildes, der bis zu 3500 m Mächtigkeit hatte, flossen nach Südwesten, Süden und Südosten ab (Abb.1). Von den in Norddeutschland nachgewiesenen Vereisungen gelangten

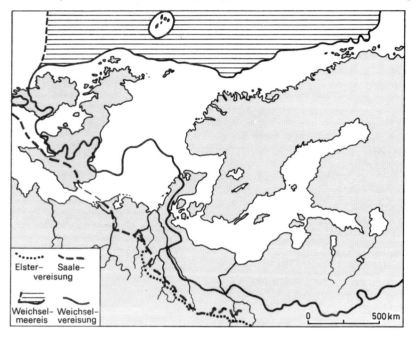

Abb. 1:
Die Vereisungen des Quartärs
in Nord- und Westeuropa

die Gletscher der Elster-Vereisung (Elsterium, Tab.1) in Thüringen und Sachsen am weitesten nach Süden, die Gletscher der Saale-Vereisung (Saalium) dagegen blieben in Mitteldeutschland hinter denen der Elster-Vereisung zurück, reichten jedoch am unteren Niederrhein am weitesten von allen norddeutschen Vereisungen vor. Während der Weichsel-Vereisung (Weichselium) überschritten die Gletscher nicht mehr die Elbe. Nach diesen Vereisungen sind die entsprechenden Eiszeiten oder Glazialzeiten (auch Kaltzeiten) benannt worden. Zwischen diesen waren sogenannte Interglazial- oder Warmzeiten, in denen ähnliche Klima- und Landschaftsverhältnisse herrschten wie heute. Da die Inlandeismassen in den Interglazialzeiten weitgehend abgeschmolzen waren (vergleichbar mit den gegenwärtigen Verhältnissen), kam es infolge der Eisschmelze beim Übergang von einer Kaltzeit zur Warmzeit zu einem Anstieg des Meeresspiegels und damit an vielen Stellen zu Meerestransgressionen. In Norddeutschland werden die Interglazialzeiten nach entsprechenden Meeresablagerungen an der Küste Holstein- und Eem-Interglazial genannt (WOLDSTEDT und DUPHORN 1974, Tab.1).

Das Niederrheinische Tiefland wird von pleistozänen und holozänen Ablagerungen eingenommen. Die Oberflächenformen werden einerseits von glazial- und periglazialmorphologischen pleistozänen, andererseits von fluvialmorphologischen holozänen Reliefgenerationen bestimmt, die durch die morphodynamischen Prozesse unter und vor dem nordischen Inlandeis bzw. in den holozänen Talauen von Rhein und Niers geprägt wurden.

2.2. Paläogeographie des Altpleistozäns

Das Altpleistozän reicht vom Prätiglium bis zum Menapium (Tab.1). Es umfaßt zeitlich über die Hälfte des gesamten Quartärs. Nach Brunnacker et al. (1979) sind für das Altpleistozän in der Niederrheinischen Bucht Ablagerungen aus möglicherweise 7 Kaltzeiten und 4 - 6 Warmzeiten bekannt (Tab.1). Die jüngsten altpleistozänen Sedimente finden wir in der Hauptterrasse 3, die durch eine niedrige Quarzzahl, mäßig abgerundete Gerölle, eisverdriftete Blöcke, Kryoturbationen und fossile Eiskeilbildungen mit Sicherheit einer echten Kaltzeit zugeordnet werden kann. Da die Kiese und Sande unter Flugdecksanden der Weezer Hees nicht nur hinsichtlich ihrer petrographischen, mineralogischen und morphoskopischen Eigenschaften, sondern auch hinsichtlich der Kaltzeitindikatoren (fossile Eiskeile, Kryoturbationen) mit den Ablagerungen der Hauptterrasse 3 vergleichbar sind, müssen wir in ihnen die ältesten Sedimente des Quartärs im Weezer Raum sehen.

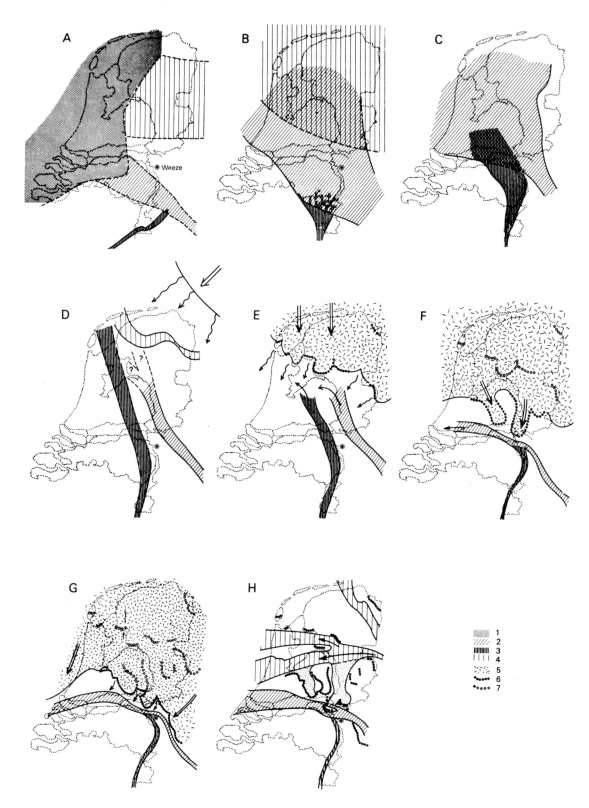

Abb. 2: Paläogeographische Karten für verschiedene Zeiten des Quartärs. A - Altquartär (Tiglium), B - Frühes Cromerium, C - Cromerium, D - Elsterium, E - Saale-Vereisung zur Zeit der Stauchwall-bildung Texel - Coevorden, F - weiteres Vorstoßen des Saale-Eises, G - Maximale Saale-Vereisung, H - Saale-Eisabbau. 1 - Nordsee, 2 - Rhein, 3 - Maas, 4 - norddeutsche Flüsse und Schmelzwässer, 5 - Inlandeis, 6 - Stauchwälle, 7 - vom Eis überrannte Stauchwälle. Nach ZONNEVELD (1978).

Sie wurden von Rhein und Maas abgelagert, die gewaltige Sedimentfächer aus den Mittelgebirgen heraus über die Niederrheinische Bucht nach Norden schütteten. In Abb.2 wird versucht, die paläogeographischen Verhältnisse zu rekonstruieren. Während vor dem Menapium der Raum Weeze nördlich der Rhein-Aufschotterung und südlich der Ablagerungen der norddeutschen Flüsse gelegen ist (Abb.2 A), ändert sich das paläogeographische Bild am Ende des Alt- und zu Beginn des Mittelpleistozäns (Abb.2 B). Nun wird der Weezer Raum von den Hauptterrassensedimenten des Rheins und der Maas völlig bedeckt. Es handelt sich um eiszeitliche Sedimente, deren Ablagerung bis weit in den Nordseeraum vorstößt, da sich das Meer zurückgezogen hatte (als Folge der Inlandeisbildungen).

2.3. Paläogeographie des Mittelpleistozäns

Das Mittelpleistozän umfaßt den Cromerium-Komplex, das Elsterium, Holsteinium und Saalium und endet etwa vor 127 000 Jahren. Zu Beginn des Cromerium bestand noch das paläogeographische Bild, wie es Abb.2 B zeigt. Im Verlauf des Cromerium schnitt sich der Rhein in der südlichen Niederrheinischen Bucht in die altpleistozänen und die darunter liegenden tertiären Sedimente ein, wodurch die Hauptterrasse 4 und die ältesten Mittelterrassen entstanden. Der Schnittpunkt der östlichen Begrenzung der Maas- und der westlichen Begrenzung der Rhein-Schotterfläche verlagerte sich gleichzeitig immer weiter nach Norden (Abb.2 C). Am Ende des Cromerium floß der Rhein östlich von Weeze und hatte die altpleistozänen Sedimente der Hauptterrassen wieder ausgeräumt. Westlich von Weeze blieb zwischen dem Rhein und der Maas noch ein Rest des ursprünglich sehr weit ausgreifenden Hauptterrassen-Schotterfächers erhalten, der jedoch nach Süden noch Verbindung zu den Hauptterrassen hatte.

Im Elsterium kam es zwar zu einer gewaltigen Vereisung im skandinavischen, nord- und mitteldeutschen Raum, deren Gletscher aber nur bis zur Ems und nach Groningen vorstießen. Abb.2 D zeigt die paläogeographische Rekonstruktion einer Phase der Elster-Vereisung. Rhein und Maas haben ihre Täler weiter eingeengt und nach NNE ausgerichtet. Etwa im Gebiet des Ijsselmeeres vereinigen sich beide Flußsysteme mit den von Osten und Südosten abfließenden Schmelzwasserrinnen der Elster-Vereisung. In der näheren Umgebung von Weeze finden keine wesentlichen paläogeographischen Veränderungen statt.

Die Zeit zwischen dem Elsterium und dem Saalium ist im Weezer Raum und den benachbarten Gebieten lediglich durch holsteinzeitliche geringmächtige Ablagerungen belegt, die jedoch nicht an der Oberfläche anzutreffen sind.

Große paläogeographische Veränderungen bringt das Saalium. Mit dem Vorrücken des skandinavischen Inlandeises (Abb.2 E) bis zur Linie Texel - Coevorden gelangt das Niederrheinische Tiefland unter den Einfluß periglazialer Prozesse. Beim weiteren Vorrücken der Gletscher durch das Ijssel-Tal und vom Ijsselmeer bis zur Gelderse Poort wurden Rhein und Maas nach Westen abgedrängt (Abb.2 F).

Während des Höhepunkts der Saale-Vereisung reichten die Gletscher am Niederrhein in einer mehrfach geschwungenen Linie von Utrecht bis Düsseldorf (Abb.2 G). Die heutige Niersniederung bei Weeze war vom Saale-eiszeitlichen Rhein eingenommen, der hier im Westen von dem Hauptterrassen-Rest der Weezer Hees und im Osten und Nordosten von den Endmoränen und Sandern der Saale-Gletscher begrenzt wurde. Sehr anschaulich hat THOME (1959) Eisvorstoß und Flußregime am Niederrhein beschrieben (Abb.3). Nach den Beobachtungen von THOME (1959) und BRAUN und THOME (1978) schoben die aus Osten und Nordosten vordringenden Gletscher die Schotter und Tone der Rheinterrassen dachziegelartig aufeinander; tonig-schluffige Ablagerungen (tertiäre an der Schotterbasis, Holstein-zeitliche innerhalb der Schotter) wirkten hierbei als Gleithorizonte. Jedoch ist auffällig, daß die von den Gletschern geschaffenen Stauchwälle fast ausschließlich aus Terrassensedimenten und tertiären Sanden bestehen. Diese Beobachtung bedarf einer Erklärung, denn wir müssen davon ausgehen, daß auch schon beim Vorrücken der Gletscher deren Schmelzwässer Sander ablagerten. In den Stauchwällen jedoch finden wir kaum Sandersedimente.

Konkrete Angaben über die Dauer des Eisvorstoßes am Niederrhein können wir zur Zeit noch nicht machen. Ob die paläogeographischen Verhältnisse, wie sie in Abb.2 G dargestellt werden, einige Jahrhunderte oder viele Jahrtausende bestanden haben, ist unbekannt. Wir wissen nur, wie wir uns die Landschaft am Niederrhein während der Maximalvergletscherung vorzustellen haben. Im Norden und Osten stieg das Inlandeis zum riesigen

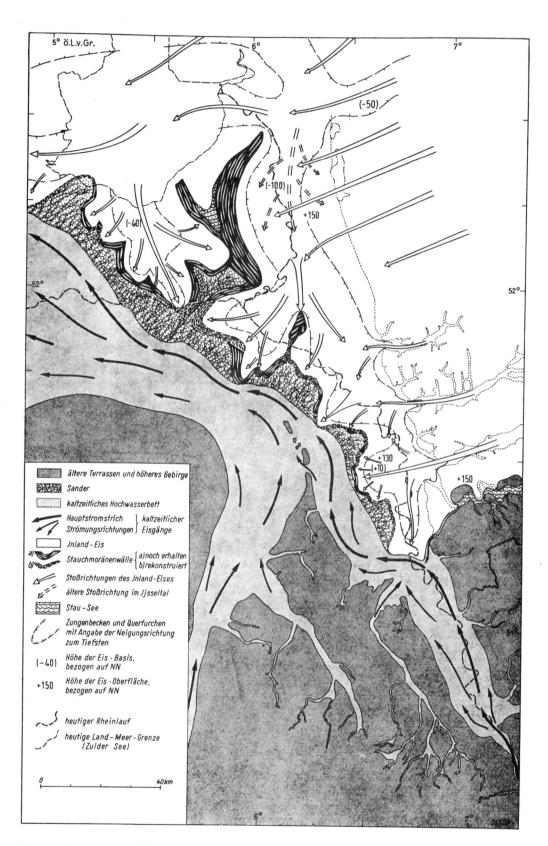

Abb. 3: Eisvorstoß und Flußregime während des Höhepunktes der Saale-Vereisung am Niederrhein. Nach THOME (1959).

skandinavischen Eiskuchen an. Zwischen den Stauchwällen an den Eisfronten traten aus Gletschertoren
Schmelzwässer aus, die die mitgeführten Kiese und Sande unmittelbar vor den Stauchwällen in vielen in-
einandergreifenden Schwemmkegeln ablagerten, die sich zu den Sanderflächen zusammenschlossen. Die Sandersedimente blieben nur zwischen weit vorgestoßenen Gletscherloben erhalten, da sie dort vor der Erosion durch den Rhein geschützt waren (Abb.3). Rhein und Maas bildeten im Saale-eiszeitlichen Frühsommer
reißende Ströme, die viele Kilometer breit waren. Im Saale-eiszeitlichen Winter dagegen bewirkten die
extrem kalten Temperaturen ein völliges Erstarren der Landschaft. Eisige Winde und Schneestürme fegten
über die Sander, die Schotterflächen der Flüsse und die älteren Terrassen. Im Weezer Raum trug vermutlich zu dieser Zeit nur die Weezer Hees eine spärliche Tundrenvegetation; Sander und Flußbetten waren
vegetationslos. Die große Ausdehnung der nahen Gletscher führte im Saale-eiszeitlichen Winter vermutlich
durch kalte Gletscherfallwinde zu starken Temperaturstürzen und extrem niedrigen Temperaturen im Vorfeld
der Gletscher. Dadurch waren die Böden viele Meter tief gefroren, so daß im Saale-eiszeitlichen Sommer
nur der oberste Teil des Bodens für wenige Monate auftauen konnte. Hinweise auf diese periglazialen Verhältnisse mit Dauerfrostböden (Permafrost) während der Saale-Vereisung sind an vielen Stellen in der näheren und weiteren Umgebung von Weeze außerhalb der Niersniederung beobachtet worden (s. Beitrag GOLTE/HEINE
in diesem Heft).

Die gewaltigen Massen des Saale-Inlandeises konnten, nachdem der Eisnachschub aus Nordosten ausblieb,
nicht schnell abschmelzen. Es bildeten sich beim Eiszerfall Toteisfelder. Wo das Toteis am dicksten war,
konnte es sich am längsten behaupten, so in den glazial übertieften Becken des Ijssel-Tales und der Gelderse Vallei (Abb.2 H). In dieser Zeit - am Ende der Saale-Vereisung - versucht der Rhein, sein früheres
Bett wiederzufinden, doch vorerst bleibt der Weg nach Norden noch durch Toteis versperrt. So strömt der
Rhein teils durch die Niersniederung, teils nördlich des Reichswaldes durch die Gelderse Poort (?) nach
Westen (ZONNEVELD 1978). VAN DE MEENE und ZAGWIJN (1978) nehmen aufgrund neuester Untersuchungen an, daß
der Rhein seinen Lauf in der Niersniederung solange beibehielt, bis im Ijssel-Tal das Toteis abgeschmol-
zen und durch einen See der Weg nach Norden zum Ijsselmeer wieder frei war (Abb.4 A).

2.4. Paläogeographie des Jungpleistozäns

In der Eem-Warmzeit, die von etwa 127 000 bis 76 000 Jahren vor heute dauerte, strömte der Rhein noch
durch das Ijssel-Tal nach Norden und erreichte bei Zwolle das weit in die Niederlande transgredierte
Eemmeer (Abb.4 B). Dieser Rheinlauf hat sich bis in die frühe Weichsel-Kaltzeit behauptet. Nachher ist
allmählich der heutige nach Westen gerichtete Lauf durch die Betuwe entstanden. Nach VAN DE MEENE und
ZAGWIJN (1978) verlief dieser Lauf anfänglich noch nicht durch die Gelderse Poort, sondern der Rhein bog
durch den Liemers in Richtung Betuwe ab (Abb.4 C). Erst im weiteren Verlauf der Weichsel-Kaltzeit, die
die Zeit von ca. 76 000 bis 10 000 Jahren vor heute umfaßt, kam es zur Rheinverlegung durch die Gelderse
Poort (Abb.4 D). Vermutlich war dieser Rheinlauf schon durch einen Saale-eiszeitlichen Rheinarm vorge-
zeichnet (Abb.2 H), der die Stauchwälle zwischen Elten und Kleve ausgeräumt hatte.

Die letzte Eiszeit, das Weichselium, brachte für den Weezer Raum nur geringe paläogeographische Veränderungen. Im Rhein- und Nierstal wurden die Niederterrassen aufgeschottert. Damit einher ging eine teilweise seitliche Unterschneidung der Niederrheinischen Höhen. Während in der ersten Hälfte des Weichseliums unter relativ feuchten und kühlen Klimabedingungen neben der Terrassenablagerung vor allem an Hängen
Abtragung erfolgte, kam es im jüngeren Teil des Weichseliums unter kalten und recht trockenen und wind-
reichen Klimaverhältnissen zu einer verstärkten Auswehung von Sand und Schluff aus den Niederterrassen
und zur Ablagerung des äolisch transportierten Materials auf den älteren, tundrabedeckten Terrassssen-
flächen (z.B. Weezer Hees) und den Niederrheinischen Höhen. Flugsand, Sandlöß und auch Löß der Reichs-
waldhöhen und des Pfalzdorfer Plateaus stammen aus dem jüngeren Weichselium und wurden abgelagert, als
vor etwa 22 000 bis 14 000 Jahren die Weichsel-Vereisung von Irland und England bis nach Finnland und
Rußland hinein einen Eisschild ausgebildet hatte (Abb.1) und im Niederrheingebiet periglaziale Bedingungen herrschten.

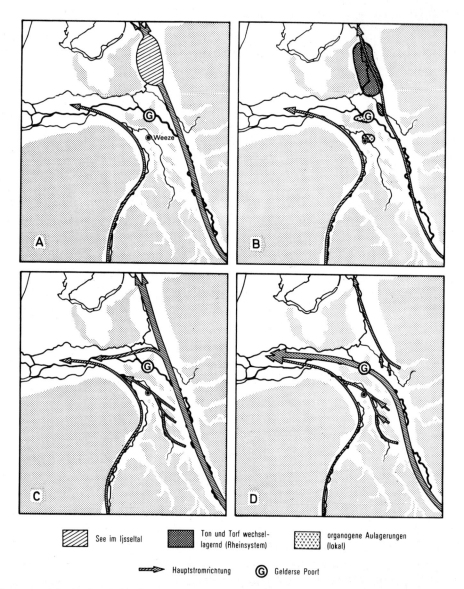

| See im Ijsseltal | Ton und Torf wechsel-lagernd (Rheinsystem) | organogene Aulagerungen (lokal) |

Hauptstromrichtung   Ⓖ Gelderse Poort

Abb. 4: Paläogeographische Entwicklung der Rhein- und Maasläufe seit der mittleren Saale-Kaltzeit.
A - Spätes Saalium, B - Eemium, C - Frühes Weichselium, D - Spätes Weichselium. Nach VAN DE MEENE und ZAGWIJN (1978).

2.5. Paläogeographie des Holozäns

Im Holozän, das etwa die letzten 10 000 Jahre der Erdgeschichte umfaßt, erfolgte die feinere Ausgestaltung des Reliefs im Niederrheingebiet. Auf den älteren Terrassen, den Sandern und Stauchwällen, die mit Weichsel-zeitlichen äolischen Ablagerungen bedeckt sind, fehlen Oberflächengewässer völlig, weshalb es im Holozän hier zu keiner nennenswerten Abtragung mehr kam. Im Bereich der Niederterrassen jedoch verlegten Rhein und Niers im Holozän vielfach ihren Lauf; weite Mäanderbögen durchzogen, indem sie sich ständig stromab verlagerten, den Niederterrassenbereich. In Verbindung mit der Ablagerung von sandigen, lehmigen und tonigen Ausedimenten schufen diese Flußlaufveränderungen ein reich differenziertes Relief mit niedrigen Stufen, Altwasserarmen und Terrassenresten in den weiten Niederterrassenbereichen. So entstand ein Mosaik aus verschiedenen Kleinformen und Sedimenten; Relief und Sedimente führten in Verbindung mit den Grundwasserverhältnissen und der Vegetation zu einem Bodenmosaik aus terrestrischen und semiterrestrischen Böden sowie Niedermooren (Abb.5). Besonders eindrucksvoll ist das holozäne Niederterrassenrelief des Rheins (Abb.6). Hier können die Veränderungen des Rheinlaufs in geschichtlicher Zeit

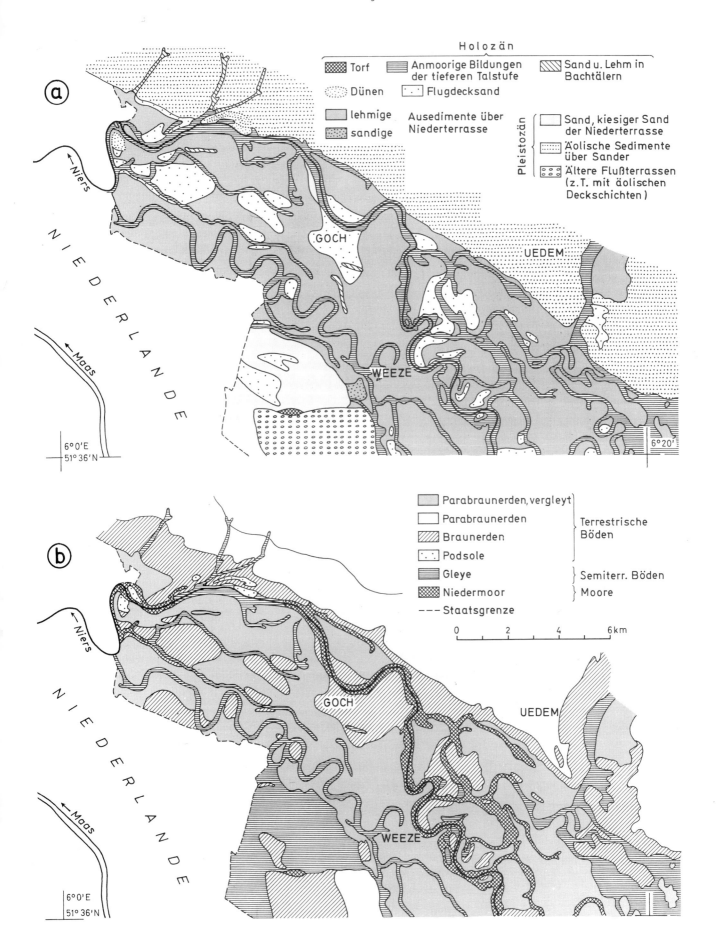

Torf — Anmoorige Bildungen der tieferen Talstufe — Sand u. Lehm in Bachtälern

Dünen — Flugdecksand

lehmige / sandige — Ausedimente über Niederterrasse

Pleistozän:
Sand, kiesiger Sand der Niederterrasse
Äolische Sedimente über Sander
Ältere Flußterrassen (z.T. mit äolischen Deckschichten)

Parabraunerden, vergleyt
Parabraunerden — Terrestrische Böden
Braunerden
Podsole
Gleye — Semiterr. Böden
Niedermoor — Moore
--- Staatsgrenze

0   2   4   6km

Abb. 5: Geologische Karte und Boden-Karte der Niersniederung bei Weeze. Vereinfacht nach BRAUN (1968) und DAHM-ARENS (1968).

rekonstruiert und teilweise alte Mäanderbögen datiert werden (HOPPE 1970; LANGE 1978).

2.6. Niederrheinische Relieftypen

Die paläogeographische Entwicklung, die durch quartäre Flußterrassenaufschotterung und -zerschneidung, durch die Vorgänge im Zusammenhang mit dem Saale-eiszeitlichen Gletschervorstoß, durch periglaziale Prozesse und durch holozäne fluviale Akkumulation und Erosion charakterisiert wird, hat im niederrheinischen Tiefland zur Ausbildung und Vergesellschaftung einzigartiger Relieftypen geführt. Folgende Relieftypen, die den Reiz der Landschaft am linken Niederrhein ausmachen, können ausgegliedert werden: (1) Ältere Flußterrassen (Weezer Hees), (2) Stauchwälle (Reichswald, Monreberg, Balberger Wald u.a.), (3) Sanderflächen (Teile des Reichswaldes, Pfalzdorf-Udemer Plateau u.a.), (4) Sander/Stauchwall-Steilabfall (Steilabfall vom Reichswald, dem Pfalzdorf-Udemer Plateau und Balberger Wald zur Rheinniederung), (5) alt- und mittelholozäne Rheinniederung (randliche Gebiete der Niederterrassenfläche mit Altwasserarmen und Bruchwäldern), (6) jungholozäne Rheinmäander (mit deutlich sichtbaren alten Mäanderbögen), (7) Niersniederung und (8) Wisseler Dünen (siehe Beitrag SIEBERTZ und Beilage 1).

3. Geomorphologische Detailkartierung

Die Eigenart und die Einmaligkeit der Landschaft am linken Niederrhein hinsichtlich der paläogeographischen Entwicklung und die wissenschaftliche Bearbeitung der Oberflächenformen in der näheren und weiteren Umgebung von Weeze haben dazu geführt, daß die niederrheinische Landschaft auch in einem größer angelegten Forschungsprojekt der Deutschen Forschungsgemeinschaft (DFG) vertreten sein wird (s. Beitrag SIEBERTZ in diesem Heft S. 37). Seit 1976 läuft das DFG-finanzierte Schwerpunktprogramm "Geomorphologische Detailkartierung in der Bundesrepublik Deutschland". In seinem Rahmen sollen nicht nur die Methodik, die Richtlinien und die Legenden für geomorphologische Karten in den Maßstäben 1 : 25 000 und 1 : 100 000 in der Bundesrepublik erarbeitet, sondern auch - jeweils im Blattschnitt der entsprechenden topographischen Karten - etwa 30 Beispiele der Geomorphologischen Karte 1 : 25 000 und ca. 10 der Geomorphologischen Karte 1 : 100 000 publiziert werden (BARSCH 1976). Ziel der Aufnahme der Geomorphologischen Karte 1 : 25 000 (GMK 25) sind die genaue Reliefbeschreibung, die exakte Wiedergabe der genetisch wichtigen Lockersedimente (aber auch der die einzelnen Reliefteile aufbauenden Gesteine hinsichtlich ihrer geomorphologischen Wertigkeit) und die Erfassung der für die Entstehung des Reliefs wichtigen und der aktuell ablaufenden geomorphologischen Prozesse.

Einsatz und Verwendung der GMK 25 wird nicht nur in der Lehre und Schule gesehen, sondern ebenso in Forschung und Praxis. LESER (1974) nennt spezielle Verwendungsmöglichkeiten der GMK 25. Vorbilder finden wir in den benachbarten Niederlanden und in Belgien, ebenso in Frankreich, der DDR, Rumänien, Polen oder der CSSR. Es ist zu wünschen, daß Planungsstellen über die GMK 25 ein verstärktes naturwissenschaftliches Problembewußtsein bekämen, gerade im Hinblick auf die heute viel diskutierte Umweltschutzproblematik. Die GMK 25 kann Verwendung finden in der Landschafts- und Agrarökologie und Forstlichen Standorterkundung, in der Bodenkunde, Geologie und Ingenieursgeologie, in der Bodenerosionsforschung und Geländeklimatologie, in Geodäsie, Topographie und Kartographie. Wir Geomorphologen sind uns darüber klar, daß wir weder Allheilmittel wider die Planungssünden der Nicht-Naturwissenschaftler mit der GMK 25 anbieten können, noch mit unseren Daten die sozioökonomischen Probleme bei der Erforschung der Planungsräume auf den zweiten Platz verweisen können. Doch auch der Planer sollte sich mit dem Gedanken vertraut machen, daß unser Lebensraum - auch in Mitteleuropa, auch am Niederrhein - nur über ein gewisses Potential verfügt, noch nicht genügend genau erforscht ist, Zusammenhänge zwischen Nutzung und natürlichem Potential aufweist und ohne Berücksichtigung der natürlichen bzw. geänderten natürlichen Verhältnisse nicht zu beplanen ist (LESER 1974).

Im Rahmen der Arbeiten des Schwerpunktprogramms "Geomorphologische Detailkartierung in der Bundesrepublik Deutschland" ist der Ausschnitt des topographischen Kartenblattes 4203 Kalkar repräsentativ für das niederrheinische Tiefland kartiert worden. Der Ausschnitt des Blattes Kalkar umfaßt die charakteristischen Landschaftselemente, reicht jedoch nicht mehr bis zur Gemeinde Weeze. Doch ist zu hoffen, daß die

11

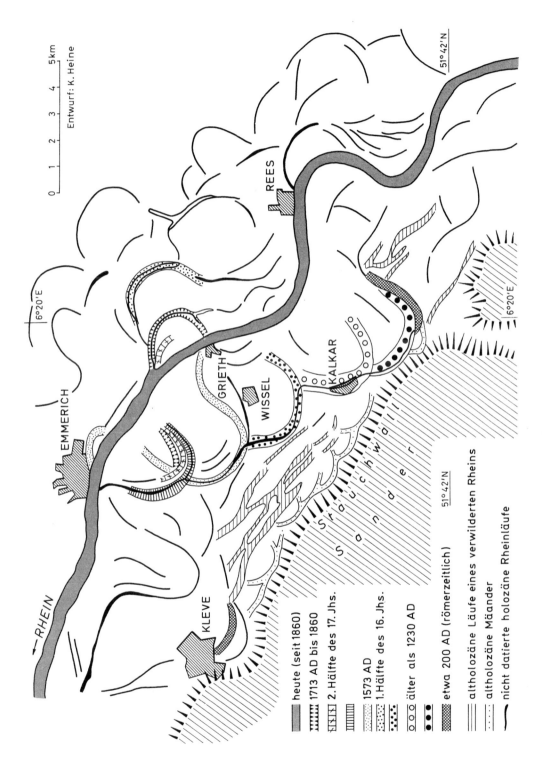

Abb. 6: Geomorphologische Gliederung der holozänen Rheinniederung bei Kalkar.

Bearbeitung des Blattes Kalkar einerseits zu gleichen Studien in der näheren Umgebung anregt und andererseits zu engeren Beziehungen zwischen Geowissenschaften und Planungsarbeiten sowie Untersuchungen von Umweltschutzproblemen führt. Dabei ist eine gewisse Dringlichkeit geboten, denn Ziel der Gemeinde Weeze ist es (GÖDDE 1979), in Zukunft die auf allen Gebieten (Erwerbs- und Wirtschaftsstruktur, Wohnen, Freizeit etc.) positiv eingeleitete Entwicklung fortzuführen, damit alle Bewohner weiterhin in Weeze gut arbeiten und leben können; andererseits befürchtet der Vorsitzende des Landschaftsbeirats beim Regierungspräsidenten in Düsseldorf (GENERAL-ANZEIGER Bonn, 20.2.1979, S.16), daß das ökologische Gleichgewicht am unteren Niederrhein durch zunehmende Eingriffe in den Naturhaushalt (Ausdehnung industrieller Großanlagen, Auskiesung, Absenkung des Grundwasserspiegels, Flurbereinigung etc.) in naher Zukunft stark gefährdet ist. Aufgrund seiner Siedlungs- und Agrarstruktur weist der Raum um Weeze beste Voraussetzungen für ein Erholungsgebiet auf. Noch ist die von der Natur geprägte Landschaft im großen und ganzen erhalten. Eine stärker ökologisch ausgerichtete und betriebene Landwirtschaft - wie sie im Bereich der niederländischen Rheinarme und der Insel Texel zum Teil betrieben wird - könnte eine weitere Gefährdung des Gebietspotentials verhindern. Wir hoffen, daß auch in Zukunft der Wert und die Eigenart der niederrheinischen Landschaft erkannt und respektiert werden, wie es der RAT VON SACHVERSTÄNDIGEN FÜR UMWELTFRAGEN (1976) fordert.

Literaturverzeichnis

BARSCH, D. (1976): Das GMK-Schwerpunktprogramm der DFG: Geomorphologische Detailkartierung in der Bundesrepublik Deutschland. In: Zeitschrift für Geomorphologie N.F., 20, 488-498.

BRAUN, F.J. (1968): Übersichtskarte von Nordrhein-Westfalen 1 : 100 000, Blatt C 4302 Bocholt, A. Geologische Karte. Geologisches Landesamt NW, Krefeld.

BRAUN, F.J. und K.N. THOME (1978): Quartär. In: 'Geologie am Niederrhein', Geologisches Landesamt NW, Krefeld, 24-28.

BRUNNACKER, K., B.URBAN u. S. ZAISS (1979): Dünnschicht-chromatographisches Verhalten quartärer Altwassersedimente am Niederrhein. In: Catena, 6, 63-71.

DAHM-ARENS, H. (1968): Übersichtskarte von Nordrhein-Westfalen 1 : 100 000, Blatt C 4302 Bocholt, B. Bodenkarte. Geologisches Landesamt NW, Krefeld.

FORTSCHRITTE IN DER GEOLOGIE VON RHEINLAND UND WESTFALEN, Bd. 4 (Pliozän und Pleistozän am Mittel- und Niederrhein). Geologisches Landesamt NW, Krefeld 1959.

FORTSCHRITTE IN DER GEOLOGIE VON RHEINLAND UND WESTFALEN, Bd. 28 (Das Rheinische Schiefergebirge und die Niederrheinische Bucht im Jungtertiär und Quartär). Geologisches Landesamt NW, Krefeld 1978.

GÖDDE, K. (1979): Weeze - Gemeinde inmitten des neuen Kreises Kleve. Niederrhein Kammer (Zeitschrift Niederrheinische Industrie- und Handelskammer Duisburg-Wesel-Kleve), 35, 2, 71-74.

GOLTE, W. u. K.HEINE (1980): Fossile Rieseneiskeilnetze als periglaziale Klimazeugen am Niederrhein. Arbeiten zur Rheinischen Landeskunde, 48, siehe dieses Heft.

HOPPE, C. (1970): Die großen Flußverlagerungen in den letzten zweitausend Jahren und ihre Auswirkungen auf Lage und Entwicklung der Siedlungen. Forschungen zur deutschen Landeskunde, 189.

LANGE, F.G. (1978): Die Geschichte einer Stromschlinge des Rheins zwischen Rees und Emmerich. Fortschritte in der Geologie von Rheinland und Westfalen, 28, 457-475.

LESER, H. (1974): Geomorphologische Karten im Gebiet der Bundesrepublik Deutschland nach 1945 (II. Teil), zugleich ein Bericht über die Aktivitäten des Arbeitskreises "Geomorphologische Karte der BRD". In: Catena, 1, 297-326.

LIEDTKE, H. (1975): Die nordischen Vereisungen in Mitteleuropa. Erläuterungen zu einer farbigen Übersichtskarte im Maßstab 1 : 1 000 000. Forschungen zur deutschen Landeskunde, 204.

RAT VON SACHVERSTÄNDIGEN FÜR UMWELTFRAGEN (1976): Umweltprobleme des Rhein. 3. Sondergutachten. Stuttgart/ Mainz.

SIEBERTZ, H. (1980): Ausgewählte quartärmorphologische Probleme am unteren Niederrhein - Ergebnisse einer geomorphologischen Kartierung, dargestellt am Beispiel einer geomorphologischen Übersichts- karte vom Raum Kalkar. Arbeiten zur Rheinischen Landeskunde, 48, siehe dieses Heft.

THOME, K.N. (1959): Eisvorstoß und Flußregime an Niederrhein und Zuider See im Jungpleistozän. In: Fort- schritte in der Geologie von Rheinland und Westfalen, 4, 197-246.

VAN DE MEENE,E.A. u. W.H. ZAGWIJN (1978): Die Rheinläufe im deutsch-niederländischen Grenzgebiet seit der Saale-Kaltzeit, Überblick neuer geologischer und pollenanalytischer Untersuchungen. In: Fort- schritte in der Geologie von Rheinland und Westfalen, 28, 345-359.

WOLDSTEDT, P. (1955): Norddeutschland und angrenzende Gebiete im Eiszeitalter. Stuttgart.

WOLDSTEDT, P. (1954): Das Eiszeitalter, Grundlinien einer Geologie des Quartärs. Bd. I (Die allgemeinen Erscheinungen des Eiszeitalters), 3. Aufl. 1961, Bd. II (Europa, Vorderasien und Nordafrika im Eiszeitalter), 2. Aufl., 1958, Stuttgart.

WOLDSTEDT, P. u. K.DUPHORN (1974): Norddeutschland und angrenzende Gebiete im Eiszeitalter. Stuttgart.

ZONNEVELD, J.I.S. (1978): Het kwartair in Nederland en het agrarisch grondgebruik. In: Geogr. Tijdschrift, XII, 130-159.

Fossile Rieseneiskeilnetze als periglaziale Klimazeugen am Niederrhein

Winfried Golte und Klaus Heine

Mit 7 Abbildungen und 1 Tabelle

Summary. Fossil ice wedge casts as indicators of periglacial climate in the Lower Rhine area

On the gravel terraces of the Lower Rhine area one can find in more or less regular distances forms resembling pockets which show a conspicious coloured (Fe-Oxides and -Hydroxides) filling of fine materials. They can get a width up to 6 m and a depth of 3 m. These forms are connected with one another like a network and represent fossil ice wedge polygons. As the formation of these ice wedge polygons requires the existence of permafrost, they are used as climatic indicators. It is argued that they came into existence during the Drenthe-Stage of the Saale Glaciation, when the North European Inland Ice reached the Lower Rhine causing severe frost conditions in the adjacent areas.

Vor allem den Arbeiten von K.N. THOME (u.a. 1959; 1961; 1979a) verdanken wir die Erkenntnis der Besonderheit, die die niederrheinische Landschaft als Schauplatz und Hinterlassenschaft des saalezeitlichen Inlandeisvorstoßes (Abb.1) gegenüber anderen vom Eis geprägten Landschaften auszeichnet. Diese Besonderheit ist darin begründet, daß das aus Skandinavien kommende Eis hier nicht in irgendein kleineres Flußtal, sondern in das von ausgedehnten und mächtigen Lockersedimenten eingenommene Gebiet eines großen Stromes vorstieß. Aufbau und Formen der Eisrandbildungen sind daher weitgehend ein Ergebnis der Auseinandersetzung des Inlandeises mit dem Fluß und seinen Ablagerungen. Wenn auch das Eis nur einige Jahrhunderte oder allenfalls wenige Jahrtausende am Niederrhein gelegen haben kann, und die spätere Abtragung große Teile der Stauchwälle und Sanderschüttungen wieder beseitigt oder ihre Formen verwischt hat, so lassen sich doch aus den erhaltenen Resten die ursprüngliche Eisrandlandschaft und die bei ihrer Entstehung wirksamen Vorgänge recht gut rekonstruieren (vgl. auch den Beitrag von HEINE & SIEBERTZ).

Das paläogeographische Bild der eiszeitlichen Landschaft am Niederrhein bliebe jedoch unvollständig, wenn dabei neben den unmittelbar vom Gletschereis, seinen Schmelzwässern und dem nach W und SW abgedrängten Rhein geschaffenen Ablagerungen und Formen nicht auch die geomorphologischen Wirkungen des eiszeitlichen Frostklimas im unvergletscherten Vorfeld des Inlandeises berücksichtigt würden.

Vieles spricht dafür, daß in jener Zeit am Niederrhein extreme klimatische Bedingungen herrschten. Zum einen brachte das Drenthe-Stadium der Saale-Eiszeit, dem der Vorstoß an den Niederrhein angehört, für die Niederlande und für Nordwestdeutschland die weiteste Ausdehnung des nordischen Inlandeises überhaupt (vgl. WOLDSTEDT & DUPHORN 1974; LIEDTKE 1975). Zum anderen ist zu vermuten, daß - ähnlich wie gegenwärtig nicht nur die großen Inlandeise Grönlands und der Antarktis, sondern auch kleinere Gebirgsgletscher das Klima ihres Vorlandes beeinflussen - im näheren Umkreis des riesigen saalezeitlichen Eiskuchens ein besonders ausgeprägtes Frostklima herrschte. Den besonderen klimatischen Verhältnissen im Umkreis der pleistozänen Inlandvereisungen trägt ja auch der 1909 von W. von LOZINSKI (vgl. KARTE 1979) eingeführte Begriff des "periglazialen Klimas" in seiner ursprünglichen Bedeutung (griech. 'peri' = um, herum; lat. 'glacies' = Eis) Rechnung.

Es drängen sich deshalb folgende Fragen auf: Gibt es am Niederrhein Zeugen des periglazialen Klimas im Vorland der saalezeitlichen Gletscher? Gibt es unter der Vielzahl periglazialer Formen, wie sie auch für den Niederrhein beschrieben wurden (vgl. u.a. STEEGER 1944), solche, die eindeutige Rückschlüsse auf ein extremes Kaltklima mit Dauerfrostboden zulassen? Nach mehreren Autoren (BLACK 1976; PEWE 1973; KARTE 1979) kommen dafür praktisch nur fossile Eiskeile (Eiskeilnetze) einerseits und fossile Sandkeile (Sandkeilnetze) andererseits in Frage.

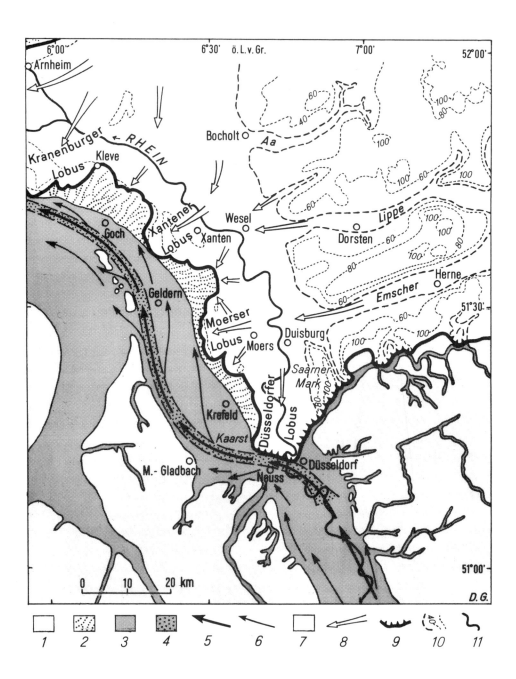

Abb. 1: Der Vorstoß des Inlandeises an den Niederrhein (Drenthe-Stadium der Saale-Eiszeit), nach THOME.

    1 = ältere Terrassen und höheres Gebirge
    2 = Sander
    3 = Hochwasserbett
    4 = Flußrinne
    5 = Hauptstromstrich bei Rheinhochwasser
    6 = Strömungsrichtungen bei Rheinhochwasser
    7 = Inlandeis
    8 = Hauptstoßrichtung des Inlandeises
    9 = starke randliche Flurerosion des Inlandeises
   10 = heutige Landschaftsformen im Bereich ehemaliger Eisbedeckung mit Höhenangaben
   11 = heutiger Rheinlauf

Echte fossile Eiskeilnetze waren bis in die jüngste Zeit vom Niederrhein nicht bekannt. Erst im Zusammenhang mit den von der Außenstelle Weeze aus durchgeführten geomorphologischen Untersuchungen gelang es, bestimmte taschenförmige Gebilde in den niederrheinischen Terrassenschottern als fossile Rieseneiskeilnetze zu identifizieren (GOLTE & HEINE 1974). Diese fossilen Eiskeilnetze werden im folgenden beschrieben und paläogeographisch interpretiert.

1. Fossile Eiskeile, fossile Sandkeile und ähnliche Bildungen

1.1. Fossile Eiskeile

Abb.2 zeigt einen fossilen Eiskeil vom Nordrand der Weezer Hees. Aus seinem Aufbau werden die charakteristischen, immer wiederkehrenden Merkmale ersichtlich. Den Inhalt des Keiles bildet ein schlecht sortiertes tonig-schluffig-sandiges Material mit vereinzelten Geröllen. Die vorherrschende Farbe ist ein intensives

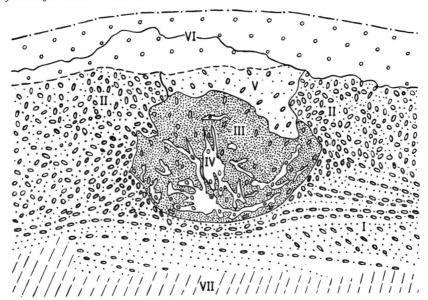

Abb. 2: Profil eines fossilen Eiskeils in Schottern der jüngeren Hauptterrasse in der Weezer Hees (Nordwand der Kiesgrube Venhoven, Weeze-Baal).

Die r ö m i s c h e n Ziffern bedeuten:

      I = ungestörte Schotter der jüngeren Hauptterrasse
     II = seitlich zusammen- und aufgepreßte Geröllpackungen
    III = rostbraune, tonig-schluffig-sandige Feinmaterialfüllung mit
          eingestreuten Geröllen
     IV = weißgraue Schlieren von Feinmaterial mit eingestreuten Geröllen
      V = fahlbrauner Mittel- bis Feinsand mit eingestreuten Geröllen
     VI = rezenter Boden (Podsol) auf Sand mit eingestreuten Geröllen,
          größtenteils abgeschoben
    VII = Böschung

Rostbraun (Munsell 5 YR 5/8). Darin befinden sich Schlieren und Bänder von weißlich-grauer Farbe (Munsell 7.5 YR N8/), die zum Teil in ihrer Anordnung die Form des Keils nachzeichnen. Korngrößenanalysen ergeben, daß die unterschiedliche Färbung unterschiedliche Kornverteilungen widerspiegelt. Das weiß-graue Material ist stets feiner als das rostbraun gefärbte. Die weiß-grauen Schlieren werden häufig von dünnen, dunkelbraunen Eisen-/ Manganoxyd- und hydroxydkrusten umgeben. An der Basis des Keils ist eine feine Bänderung (Lamellierung) nach Korngröße und Farbe zu beobachten, die dem gebogenen Verlauf der Keilsohle folgt. Hier fehlen Mittel- und Grobsand nahezu vollkommen. Im mittleren und oberen Teil der Gebilde, wo die hellen Schlieren mehr oder weniger senkrecht angeordnet sind und dabei zuweilen eine Marmorierung hervorrufen, wird eine ähnliche Korngrößenverteilung erreicht. Gerölle bis Walnußgröße finden sich unregelmäßig im gesamten Feinmaterial verstreut. Gestreckte Gerölle lassen eine Einregelung der Längsachsen im Sinne der Anordnung der hellen Schlieren erkennen.

Stets sind die Keile in fluvial geschichtete Schotter eingesenkt. In ihrer unmittelbaren Umgebung allerdings ist die ursprüngliche Schichtung der Schotter in charakteristischer Weise gestört. Unter der Keilsohle sind die mehr oder weniger horizontal gelagerten Sedimente nach unten eingebeult. Die Anordnung der einzelnen Gerölle zeigt hier trotz erhalten gebliebener Schichtung, daß sie etwas bewegt worden sein müssen. Zu beiden Seiten des Keils sind die fluvialen Schotter am stärksten gestört. Bis in etwa halbe Höhe sind Geröllschichten aufgebogen. Schichtungsmerkmale sind im oberen Teil nicht mehr zu erkennen. Es fällt auf, daß die Geröllpackungen bis unmittelbar unter den ackerbaulich genutzten Boden reichen. Von den Seiten her sind Kiesnester und -bänder über die randlichen Teile des Keils gezogen. Die Deckschicht über dem zentralen Teil des Keils hingegen besteht aus einem gut sortierten, schichtungslosen Mittel- bis Feinsand von heller, fahlbrauner Farbe (Munsell 10 YR 7/4) mit nur wenigen eingestreuten Geröllen. Gerölle in unmittelbarer Umgebung der Feinmaterialfüllung zeigen vielfach eine tangentiale Einregelung ihrer Längsachsen. In den seitlich über den Keil hinausragenden Geröllpackungen stehen sie häufig senkrecht.

Bei den Keilen handelt es sich um Querschnitte langgestreckter Gebilde, nämlich Teile eines zusammenhängenden Netzes (Abb.3).

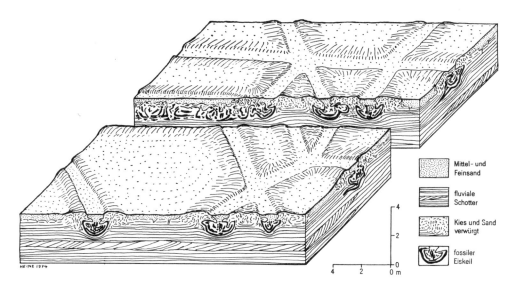

Abb. 3: Rekonstruktion eines fossilen Eiskeilnetzes in der Weezer Hees. Der 25-50 cm mächtige rezente (Podsol-)Boden auf Sand ist in dem Blockdiagramm abgedeckt.

Die beschriebenen Formen sind Zeugen fossiler Riesen-Eiskeilnetze. Das frühere Vorhandensein von Eiskeilen belegen:

(a) die Form der Keile (Abb.2 u. 4),
(b) die seitlich aufgepreßten und gestörten Geröllpackungen,
(c) die an der Untergrenze von Eiskeilen durch seitlichen Schub bzw. Druck auseinandergeschobenen Steine,
(d) die netzartige Anlage der Formen (Abb.3).

Der Zusammenbruch des vorhandenen Eiskeilnetzes wird durch folgende Beobachtungen belegt:

(a) den schaligen Aufbau der Keilfüllungen,
(b) die Materialsortierung der Keilsedimente,
(c) die Einregelung der in die Füllung eingestreuten Gerölle,
(d) die von den seitlich aufgepreßten Geröllpackungen gegen das Zentrum des Keils ziehenden Kiesnester und -bänder.

Abb. 4: Auswahl verschiedener Querschnitte von fossilen Eiskeilen.

1.2. Fossile Sandkeile

In der Periglazialmorphologie wird zwischen Eiskeilpolygonen und Sandkeilpolygonen unterschieden (BLACK 1976; KARTE 1979). Im deutschen Schrifttum findet sich diese Unterscheidung leider nicht immer. Es ist von Eiskeilen, Sandkeilen, Lößkeilen, Lehmkeilen etc. die Rede. Viele als fossile Eiskeile gedeutete Formen - besonders in Lössen - sind jedoch nicht an die frühere Existenz von Eiskeilen gebunden, sondern sind aus Frostspalten hervorgegangen, die mit Sand gefüllt wurden. Charakteristische Sandkeile sind uns aus dem Weezer Raum nicht bekannt.

1.3. Andere Keilstrukturen

In den Terrassenschottern der Weezer Hees können häufig Keilstrukturen beobachtet werden, die sich von den oben beschriebenen Eiskeilen stark unterscheiden, die jedoch in der Literatur auch oft als Eiskeile bzw. syngenetische Eiskeile gedeutet werden. Es handelt sich um Strukturen (Abb.5), die keine Anzeichen von seitlich aufgepreßten und gestörten Geröllpackungen aufweisen. Die einzelnen Geröllschichten können in die

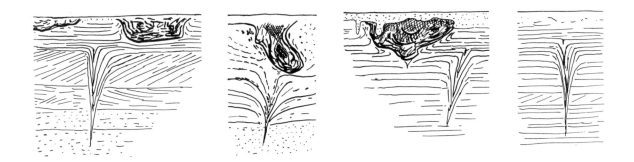

Abb. 5: Verschiedene Keilstrukturen in den Schottern der Weezer Hees.

Keilstruktur hinein verfolgt werden, wo sie nach unten abbiegen, ausdünnen und sich mit vergleichbaren Schichten der gegenüberliegenden Seite treffen. Die Gerölle der Keilfüllung sind zum größten Teil vertikal orientiert. Diese Keile sind nicht zu polygonartigen Netzen zusammengeschlossen; sie treten vereinzelt auf. Oft reichen sie nicht bis an die Oberfläche der Schotter, sondern werden durch hangende Geröll-lagen abgeschnitten. Diese Beobachtung hat viele Autoren dazu veranlaßt, von syngenetischen "Eiskeilen" zu sprechen, die mit der Aufschotterung der fluvialen Sedimente gebildet worden sein sollen.

Die Texturmerkmale dieser Keilstrukturen lassen aber ihre Deutung als Eiskeile nur bedingt zu. Es kann sich z. B. um Dehnungsstrukturen handeln und nicht um Strukturen, die durch Pressungsvorgänge bei Eiskeilbildung und nachfolgende Verfüllung entstanden sind. Es ist nicht zu entscheiden, ob die Dehnungsspalten,

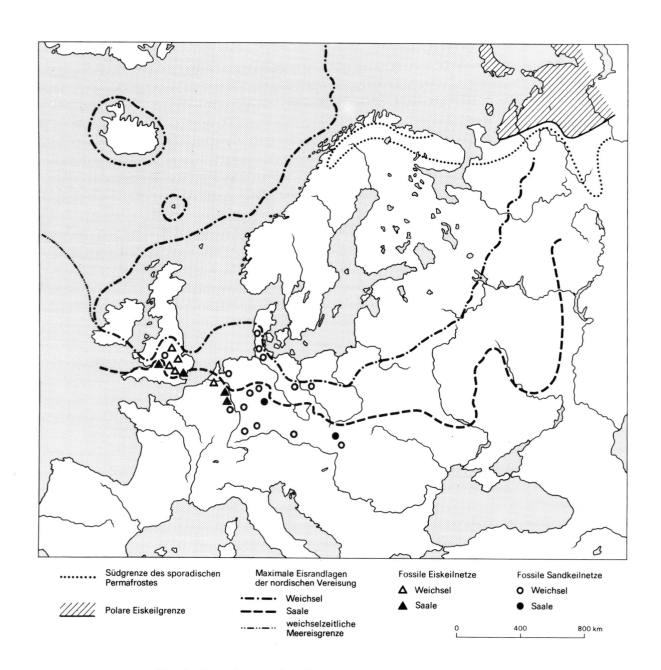

Südgrenze des sporadischen Permafrostes

Polare Eiskeilgrenze

Maximale Eisrandlagen der nordischen Vereisung

·—·—· Weichsel

——— Saale

··—··—·· weichselzeitliche Meereisgrenze

Fossile Eiskeilnetze

△ Weichsel

▲ Saale

Fossile Sandkeilnetze

○ Weichsel

● Saale

0   400   800 km

Abb. 6: Eisrandlagen, Eiskeilnetze und Sandkeilnetze in Europa
(Vorkommen von Eis- und Sandkeilnetzen in Auswahl)

die zur Bildung dieser Keilstrukturen führten, thermisch bedingt sind. BLACK (1976) vermutet bei ähnlichen Formen, wie sie in der Weezer Hees auftreten, daß diese Keile verschiedene Ursachen haben können, zum Beispiel durch ein Abgleiten der Terrassenböschungen oder durch das Abtauen von Eislinsen in den Flußschottern entstanden sind. Daher bilden diese Keilstrukturen auch keine polygonalen Netze und kein Mikrorelief an der Oberfläche. Sie können wegen ihrer unterschiedlichen Entstehungsmöglichkeiten nicht als Indikatoren für paläoklimatische Rekonstruktionen verwendet werden.

Es sei nicht verschwiegen, daß sich die oben beschriebenen, eindeutig als ehemalige Eiskeile identifizierbaren Taschen in manchen Fällen nach unten in schmalen, spitzen Keilen fortsetzen. Diese Keile weisen die nach unten abgebogenen, mehr oder weniger symmetrisch angeordneten Schichtungsmerkmale auf (vgl. Abb.5). Offensichtlich steht in diesen Fällen die Entstehung der Spalten mit dem Wachstum des darüberliegenden Eiskörpers in Zusammenhang.

2. Verbreitung fossiler Rieseneiskeilnetze in Europa

Gegenwärtig werden Eiskeilnetze in Europa nur im Dauerfrostbodengebiet zwischen dem Timan-Rücken und dem Polar-Ural angetroffen (Abb.6 u.7).

Fossile Eiskeilnetze sind aus Schleswig-Holstein und Dänemark mehrfach beschrieben worden, doch können sie aufgrund ihrer charakteristischen Merkmale, wie sie oben geschildert worden sind, nicht zweifelsfrei als fossile Eiskeile identifiziert werden. Vermutlich handelt es sich um Sandkeilnetze und Frostspaltenpolygone, d.h. fossile Kongelikontraktionsformen ohne Spalteneis (i. S. von KARTE 1979). Häufig treten sie auf letzteiszeitlichen Ablagerungen auf, weshalb angenommen wird, daß sie während der letzten Kaltzeit (Weichsel) entstanden sind. Fossile Sandkeile der letzten Eiszeit haben eine große Verbreitung und sind vor allem aus den Lößgebieten im Bereich der Mittelgebirge beschrieben worden (Abb.6).

Die fossilen Rieseneiskeilnetze der Weezer Hees, wie auch die der näheren Umgebung Weezes werden nicht der letzten Kaltzeit, sondern der Zeit der maximalen Eisausdehnung am Niederrhein, also dem Drenthestadium der Saale-Eiszeit zugeschrieben. Besonders hervorzuheben ist, daß sich diese von anderen als fossile Eiskeilnetze gedeuteten Erscheinungen dadurch unterscheiden, daß sie unzweifelhaft die Spuren der Eiskeilbildung (= seitlich aufgepreßte und gestörte Geröllpackungen) und des Eiskeil-Kollabierens (= Keilfüllung mit schaligen Feinsedimenten, Kiesnestern und -bändern, Einregelung der Gerölle) zeigen. Bei den Eiskeilnetzen aus dem Mittelgebirgsbereich und Norddeutschland bleibt die Deutung als fossile Eiskeilnetze wegen ihrer Keilfüllungen (meist äolisches Material) und der seitlich mehr oder weniger symmetrisch abtauchenden Schichten des die Keilform umgebenden Materials problematisch.

Ähnliche Formen, wie sie von der Weezer Hees beschrieben wurden, finden wir in England und Wales (Abb.6). Dort können sie z. T. der letzten Kaltzeit zugeordnet werden. In einigen Fällen ist auch eine Datierung in die Saale-Kaltzeit möglich (AHLFELD 1977).

Aus der Verbreitung der fossilen Rieseneiskeilnetze am Niederrhein und in England sowie dem Vorkommen fossiler Sandkeilnetze und Frostspaltenpolygone von den britischen Inseln bis nach Osteuropa resultiert die besondere Bedeutung der niederrheinischen fossilen Eiskeilnetze, denn die fossilen Eiskeilnetze des Weezer Raumes sind unseres Wissens bisher die einzigen Bildungen dieser Art im kontinentalen West- und Mitteleuropa, die anhand ihrer Strukturen ohne jeden Zweifel als fossile Eiskeilnetze erkannt werden können.

3. Paläoklimatische Deutung

Eine paläoklimatische Deutung der fossilen Eiskeilnetze des Niederrheingebietes setzt voraus, daß die klimatischen Voraussetzungen der Entstehung rezenter Eiskeilnetze bekannt sind, und daß das kaltzeitliche Periglazial des Niederrheingebietes hinsichtlich seiner Umweltbedingungen mit dem gegenwärtigen Periglazial hoher Breiten vergleichbar ist.

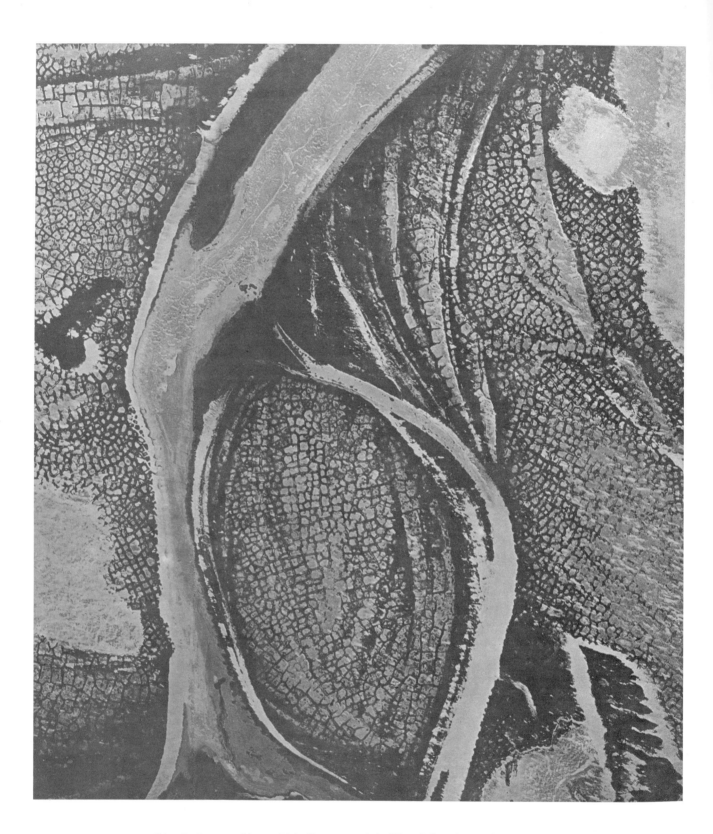

Abb. 7: Rezente Riesen-Eiskeilnetze am Colville River, dem größten
Fluß am Nordabfall der Brookskette in Alaska, etwa 68° n. Br.
Nach einer Infrarot-Luftaufnahme der NASA aus 1500 m Höhe
(National Geographic, vol. 141, 1972). Die Maschenweite der
Polygone beträgt etwa 3-30 m.

KARTE (1979) gibt eine Zusammenfassung der Eiskeilforschung. Seinen Ausführungen sind die folgenden Abschnitte 1 bis 6 entnommen.

(1) Eiskeilpolygone sind Leitformen für kontinuierlichen Dauerfrostboden.

(2) Sie sind typisch für ein kalthumides Klima mit Jahresmitteltemperaturen unter $-4^{\circ}C$, mittleren Minimumtemperaturen des kältesten Monats unter $-20^{\circ}C$, Bodentemperaturen im Niveau der thermischen Nullamplitude von unter $-5^{\circ}C$, plötzlichen Temperaturstürzen um $20^{\circ}C$ bei Temperaturen unter dem Gefrierpunkt oder Temperaturabfall unter $-20^{\circ}C$, Schneearmut in der ersten Winterhälfte (die aber auch lokal durch äolische Schneeumlagerung bedingt sein kann), hoher Luftfeuchtigkeit, ausreichender Bodenfeuchte oder ausreichendem Schmelzwasserangebot während der sommerlichen Auftauzeit.

(3) Neben einer geringmächtigen Schneedecke und Auftauschicht ist auch eine nur kaum isolierende Vegetationsbedeckung für die Eiskeilbildung förderlich.

(4) Aus der oberen Breite von Eiskeilen lassen sich Rückschlüsse auf ihre Bildungsdauer und damit z. T. auf ihr Alter ziehen. Dabei kann eine durchschnittliche jährliche Wachstumsrate von 1,0 mm zugrundegelegt werden.

(5) Aus der Vertikalerstreckung lassen sich, in erster Linie bei epigenetischen Eiskeilen, Rückschlüsse auf die Lage des Niveaus der thermischen Nullamplitude und damit auf die Schärfe des Frostregimes, insbesondere auf das Ausmaß frühwinterlicher Temperaturstürze ziehen. Dabei müssen jedoch die Einflüsse lokaler Faktoren, wie Substrat, Mollisolmächtigkeit, Vegetationsbedeckung und die Schneemächtigkeit berücksichtigt werden.

(6) Die verschiedenen Ausprägungsformen von Eiskeilpolygonen lassen sich nicht als Kriterien zu einer klimatisch begründeten regionalen Differenzierung des kontinuierlichen Dauerfrostbodengebietes heranziehen. Sie stellen entweder substratbedingte Varianten dar oder repräsentieren unterschiedliche Stadien der Eiskeilpolygonentwicklung.

Diese von KARTE (1979) für rezente "lebende" Eiskeilnetze zusammengestellten Merkmale können auch auf die fossilen Eiskeilnetze übertragen werden. Damit erhalten die fossilen Eiskeilnetze der Weezer Hees einen bedeutenden Indikatorwert für frühere Klimaverhältnisse am Niederrhein. Die dortigen fossilen Eiskeilnetze sind während der maximalen Eisausdehnung der Saale-Kaltzeit entstanden. Sie dokumentieren folglich für diese Periode der Saale-Kaltzeit einen kontinuierlichen Dauerfrostboden, ein kalthumides Klima mit Jahresmitteltemperaturen unter $-4^{\circ}C$, mittlere Minimumtemperaturen des kältesten Monats unter $-20^{\circ}C$, plötzliche Temperaturstürze, Schneearmut auf der Weezer Hees und den Sanderflächen (infolge starker Winde), jahreszeitlich hohe Luftfeuchtigkeit und ausreichende Bodenfeuchte. Die Tatsache, daß fossile Eiskeilnetze vom Weezer Typ im östlichen Mittel- und in Osteuropa nicht anzutreffen sind, kann so gedeutet werden, daß dort während der Saale-Kaltzeit ein noch schärferes und vor allem trockeneres Frostregime herrschte. Dort treten Sandkeilpolygone und andere Kongelikontraktionsformen ohne Spalteneis an die Stelle der Eiskeilpolygone.

Neben Sandkeilpolygonen sind Frostspaltenmakropolygone und Mollisolfrostkeile bekannt (KARTE 1979), die auch in Gebieten gebildet werden können, in denen kein Dauerfrostboden vorhanden ist. Aus Island werden derartige Formen von FRIEDMAN et al. (1971) beschrieben. Zahlreiche Erscheinungen, die als Eiskeile gedeutet werden - vor allem in Lößprofilen - müssen sicher als Frostspaltenmakropolygone angesehen werden. Es ist daher fraglich, ob während des Jungquartärs so häufig ein Dauerfrostboden bestand, wie aus manchen Lößprofilen erschlossen wurde (vgl. u. a. ROHDENBURG 1971, S.306).

Das häufige Vorkommen von Sandkeilpolygonen und Frostspaltenmakropolygonen in weichselzeitlichen Ablagerungen Mitteleuropas belegt für die letzte Kaltzeit einerseits Perioden mit kontinuierlichem Dauerfrostboden, andererseits solche mit intensiver jahreszeitlicher Bodengefrornis. Während der Perioden mit kontinuierlichem Dauerfrostboden nahmen die Niederschläge von Westen (fossile Eiskeilnetze in England) nach Osten (fossile Sandkeilnetze in Mitteleuropa) ab. Gleiches gilt auch für die saalezeitliche Eiskeilbildung am Niederrhein (Abb.6).

Die vorgetragenen Befunde, aber auch entsprechende nordamerikanische Belege für die beiden letzten Eiszeiten (PEWE 1973) legen die Vermutung nahe, daß im unmittelbaren Vorland der Inlandeismassen besonders günstige Bedingungen für die Entstehung von Eiskeilnetzen gegeben waren.

Die klimatische Wirkung von Eismassen auf ihr Vorland beruht auf der ständigen Abkühlung der Luft über der Eisfläche. Die dabei entstehende seichte Kaltlufthaut fließt, der Schwerkraft folgend, vom Eise in die Umgebung ab. Derartige Schwereströmungen, die als 'katabatische Strömungen' bezeichnet werden, machen sich besonders bei sonst ruhigem, windschwachem Hochdruckwetter bemerkbar, wenn auch die Ausstrahlung über dem Eis besonders stark ist. Eine große Rolle spielen die katabatischen Winde etwa in der Antarktis, wo die typische Windgeschwindigkeit bereits für mäßige Hänge 10 m/sec beträgt (vgl. BLÜTHGEN 1966). Die strenge Abhängigkeit des herrschenden Oberflächenwindes vom Gefälle ist kennzeichnend für die bestehenden Inlandeise und kann auch für die eiszeitlichen vorausgesetzt werden (LOEWE 1970).

Vieles spricht dafür, daß gerade im Niederrheingebiet während des Inlandeisvorstoßes günstige Voraussetzungen für die Wirksamkeit katabatischer Strömungen bestanden. Ähnlich wie das Inlandeis selber sich aus der wegen Rückstaus an Eggegebirge, Haarstrang und Rheinischem Schiefergebirge randvoll "mit Eis gefüllten Schüssel" des Münsterlandes einen Oberlauf nach Westen in das niederrheinische Tiefland suchte (vgl. THOME 1979b), muß auch die über dem Eisplateau gebildete Kaltluft diesem Gefälle folgend bevorzugt nach dort abgeflossen sein. Die Ausbreitung der kalten Luft wurde hier offenbar durch zwei Umstände besonders gefördert. Zum einen ist dies die Höhe des Eisrandes gegenüber dem Vorland, die der abströmenden Kaltluft eine relativ hohe potentielle Energie verliehen haben muß. Die Höhe der erhaltenen Stauchwallreste läßt gewisse Rückschlüsse auf die Höhe des ehemaligen Eisrandes zu. Legt man die Höhe des Klever Berges (106 m), der höchsten Erhebung am Niederrhein, zugrunde, dann muß der Eisrand teilweise um etwa 60-70 m über dem westlichen Vorland gelegen haben. Darüberhinaus ist anzunehmen, daß gerade das weithin ebene, von höher aufragenden Hindernissen freie Relief die Ausbreitung der vom Eise abfließenden Kaltluft im damaligen Niederrheingebiet erleichterte.

4. Das Alter der fossilen Eiskeilnetze der Weezer Hees

Aufgrund neuerer stratigraphischer Korrelierungen (KUKLA 1978; WOILLARD 1979) müssen wir heute die klassische Stratigraphie für das Quartär (WOLDSTEDT 1958) in Frage stellen. Tab. 1 zeigt eine von KUKLA (1978) zusammengestellte Übersicht. Danach sind der Saale-Vereisung, deren Gletscher den Niederrhein erreichten, noch drei Eiszeiten gefolgt (Saale-Rehburg?,Warthe, Weichsel), die jeweils durch Interglaziale getrennt werden (Eem/Eem-River, Eem/Ehringsdorf, Eem/Skaerumhede). Auch aufgrund der palynologischen Untersuchungsergebnisse von WOILLARD (1979) müssen wir davon ausgehen, daß die Eem-Interglazialzeit i. S. WOLDSTEDTs (1958) dreigeteilt ist. Eine absolute Altersansprache der saalezeitlichen Gletschervorstöße an den Niederrhein und damit der Bildungszeit der fossilen Eiskeilnetze bei Weeze bleibt also heute noch problematisch (s. Tab.1).

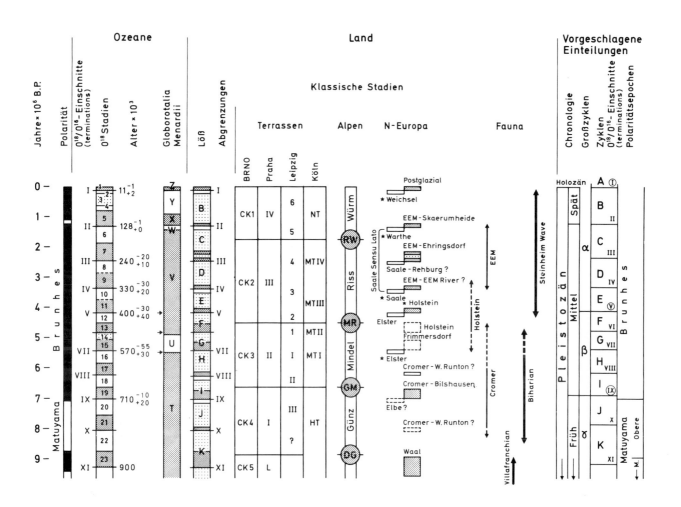

Tab. 1: Korrelation von Sauerstoffisotopen-Stadien mit Lößzyklen, Terrassen und den Typuseinheiten der
klassischen europäischen Pleistozän-Gliederungen. Warme Klimaabschnitte dunkel gerastert, kalte
Abschnitte weiß, mittlere hell gerastert. Normale Polarität des irdischen Magnetfeldes schwarz,
reverse weiß. Die stratigraphische Position der klassischen nordeuropäischen Einheiten von Typus-
lokalitäten ist durch einen Stern gekennzeichnet. Der traditionell gebräuchliche stratigraphische
Bereich der nordeuropäischen Glaziale und Interglaziale ist durch Balken und Pfeile eingetragen
(n. KUKLA 1978).

Literaturverzeichnis

AHLFELD, G. (1977): Fossile Eiskeilnetze in England. Wiss. Arbeit Erste Staatsprüfung Lehramt, Bonn.
  Unveröff.

BLACK, R.F. (1976): Periglacial Features Indicative of Permafrost: Ice and Soil Wedges. In: Quaternary
  Research, 6, 3-26.

BLÜTHGEN, J. (1966): Allgemeine Klimageographie. Lehrbuch der Allgemeinen Geographie, Bd 2, Berlin.

FRIEDMAN, F.D., C.E. JOHANSSON, N. OSKARSSON, H. SVENSSON, S.K. THORARINSSON u. R.S. WILLIAMS (1971):
  Observations on Icelandic polygon surfaces and palsa areas. Photo interpretation and field
  studies. In: Geografiska Annaler, 53 A, 3/4, 115-145.

GOLTE, W.u. K. HEINE (1974): Fossile Riesen-Eiskeilnetze am Niederrhein. In: Eiszeitalter und Gegenwart,
  25, 132-140.

KARTE, J. (1979): Räumliche Abgrenzung und regionale Differenzierung des Periglaziärs. Bochumer Geographische Arbeiten, 35, Paderborn.

KUKLA, G. (1978): The classical European glacial stages: correlation with deep-sea sediments. In: Transactions Nebraska Academy Science, 6, 57-93.

LIEDTKE, H. (1975): Die nordischen Vereisungen in Mitteleuropa. Forschungen zur deutschen Landeskunde,
  204, Bonn-Bad Godesberg.

LOEWE, F. (1970): Das Kerngebiet der Antarktis. In: Argumenta Geographica, Festschrift Carl Troll zum
  70. Geburtstag, Colloquium Geographicum, 12, Bonn, 200-213.

PEWE, T.L. (1973): Ice Wedge Casts and past Permafrost Distribution in North America. In: Geoforum 15,
  15-26.

ROHDENBURG, H. (1971): Einführung in die klimagenetische Geomorphologie. Gießen.

STEEGER, A. (1944): Diluviale Bodenfrosterscheinungen am Niederrhein. Diluvialgeologie und Klima, hrsg.
  v. C. Troll. In: Geologische Rundschau, 34, 7/8, 520-538.

THOME, K.N. (1959): Die Begegnung des nordischen Inlandeises mit dem Rhein. In: Geologisches Jahrbuch,
  76, Hannover, 261-308.

THOME, K.N. (1961): Das Entstehen der natürlichen Landschaftsformen unserer Heimat. In: Heimatbuch 1962
  des Grenzkreises Kempen-Krefeld, F.13, Kempen-Krefeld, 13-24.

THOME, K.N. (1979a): Entstehung und Gestalt des Schaephuysener Höhenzuges. In: Heimatbuch des Kreises
  Viersen 1980, F.31, Viersen, 275-285.

THOME, K.N. (1959b): Der Vorstoß des nordeuropäischen Inlandeises in das Münsterland. In: 46. Tagung der
  Arbeitsgemeinschaft nordwestdeutscher Geologen. Münster 1979, Kurzfassungen der Vorträge,
  Münster, 7-8.

WOILLARD, G. (1979): Reply to comments by E. Grüger. In: Quaternary Research, 12, 154-155.

WOLDSTEDT, P. (1958): Das Eiszeitalter. Grundlinien einer Geologie des Quartärs, Bd 1, Stuttgart.

WOLDSTEDT, P. u. K.DUPHORN (1974): Norddeutschland und angrenzende Gebiete im Eiszeitalter. Stuttgart.

Bodenfeuchte, Mikroklima und Vegetation am Niederrhein

Peter Frankenberg

Mit 6 Abbildungen und 1 Tabelle

Summary. Soil moisture, microclimate and vegetation on the Niederrhein area

The study deals with soil moisture content of the different soils of the Weeze-region near Kleve. It includes the analysis of some microclimatic features of different morphological systems. Soil moisture content is linked with vegetation cover. Three types of vegetation are analysed with more detail: deciduous forest of a moraine lobe near Kleve, heath vegetation in the Netherlands and another heath-like vegetation near Weeze.

Microclimate differences, differences of soil moisture content and vegetational cover are interrelated.

1. Problemstellung

Die Analyse der wechselseitigen Beziehungen zwischen der belebten Welt und ihrer physischen Umwelt ist seit jeher ein Wesensmerkmal biogeographischer Themata.

Für die Pflanzen, ob natürliche oder kultürliche Vegetation, sind auf kleinem Raum mit homogenem Makroklima Boden und Bodenfeuchte sowie das zum Teil relief-gesteuerte Mikroklima wesentliche Standortfaktoren. Ihrer räumlichen Differenzierung entspricht eine Differenzierung der Pflanzendecke. Dieser Tatbestand gründet auf einem Regelkreis und nicht auf einfachen kausalen Beziehungen. So steuert die Vegetation mitunter das Mikroklima entscheidend, etwa das Bestandsklima des Waldes, doch wirkt dieses wiederum auf die Waldvegetation selber ein, vor allem auf die Krautschicht. Auch der Wasserhaushalt des Bodens prägt das Vegetationsmuster mit, doch wird der Wasserhaushalt des Bodens andererseits auch über die Transpiration der Pflanzenbestände von der Vegetation stark beeinflußt.

Für den Raum des Niederrheins sollen nun exemplarisch einige dieser Aspekte verdeutlicht werden. Dabei steht die relative Bodenfeuchte sowie das Mikroklima ausgewählter Standorte im Mittelpunkt.

2. Bodenkarte und Meßstellen

Abb.1 gibt in vereinfachter Form die Bodeneinheiten des Untersuchungsraumes am nördlichen linken Niederrhein in ihrer Verbreitung wieder. Die Skizze basiert auf einer Aufnahme des Geologischen Landesamtes Nordrhein-Westfalen (Bearbeiter F.J. BRAUN) aus dem Jahre 1964. Eingetragen sind in der Skizze die Standorte, an denen Bodenfeuchteuntersuchungen vorgenommen worden sind. Die Standorte 8 und 9 repräsentieren das Profil der mikroklimatischen Analyse von der Hauptterrassenfläche der Hees bei Baal in das Baaler Bruch.

Die Bodentypen zeichnen die morphologisch-geologische Grundstruktur im Untersuchungsraum deutlich nach. Auffallend sind vor allem die Stauchmoränen mit ihren Vorländern. Edaphisch sind sie durch Parabraunerden und randlich durch Braunerden gekennzeichnet. Die zweite großräumige Bodeneinheit bildet die Rheinniederung mit ihren Auenböden. Einige Bruchgebiete, so das Baaler Bruch, weisen heute Gleyböden auf, andere Niedermoorregionen, so entlang der Niers, tragen Niedermoorböden.

3. Relative Bodenfeuchte verschiedener Bodeneinheiten und Pflanzenbestände

Die Bodenfeuchteuntersuchungen sollten zum einen die relative Bodenfeuchte verschiedener Bodentypen erfassen , zum anderen den Einfluß verschiedener Pflanzenbedeckungen auf den Bodenfeuchtegehalt gleicher Bodentypen aufzeigen (Abb.2).

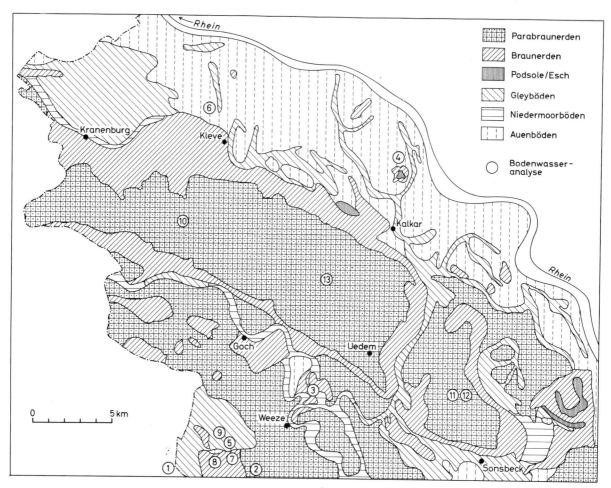

Abb. 1: Bodeneinheiten des Untersuchungsraumes (nach BRAUN, 1967, vereinfacht) mit
Meßstellen der relativen Bodenfecuhte und des pH-Wertes

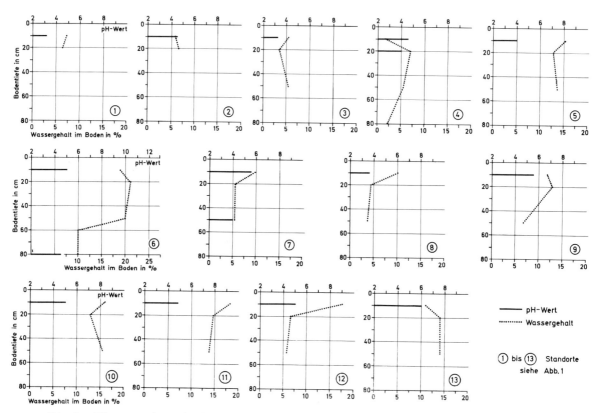

Abb. 2: Diagramme der relativen Bodenfeuchte und des pH-Wertes verschiedener Meßstellen
(Standorte) im Untersuchungsraum

Die Untersuchungen wurden in einem Zeitraum von etwa 24 Stunden durchgeführt, ohne daß ein Niederschlagsereignis die Ergebnisse hätte beeinflussen können. Der kurze, ungestörte Untersuchungszeitraum ist wesentlich, um die Bodenfeuchte an verschiedenen Meßpunkten (vgl. Abb.1) bei ähnlichen Ausgangs- und Zustandsbedingungen fassen zu können. Nur so bleiben die verschiedenen Messungen vergleichbar. Dies auch deshalb, weil an den drei Tagen vor dem Untersuchungsgang ebenfalls kein nennenswerter Niederschlag gefallen war, wie an drei bei den Meßstellen 8 und 9 aufgestellten Regenmessern festgestellt werden konnte.

Von der Geräteausstattung her sind die Messungen ebenfalls vergleichbar, denn es wurde stets das gleiche C-M-Gerät benutzt. Die Feuchtemessungen an den einzelnen Standorten (vgl. Abb.1) wurden in der Regel in 10, 20 und 50 cm Bodentiefe vorgenommen, um auch die Feuchtedifferenzierung innerhalb der Bodenhorizonte erfassen und unter den einzelnen Meßorten vergleichen zu können. Angegeben in den Diagrammen der Abb.2 und interpretiert sind jeweils die relativen Angaben der Bodenfeuchte. Dies erleichtert den Vergleich der Werte untereinander, da der maximal mögliche absolute Wassergehalt von Boden zu Boden sehr variiert, für ökologische Fragen aber der Sättigungsgrad eine entscheidende Größe darstellt. So bestimmt die relative Bodenfeuchte in Abhängigkeit von der Bodenart den Welkepunkt der Pflanzen. Nach WALTER (1979) liegt er bei Getreide auf Grobsand bei 1%, auf Feinsand bei 3,4%, auf sandigem Lehm bei 6,2% und auf Lehm bei 10,3%.

In den Diagrammen der relativen Bodenfeuchte der einzelnen Meßorte ist als zusätzliche Information der pH-Wert der Böden verzeichnet (vgl. Abb.2). Er wurde stets in 10 cm Tiefe mit einem pH-Meter nach HELLIGE gemessen und anhand von Indikatorstreifen der Firma Merck überprüft und präzisiert.

Als eine erste Gruppe von Bodeneinheiten wurden sandige "Heideböden" auf verschiedenem Substrat und mit unterschiedlicher Vegetationsbedeckung analysiert (Meßstellen 1-3, vgl. Abb.1 und Abb.2). Sie zeigen durchweg die geringsten relativen Feuchtewerte aller untersuchten Böden, mit Ausnahme der Wisseler Düne (Nr.4 in Abb.2). Die humose Auflage der "Heideböden" überschreitet 6 cm nicht. Darunter folgt unmittelbar feiner Sand. Den geringsten Bodenfeuchtegehalt dieser "Heideböden" zeigt die "Sandheide" zwischen Weeze und Uedem (Nr.3 in Abb.2). Der Boden kann als eine Gley-Braunerde auf Sand gekennzeichnet werden. Die Heidefläche ist überwiegend mit Buchen (Fagus silvatica) aufgeforstet. Vereinzelt trifft man am Waldrand sogar wärmeliebende Arten von Castanea sativa (Eßkastanie) an. Die geringe relative Bodenfeuchte dieser Bodeneinheit geht von 10 nach 20 cm Bodentiefe sogar auf unter 3% zurück und steigt von 20 nach 50 cm Bodentiefe erneut auf 5% an. Im Bereich von 20 cm Bodentiefe, also im Wurzelbereich der Pflanzen, wird der Welkepunkt von Getreide unterschritten. Dieser selbst für Heideböden relativ geringe Wassergehalt und der Rückgang im Durchwurzelungsbereich der Waldböden deuten an, daß die Waldbestockung als besonders großer Wasserverbraucher wirkt. Die große transpirationsaktive Phytomasse entzieht dem Boden mehr Wasser als die 'typische' Heidevegetation am Standort 1 (vgl. Tab.1) oder die ruderale Heidevegetation am Standort 2 (Pseudoheide, vgl. Tab.1 und Abb.2). Standort 1, mit Standort 3 edaphisch am ehesten vergleichbar, zeigt auch eine Abnahme der Bodenfeuchte im Durchwurzelungsbereich der Pflanzen. Bei Standort 2 ("Pseudoheide") steigt die relative Bodenfeuchte dagegen mit der Tiefe an. Bei 20 cm Tiefe stößt man nämlich bereits auf den C-Horizont, eine kompakte Schotterschicht, die wasserstauend wirkt. Der Boden ist als eine Parabraunerde auf lehmigem Sand und Kies anzusprechen. Der oberflächennahe Schotterkörper verhindert möglicherweise die Ausbildung eines "Heidemilieus". Daher resultiert wohl die für "Heiden" nicht gerade typische Zusammensetzung der Pflanzenwelt (vgl. Tab.1). Bei der Vegetationsaufnahme wurde zur näheren soziologischen Spezifizierung auch die Zahl der Individuen ermittelt, so z.B. an Standort 10 (Reichswald). In der "Pseudoheide" erweist sich zwar die dominante Stellung des Besenginsters, doch können ebenfalls sehr häufig auftretende Spezies wie Lupinen nur als ruderal gedeutet werden. Die geringe Zahl der Bäume zeigt einen von diesen Phanerophyten noch relativ unbeeinflußten Bodenwassergehalt an.

Nahezu vegetationslos sind die Kuppen der Wisseler Dünen (Meßstelle 4 bei Kalkar). Dennoch zeigt sich dort in 10 cm Tiefe die geringste relative Bodenfeuchte aller Proben (1,5%). Der Welkepunkt von Gräsern unserer Breiten dürfte damit unterschritten sein. Da keine Pflanzen vorhanden sind, können sie den obersten Bodenschichten das Wasser auch nicht entzogen haben. Ein ungehindertes und schnelles Durchsickern des Niederschlagswassers durch den Sandkörper ist auch nicht gegeben, da in 20 cm Tiefe ein fossilierter Boden wasserstauend wirkt (7% Wassergehalt) und darunter, in 80 cm Tiefe, der Wassergehalt wieder auf 2% absinkt.

Tab. 1: Liste der Pflanzenarten an verschiedenen Standorten

Buchenwald (Dryoptereto-Fagetum) (10)	Zahl d. Indiv.	"Pseudoheide" (2)	Zahl d. Indiv.
Gemeiner Wurmfarn (Dryopteris filix-mas)	501	Gras	-bodenbedeckend-
Rotbuche (Fagus silvatica) NPH	316	Besenginster (Sarothamnus scoparius)	-sehr häufig-
Gras	300	Vielblättrige Lupine (Lupinus polyphyllus)	225
Heidelbeere (Vaccinium myrtillus)	250	Glänzende Wiesenraute (Thalictrum lucidum)	68
Moos	77	Färber-Wau (Reseda luteola)	15
Rotbuche (Fagus silvatica) MPH	40	Kriechender Hahnenfuß (Raununculus repens)	15
Vogelsternmiere (Stellaria media)	24	Dornige Gänsedistel (Sonchus asper)	15
Stieleiche (Quercus robur) NPH	19	Scharbockskraut (Raununculus ficaria)	13
Stieleiche (Quercus robur) MPH	14	Schafgarbe (Achillaea millefolium)	12
Brombeere (Rubus fruticosus)	13	Brombeere (Rubus fruticosus)	9
Himbeere (Rubus idaeus)	6	Feld-Löwenmaul (Antirrhinum orontium)	8
Warzenbirke (Betula pendula)	2	Gemeine Kuhblume (Taraxacum officinale)	5
Eberesche (Sorbus aucuparia)	1	Zarter Gauchheil (Anagallis tenella)	5
Stechpalme (Ilex aquifolium)	1	Stieleiche (Quercus robur) NPH	5
		Kleine Brennessel (Urtica urens)	2
		Rotbuche (Fagus silvatica) NPH	1
Heide in den Niederlanden (1)		Spargel (Asperagus officinalis)	1

Besenheide (Calluna vulgaris)
Warzenbirke (Betula pendula)
Stieleiche (Quercus robur)
Ahorn (Acer sp.)

Für die geringe Bodenfeuchte in den oberen Bodenhorizonten dürfte neben der Versickerung, die sicherlich eine Rolle spielt, auch die Verdunstung oberflächennahen Bodenwassers verantwortlich sein. Die Dünenkuppe ist nämlich nach allen Seiten windexponiert. Rippelmarken des Sandes deuten häufigere Umlagerungen der obersten Sandschichten an, deren Wasser daher intensiver verdunstet. Die fehlende Vegetation, die die Mobilität des Sandes erst ermöglicht und einen Evaporationsschirm gegenüber dem Bodenwasser ermangelt, der normalerweise die reine Bodenwasserverdunstung einschränkt, läßt hier den geringen Wasseranteil in den obersten Sandschichten ebenso erklärbar erscheinen wie umgekehrt im Falle der aufgeforsteten "Sandheide" (Standort 3) gerade die dichte und transpirationsaktive Vegetation den geringen Wassergehalt im Durchwurzelungsbereich des Bodens. Im Falle der Wisseler Düne zeigt sich ein Regelkreis von Pflanzenbedeckung und Bodenwassergehalt. Infolge fehlender Pflanzenbedeckung ist der Wassergehalt in den obersten Schichten des Bodens so gering, daß er unter dem Welkepunkt vieler Gräser liegt. Eine Vegetationsansiedlung ist also erschwert. Die Entfernung der Grasnarbe, etwa infolge von Beweidung, kann so zu einer irreversiblen Schädigung des Standorts führen, selbst in derart humiden Räumen.

Einen mittleren relativen Bodenwassergehalt zeigen die Standorte der Meßstellen 7, 8 und 9 (vgl. Abb.1 und Abb.2). Bei den Standorten 7 und 8 tritt auf dem Terrassenkörper der Hees jeweils eine schwachpodsolige Braunerde über Sand auf. Der Standort 7 ist ein kurz zuvor abgeerntetes Rübenfeld, der Standort 8 eine Waldinsel an der Straße Baal-Petrusheim, vornehmlich von Buchen (Fagus silvatica) bestanden. Unabhängig von den Bewuchsunterschieden an beiden Standorten nimmt von 10 nach 20 cm Tiefe die Bodenfeuchte etwa vom gleichen Ausgangsniveau her ab. Allerdings erscheint die Abnahme unter Wald stärker. Hier ist bis in 50 cm Tiefe ein noch geringer Rückgang der relativen Bodenfeuchte zu verzeichnen, während auf dem Feld ab 20 cm Tiefe die Bodenfeuchte nach unten unverändert bleibt. Hier erweist sich zweierlei: Zum einen verbraucht der Wald offenbar mehr Wasser als die Rüben, zum anderen kann er dieses Wasser, wenn auch nur in geringem Maße, noch tieferen Schichten entziehen. Einige Baumwurzeln reichen unter den Hauptwurzelhorizont der obersten 20 cm des Bodens.

Wesentlich ausgeprägter treten die Unterschiede in der Bodenfeuchte bei gleichem Boden (schwach podsolige Parabraunerden über Feinsand), aber verschiedenem Pflanzenbesatz, an den Standorten 11 und 12 hervor. Der Standort 11, ein Rübenfeld, ist nur wenige Meter vom Standort 12, einem Buchen-Niederwald, entfernt auf der Westabdachung der Stauchmoräne des Balberger Waldes gelegen. In 10 cm Tiefe ist die Bodenfeuchte beider Standorte noch ähnlich. In 20 cm Tiefe beträgt die relative Bodenfeuchte unter Wald nur noch 6,5%, unter Feld jedoch nahezu 15%. Ähnliche Relationen gelten auch für 50 cm Bodentiefe. In beiden Fällen geht die relative Bodenfeuchte in den obersten 10-20 cm des Bodens zurück, also im Durchwurzelungsbereich der Pflanzen. Der gegenüber dem Rübenfeld sehr geringe Bodenfeuchtegehalt unter Wald ist als eine Folge der intensiveren Transpiration der Waldpflanzen anzusehen. Ihre transpirationsaktive Phytomasse ist größer als die der Rüben. Allerdings ist auch der Wasser-input von der Art der Pflanzenbedeckung betroffen. Unter Wald dringt weniger Regenwasser in den Boden ein als etwa auf einem Rübenfeld,das zudem gepflügt ist und daher das Eindringen von Wasser in den Boden erleichtert. Im Wald vermindert die Interzeptionsverdunstung die den Pflanzen zur Verfügung stehende Wassermenge erheblich. Dort ist der Wasser-input in den Boden also gegenüber dem Freiland vermindert und der Wasser-output, also die Gesamtverdunstung des Systems Boden-Pflanze, erhöht. Der Abfluß ist allerdings im Freiland wesentlich größer als unter Wald. Kleine Erosionsrinnen deuten dies an.

Im Vergleich mit den Böden der Terrassenfläche der Hees (Standorte 7 und 8) zeigen die oben skizzierten Böden der Stauchmoränen des Balberger Waldes (Standorte 11 und 12) eine höhere relative und auch absolute Bodenfeuchte, die dem Pflanzenwuchs zugute kommt, zumal die Böden der Stauchmoränen auch weniger sauer reagieren (vgl. Abb.2). Dies erweisen auch die übrigen Bodenproben der Stauchmoränenregion, nämlich die eines abgeernteten Rübenfeldes bei Linsendorf aus Parabraunerde auf lehmigem Feinsand (Nr.13 in Abb.2) und die des Reichswaldes bei Kleve aus Parabraunerde auf schluffigem Lößlehm (Nr.10 in Abb.2 und Vegetation in Tab. 1). Während im Reichswald unter einem Dryoptereto-Fagetum die Bodenfeuchte von 10 nach 20 cm Bodentiefe, also im Durchwurzelungsbereich, zurückgeht, steigt sie auf dem abgeernteten Feld bei Linsendorf im entsprechenden Bodenhorizont an und bleibt von da ab bis in 50 cm Tiefe konstant. Die Feuchteabnahme zwischen 10 und 20 cm Bodentiefe könnte auf eine infolge der Vegetationslosigkeit stärkere Evaporation von Bodenwasser aus den obersten 10 cm der Bodenschicht schließen lassen. Unter Wald erweist sich am Standort Reichswald (10)der schluffige Lößlehm unterhalb von 20 cm Tiefe als ein relativer Wasserstauer, denn die relative Bodenfeuchte steigt dort wieder auf ihren Ausgangswert in 10 cm Bodentiefe an.

Drei edaphische Sonderstandorte sind noch in ihrem Bodenfeuchtegehalt zu beschreiben: Der Boden des Baal-Niedermoores (Standort 5 in Abb.2), der Auenlehmboden aus lehmigem Ton bei Donsbrüggen (Standort 6 in Abb.2) und der Gley aus Sand (Standort 9 in Abb.2) des Baaler Bruchs. Der Niedermoorboden, von Wiesengräsern bestanden, zeigt einen zur Tiefe hin typischen Bodenfeuchtegradienten. Im Durchwurzelungsbereich der Gräser geht die Bodenfeuchte zurück, steigt darunter aber wiederum an. Bei Donsbrüggen zeigt sich die Wirkung eines wasserstauenden Horizontes in Form von Tonen, die ab 40 cm Bodentiefe kompakt einsetzen. Darüber reicht der gestaute Wasserkörper bis in etwa 20 cm Bodentiefe. Innerhalb der Tone sinkt der Wassergehalt nach unten auf 10% ab. Es ist im Durchwurzelungsbereich der feuchteste Boden aller Proben. Hier kann die Staunässe in feuchteren Perioden die Wurzelatmung gefährden. Der Gleyboden des Baaler Bruchs (Nr.9 in Abb.2) weist geringere relative und absolute Bodenfeuchtewerte auf, da er aus einer sandigen Schicht gebildet ist. Die Bodenfeuchte nimmt von 10 nach 20 cm Bodentiefe zu. Bei 40 cm Tiefe geht der humose Oberboden in Sand über, so daß der Feuchtegehalt in 50 cm Tiefe geringer ist. Die im obersten Horizont gegenüber der Tiefe von 20 cm geringere Bodenfeuchte läßt sich nicht durch Bodenevaporation infolge geringen Bewuchses erklären, da der angebaute Mais erst kurz vor der Messung abgeerntet wurde.

Die Mehrzahl der tiefsandigen Böden weist diese oberste Zone geringer Bodenfeuchte auf. Neben der verstärkten Evaporation von Bodenwasser bei eventuell fehlender Vegetation muß also der tiefe Sandhorizont selbst dieses Phänomen mitbedingen. Einmal versickert, wie bereits erwähnt (Wisseler Düne), das Wasser schneller in den Sandkörper als bei anderen Substraten, zudem stellt der Sand, wenn er den obersten Horizonten stark beigemengt ist, der Verdunstungskraft eine geringere Bindung des Wassers entgegen als andere Bodenarten.

Neben der Bodenfeuchte wirkt sich vor allem das Mikroklima auf die Zusammensetzung der Pflanzenwelt auf kleinem Raum aus. Das Mikroklima wird seinerseits von der Vegetation, insbesondere jedoch von Relief- und Expositionsunterschieden, gesteuert. Dies soll an einem Meßprofil von der Hauptterrasse der Hees (Standort 8, Abb.1) über den Hof der alten Baaler Volksschule zur Niederung des Baaler Bruchs deutlich gemacht werden. Die Messungen wurden in der Zeit vom 15. bis 20. Oktober 1979 durchgeführt, um eventuell auftretende Bodenfröste bereits registrieren zu können.

4. Mikroklima eines ausgewählten Geländeprofils bei Weeze

Die drei erwähnten Meßstellen mikroklimatischer Bedingungen liegen etwa 300 m auseinander. Die Höhendifferenz zwischen den Standorten beträgt ca. 10 m. Die Meßstelle am Rande der Hauptterrassenfläche liegt in einem Buchenwald, etwa 20 m vom Waldrand entfernt. Die zweite Meßstelle an der Schule wurde auf einer kleinen Wiese des Schulhofes eingerichtet. Dort war zur Durchführung stationärer Kontrollmessungen auch eine Wetterhütte aufgestellt worden. Als dritte Meßstelle wurde ein Wiesengelände am Rande des Baaler Bruchs gewählt. Es ist der topographisch tiefste Punkt des Meßprofils.

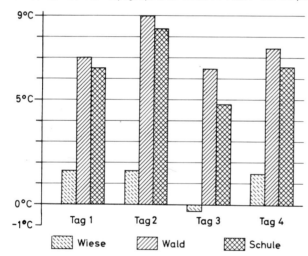

Abb. 3:
Minimumtemperaturen des Zeitraumes
vom 16. Oktober bis zum 20. Oktober 1979
an drei Meßstellen in Weeze-Baal

Charakteristisch und pflanzengeographisch relevant erscheinen vor allem die Differenzen der Minimumtemperaturen zwischen den drei Standorten. Gemessen wurde jeweils an der Bodenoberfläche mit Minimumthermometern, die aneinander geeicht und ständig ausgetauscht wurden, so daß die Meßdifferenzen unabhängig von den Geräten sein dürften.

Die Meßstation "Wald" zeigte im Mittel die höchsten Minimumtemperaturen (vgl. jeweils Abb.3). Sie liegen stets um mehr als 5° C über den Werten am Rande des Baaler Bruchs und im Mittel um ca. 1° C über den Minimumtemperaturen, die am Rande des Schulhofes der Baaler Schule gemessen worden sind. In der Nacht vom 17. auf den 18. Oktober 1979 (Tag 2 in Abb.3) hat am Rande des Baaler Bruch sogar Bodenfrost registriert werden können, während die Temperatur im Wald 6,5° C nicht unterschritten hat. Bei den geringen Geländeunterschieden lassen derart große Temperaturdifferenzen erstaunen. Sie sind wohl im wesentlichen auf drei Ursachen zurückzuführen, vor allem auf das Relief, denn es fällt auf, daß die Temperaturen um so niedriger sind, je tiefer die Meßstelle liegt. Hier strömt nachts Kaltluft in die Tiefenlinien des Reliefs, weil sie relativ schwer ist. Sie konzentriert sich im Bereich des Baaler Bruchs. Ferner ist der Bewuchs wesentlich. Das Kronendach des Waldes vermindert die nächtliche Ausstrahlung und damit auch die Abkühlung in Bodennähe, verglichen mit den offenen Standorten an der Baaler Schule und am Rande des Baaler Bruchs. Schließlich sind

gerade die Bruchgebiete besonders bodenfrostgefährdet, weil ihr Boden ein schlechter Wärmespeicher ist, also über Nacht nur wenig Wärmereserven zur Verfügung hat, da er untertags nur wenig Wärme absorbieren kann.
Deshalb sind die natürlichen Pflanzengesellschaften der Bruchgebiete relativ kälteresistent. Entsprechend
sollten auch die Anbaupflanzen ausgewählt werden. Die thermische Bevorzugung des Waldes auf den höheren Re-
liefteilen nutzen am Niederrhein vor allem atlantische Geoelemente zu einer Ausdehnung ihrer Areale nach
Osten. Ilex aquifolium, die Stechpalme, kann nur als Unterwuchs in dem relativ warmen Bestandsklima der
Wälder auf den Höhenrücken überdauern (vgl. Tab.1, Reichswald). In den besonders frostgefährdeten Senken-
gebieten hat diese Art, die etwa in Irland große Bäume ausbildet, in kalten Wintern kaum eine Überlebens-
chance.

Die absoluten Minimumtemperaturen treten in der Regel kurz vor Sonnenaufgang auf. Gerade dann ist also das
Bestandsklima erheblich wärmer als das Freiland, vor allem in Senkenlagen. Auch untertags sind jedoch charakteristische Temperaturdifferenzen zwischen Wald (Hees) und Freiland (Wiese, Baaler Bruch) zu konstatie-
ren. Das thermische Klima des Waldes erweist sich als konservativer (vgl. Abb.4). Dies wurde durch stünd-

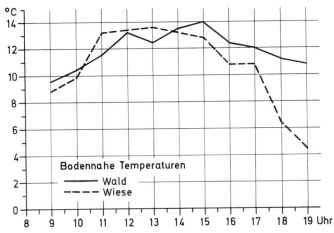

Abb. 4:
Temperaturtagesgänge bodennaher Messungen
in einem Wald und einer Wiese bei
Weeze-Baal im Oktober 1979

liche gleichzeitige bodennahe Messungen der Temperaturen an den Meßstellen "Wald" (Hees) und "Wiese"
(Baaler Bruch) mit Hilfe von zwei Aspirationspsychrometern verifiziert. Beide Geräte waren durch Vergleichsmessungen aufeinander abgestimmt worden. Zudem konnte eine Kontrolle der Temperaturgänge anhand
eines Thermohygrographen in einer Wetterhütte an der Baaler Schule vorgenommen werden. Man erkennt an der
Abb.4 deutlich, daß morgens das Bestandsklima des Waldes wärmer ist als das bodennahe Klima des Freilan-
des im Baaler Bruch. Am frühen Mittag übersteigen die Freilandtemperaturen jedoch die des Waldes, da im
Freiland die Einstrahlung ungehinderter erfolgen kann als im Wald. So tritt auch das mittägliche Tempe-
raturmaximum im Wald später auf als im Freiland. Während der Ausstrahlungsphase zeigt sich im Freiland ein
markanter Temperaturrückgang, unter Wald bleibt es dagegen erheblich wärmer. Das Kronendach der Bäume reduziert die Ausstrahlung und verstärkt die Gegenstrahlung. Auch kommt jetzt die bereits angeführte Konflu-
enz der Kaltluft in der Senke des Baaler Bruchs in Gang.

Im Wald ist mit dem thermischen Klima auch der Verdunstungsanspruch an die Bodenflora gemindert. Die Verdunstungskraft ist wegen des geringeren Sättigungsdefizites und der am Tage verminderten Einstrahlung unterhalb des Kronendaches sowie wegen der reduzierten Windgeschwindigkeit gegenüber dem Freiland vermindert. Dies schlägt sich in der Wasserverdunstung von Picherrohren nieder (vgl. Abb.5), die zum Vergleich an
der Meßstelle Baaler Bruch und im Wald der Hees aufgehängt und stündlich abgelesen worden sind. Das Ge-
samtsystem des Waldes verdunstet allerdings (vgl. Kap.3) erheblich mehr Wasser als etwa das Freilandsystem
der Wiese des Baaler Bruchs. Die Transpirationsorgane der Bäume (Blätter) liegen ja zum Beispiel in der
Mehrzahl oberhalb des Bestandsklimas, zu dem sie entscheidend als Kronendach beitragen. Zahlreiche Untersuchungen bestätigen die höhere Gesamtverdunstung eines Waldökosystems gegenüber einem Freiland-Wiesenöko-
system (vgl. etwa LETTAU, 1975).

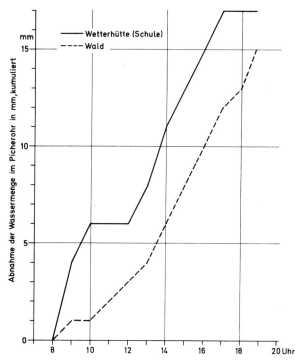

Abb. 5:
Kumulierte Verdunstung von Picherohren in einem
Wald und im Freiland bei Weeze-Baal

Ähnliche thermische Differenzen wie zwischen Wald und Freiland treten auch zwischen Stadt und Freiland auf. Der Baukörper der Stadt wirkt ähnlich dem Kronendach des Waldes. Er verändert die Strahlungsbedingungen. Dies weisen für den Untersuchungsraum Vergleichsmessungen aus, die in 1 m Höhe mit zwei ASSMANN-Psychrometern gleichzeitig in Kleve und auf einem Feld bei Donsbrüggen nahe Kleve durchgeführt wurden (vgl.Abb.6). Die Temperaturunterschiede betragen in der Ausstrahlungsphase mehr als 3°C. Dies bedeutet, daß der Vegetation in der Stadt eine längere Vegetationsperiode eignet. Die Bäume blühen früher, das Laub fällt später.

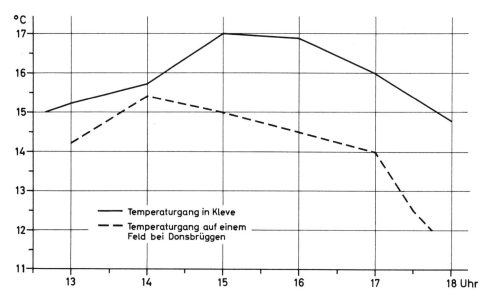

Abb. 6: Temperaturtagesgänge in Kleve-Stadt und im Freiland bei Kleve Donsbrüggen am
19. Oktober 1979

5. Schlußfolgerung für die Landnutzung

Projiziert man die Ergebnisse der mikroklimatischen Messungen und der Bodenfeuchteanalysen auf die landwirtschaftliche Nutzung, so zeigen sich die Auenböden auf Ton zeitweise als zu naß. Günstiger für den Akkerbau sind von ihrer Bodenfeuchte her die Braunerden und Parabraunerden der Stauchmoränenregionen. Entsprechende Böden der Terrassenfläche der Hees erweisen sich als trockener. Extrem niedrige relative Bodenfeuchtewerte sind in den Sandböden sogenannter Heidegebiete zu registrieren. Diese Böden werden in der Regel landwirtschaftlich nicht genutzt.

Vom thermischen Klima her sind alle Höhenrücken begünstigt. Alle Tiefenregionen sind stark frostgefährdet, in erster Linie ehemalige Bruchgebiete und Niedermoore. Bei einer Beurteilung der Ackergüte, so im Zuge der Flurbereinigung, sollte man daher nicht nur auf den Boden als solchen achten, sondern auch auf die topographische Lage eines Flurstückes als Faktor des thermischen Mikroklimas.

Literaturverzeichnis

BRAUN, F.J. (Bearbeiter) (1967): Übersichtskarte von Nordrhein-Westfalen 1 : 100.000, Bodenkarte Blatt C 403 Bocholt.

LETTAU, H. (1975): Anthropogene Beeinflussung von Klima- und Witterungsparametern. Annalen der Meteorologie N.F. 9, 5-13.

WALTER, H. (1979[2]): Allgemeine Geobotanik. UTB 284, Stuttgart.

Ausgewählte quartärmorphologische Probleme am unteren Niederrhein

Ergebnisse einer geomorphologischen Kartierung, dargestellt am Beispiel einer
geomorphologischen Übersichtskarte vom Raum Kalkar

Helmut Siebertz

Mit 3 Abbildungen und 2 Karten als Beilagen

Summary. Selected quarternary morphological problems on the Lower Rhine - Results of a geomorphological
mapping, illustrated by the example of a general geomorphological map of the Kalkar area

New results as to the glacial period in the lower Rhine area have led to an improved paleogeographical recon-
struction of glacial processes in the Kalkar area during the Saale glacial. Three outwash-plain accumulations
could be proved on the basis of granulometric analysis.

On the outwash-plains asymmetric valleys can be found, which are considered as a result of slope denudation
during the periglacial period. The components of the stone line at basis of the loess stratum originate
from the subsoil of the outwash-plain. The direction of the longitudinal axis of those components shows, that
the stone line must be traced back to gelisolifluction.

New results as to the sediments of the Holocene accumulations on the Weichselian terrace of the Rhine made it
possible to distinguish - with respect to morphochronological data - between a higher, middle and lower terrace.

Einleitung

Neue Erkenntnisse über den Eisvorstoß am unteren Niederrhein haben zu einer verbesserten paläogeographischen
Rekonstruktion der glazialen Verhältnisse während der Saale-Vereisung im Raum Kalkar geführt (s. Beitrag
HEINE-SIEBERTZ in diesem Heft). Aufgrund granulometrischer Untersuchungen der Schmelzwassersedimente wurden
drei Sanderschüttungen nachgewiesen.

Im Sander wurden hangasymmetrische Täler beobachtet, deren Genese auf Hangdenudation unter periglazialen Klimabedingungen zurückzuführen ist. Eine Steinsohle an der Lößbasis der Niederrheinischen Höhen wird in Verbindung mit der sedimentologischen Zusammensetzung des Untergrundes und Solifluktionsvorgängen gesehen.

Sedimentologische Untersuchungen der holozänen Ablagerungen auf der Rhein-Niederterrasse führen zu einer dif-
ferenzierten morphochronologischen Gliederung der Talstufen.

1. Das Stauchwallproblem bei Moyland

Im Saale-Glazial (Drenthe-Vereisung) erreichte das nordische Inlandeis den unteren Niederrhein, wobei die untere Mittelterrasse (Talwegterrasse)[1] zu Stauchwällen zusammengeschoben wurde. Für den unteren Niederrhein
sind die Stauchwälle von Kleve-Kranenburg und Xanten von besonderer Bedeutung, weil mit ihnen die glazial-
morphologische Entwicklung im Raum Kalkar zusammenhängt. Über die Entstehung der verschiedenen Stauchwälle
durch das nordische Inlandeis am Niederrhein hat THOME (1958, 1959) ausführlich berichtet.

Der Stauchwall bei Moyland besitzt eine geringe Ausdehnung, die mit dem Eisvorstoß von Kleve-Kranenburg in
Verbindung zu setzen ist. Der Eisvorstoß erfolgte in der Saale-Vereisung, dem Amersfoorter Stadium (THOME
1958, 1959). Seine Stellung zwischen den beiden Eisloben im Nordwesten bei Kleve und im Südosten bei Xanten
ist für die Ausdünnung des Stauchwalls von Moyland verantwortlich. THOME (1959) hat den maximalen Eisvorstoß

---

1) Terminus nach BRAUN (1956, 1959, 1968); BRAUN und QUITZOW (1961).

rekonstruiert und in paläogeographischen Skizzen dargestellt.

Für die Abgrenzung des Stauchwalls und die Bestimmung der Eisrandlage wurden zu der Morphologie folgende Kriterien herangezogen: 1) Funde von nordischem Geschiebe und 2) Vorkommen von Grundmoräne. Die aufgelassene Kiesgrube von-Steengracht (A 19 ^{r}25.16600; ^{h}57.34300) im Stauchwall bei Moyland enthält zahlreiche Geölle aus Skandinavien. Aufgrund petrologischer Untersuchungen konnte HESEMANN (1959) in dieser Kiesgrube 79 Leitgeschiebe nordischer Herkunft bestimmen. Sie haben einen Anteil von 4-8% in den verschiedensten Fraktionen (BRAUN 1964, 1968, 1978). HESEMANN (1975) spricht von dem am weitesten im Westen liegenden Fundort mit einer solch hohen Rate an nordischen Gesteinen.

Grundmoränen mit eingelagertem nordischen Geschiebe, wie sie vom Hülser Berg her bekannt sind (BRAUN 1968), sind relativ selten aufgeschlossen. Sandig-kiesige, schwach verlehmte Grundmoräne ist vereinzelt als Ausfüllung älterer Schmelzwasserrinnen bei Xanten, Kalkar und Moyland zu beobachten (BRAUN 1968).

In einem Praktikum konnte in jüngerer Zeit verschiedentlich Grundmoräne erbohrt werden. SIEBERTZ (1977) fand in den Stauchkuppen bei Moyland in einer Tiefe von 2 m unter Flur einen feinsandig-schluffig-tonigen Lehmhorizont (vgl. Beilage 1). Der Lehmhorizont war reich an stabilen Mineralen nordischer Herkunft. Gestauchte Grundmoräne wurde an der Nordostwand der Kiesgrube von-Steengracht im Hangenden freigelegt. Die Mächtigkeit betrug zwischen 1 und 1,50 m. Die Zusammensetzung bestand aus einer sandig-lehmigen, von nordischen Geröllen durchsetzten Matrix, die tonig-lehmige Schlieren enthielt. Auffällig war die braun bis rostbraune Farbe der Grundmoräne.

In der aufgelassenen Kiesgrube nordöstlich von Louisendorf (A 12 ^{r}25.15350; ^{h}57.34200) war an der östlichen Aufschlußwand auf einer Länge von mehr als 100 m Grundmoräne aufgeschlossen. Der Sanderaufschluß setzte sich vermutlich aus umgelagerten tertiären Sanden zusammen, denen Terrassenkiese beigemengt waren. Die Farbe der Sande war grau-blau. Tertiäre Sande wurden auch in anderen Aufschlüssen des Kartenblattes Kalkar von SIEBERTZ (1977) an der Sanderbasis beobachtet (vgl. Profile BRAUN 1956, 1959; BRAUN u. QUITZOW 1961).

Der Sander hatte eine Mächtigkeit von etwa 5 m und lagerte geschichtet sowie ungestört. Die Sande waren mit dünnen Kiesbändern durchsetzt. Auf dem Sander lagerten gebänderte Tone (Warven) und grüne glaukonithaltige Sande in Wechsellagerung. Das Hangende bildete eine etwa 50 cm mächtige, sandig-tonig-kiesige, hell bis rostbraun gefärbte Grundmoräne, die vereinzelt nordische Gesteine enthielt. Die Deckschicht bestand aus einer geringmächtigen Sandlößschicht.

Das Vorkommen dieser Grundmoräne westlich des heutigen Stauchwalls läßt erkennen, daß die Verbreitung der Grundmöräne einen größeren Umfang einnimmt als zunächst angenommen wurde. Für paläogeographische Rekonstruktionen ergeben sich daraus für die Eisrandlage am unteren Niederrhein Konsequenzen.

Die Lage der Grundmoräne läßt erkennen, daß das Gletschereis bis vor die Höhe von Louisendorf vorgedrungen ist (Beilage 1). Die Sedimente im Liegenden der Grundmoräne (Warven und Sande in Wechsellagerung) sind häufig gefaltet und gestört, was auf den Druck des Eises zurückzuführen ist. Ähnliche Beobachtungen über das Vorrücken des Eises wurden vom Moerser Stauchwall von THOME (1958, 1959) beschrieben.

Die fluvioglazial umgelagerten tertiären Sande bildeten die Basis für das darüber gleitende Eis. Die Sanderschüttung,die an diesen Eisvorstoß gebunden war, baute die Louisendorfer Höhe auf. Es handelt sich dabei um eine gröbere Sanderschüttung S_1, die etwa mit der Eisrandlage und dem Höhenrücken von Louisendorf im Kartenblatt konform verläuft (vgl. Beilage 1). Der Stauchwall bei Moyland hat seine heutige Form durch einen zweiten Eisvorstoß erhalten, bei der die abgelagerte Grundmoräne gestaucht und gefaltet wurde. Sie ist bis auf wenige Reste erodiert worden.

Die abfließenden Schmelzwässer haben meist radial vom Eis weggerichtet in die Niersniederung entwässert, wodurch die isolierten Höhenrücken im 40 m Niveau bei Louisendorf als Erosionsrücken herausmodelliert wurden. Im benachbarten Klever Stauchwall sind die Spuren einer radialen Entwässerung in die Niersniederung gut erhalten (SIEBERTZ 1977). Die isolierten Kuppen bei Louisendorf in 40 m Höhe wurden bereits von SIEBERTZ (1977) als Erosionsformen gedeutet. Der Höhenrücken bildet gleichzeitig die Reliefwasserscheide zwischen der älteren fluvioglazialen Entwässerung, die in die Niersniederung gerichtet war, und der in die Rheinniederung abfließenden jüngeren Schmelzwässern (SIEBERTZ 1977).

Aufgrund der geomorphologischen Befunde können die herausmodellierten Erosionsrücken (meist über 40 m hoch) nur als Abtragungsformen und nicht als Stauchungen angesehen werden, wie dies in geologischen Karten vermerkt ist (BRAUN 1963 in 1966, 1968). Das Fehlen der älteren Schmelzwassersedimente über den ungestört lagernden Tertiärsanden in A 12 sowie die von der Morphologie und vom Moränenfund her abgeleitete Eisrandlage in Verbindung zur Grenze der älteren Sanderablagerung, läßt erkennen, daß die fluvioglazial aufgeschüttete Hochfläche mit ihren isolierten Höhenrücken nur als Erosionsformen gedeutet werden können. Hinweise auf Stauchungen, wie von BRAUN (1964, 1968, 1978) berichtet, konnten nicht beobachtet werden.

2. Zur feineren Gliederung der Sandersedimente

Die Zusammensetzung in den liegenden Sandersedimenten ist petrologisch und mineralogisch recht gut bekannt und ausführlich beschrieben worden (BRAUN 1964, 1968, 1978). Aufgrund von granulometrischen Untersuchungen ist versucht worden, innerhalb des gesamten Sanderkomplexes eine feinere Differenzierung in den Sedimentablagerungen zu erreichen.

SIEBERTZ (1977) gliederte den Sander in zwei Komplexe, deren Grenze etwa nordöstlich des Ortes Louisendorf in der aufgelassenen Grube A 12 zu finden ist. In der mineralogisch-petrologischen Arbeit über die Zusammensetzung des Stauchwalls bei Moyland nahm BRAUN (1964) bereits eine Zweigliederung des Sanderkomplexes vor. Die Gliederung erstreckt sich allerdings auf ältere sowie jüngere Schmelzwassersande und -kiese (BRAUN 1964, 1968, 1978), wobei die feinschichtigen und mit einem erhöhten Grobschluff- und Feinsandanteil ausgestatteten Beckensedimente im Aufschluß von-Steengracht zu den jüngeren Schmelzwasserablagerungen gerechnet wurden (BRAUN 1964, 1978).

BRAUN (1964) führte den Terminus der Vor- und Nachschüttsande für ältere und jüngere Schmelzwasserablagerungen ein, der als Gliederungsmerkmal beibehalten wurde (vgl. BRAUN 1968, 1978). Hier wird unter Beibehaltung der Begriffe eine feinere Gliederung der Sandersedimente vorgenommen und die Grenze der unterschiedlichen Sedimentablagerungen rekonstruiert.

Die Ergebnisse der mineralogisch-petrologischen Untersuchungen von BRAUN (1964, 1968, 1978) stützen sich auf den Aufschluß von-Steengracht bei Moyland. Ergebnisse von granulometrischen Untersuchungen der Schmelzwasserablagerungen liegen von den Aufschlüssen A 12 und A 19 nicht vor.

Die von SIEBERTZ (1977) ausgewerteten Kornanalysen von Aufschlußproben und erbohrten Proben im Stauchwall bei Moyland lassen erkennen, daß die Zusammensetzung der Sandersedimente wesentlich komplizierter und inhomogener ist, als man zunächst annehmen möchte. Die Zusammensetzung der verschiedenen Sanderablagerungen und der äolischen Decksedimente ist aus Abb.1 ersichtlich.

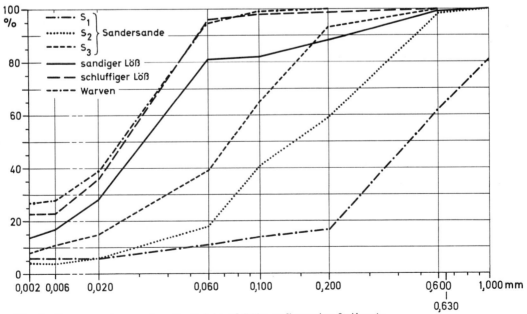

Abb. 1: Kornsummenkurven der die Reichswaldhöhe aufbauenden Sedimente

Den wohl ältesten und größten zusammenhängenden Sanderkomplex bilden die relativ groben Vorschüttsande S_1, welche den Sander westlich der Louisendorfer Höhe aufbauen. Die Ablagerungen fallen etwa mit der Grenze des am weitesten nach Westen vorgedrungenen Eises zusammen (vgl. Beilage 1). Für diese Sande ergibt sich ein Korngrößenspektrum, welches im Maximum mit etwa 80% die Fraktion des Mittelsandes zwischen 0,63-0,2 mm bestimmt (SIEBERTZ 1977).

Nach Osten schließt sich ein zweiter Sanderkomplex an. Die Ablagerungen bilden die Nachschüttsande S_2, deren Zusammensetzung bei etwa 60% im Mittelsandbereich (0,63-0,2 mm) und bei etwa 30% Kornanteil im Feinsandbereich (0,2-0,063 mm) liegt (SIEBERTZ 1977). Diese Ablagerungen lassen sich im Bereich der Stauchwälle nicht scharf abgrenzen, da sie sich dort häufig mit feineren Sedimenten verzahnen oder von diesen abgelöst werden.

Die Beckensedimente S_3 sind in der Grube von-Steengracht aufgeschlossen und zeichnen sich gegenüber den Nachschüttsanden durch einen höheren Gehalt an Grobschluff aus (Abb.1). Die Beckensedimente sind ausschließlich über den Stauchwall und die Sanderwurzel verteilt. Die Kornzusammensetzung liegt bei etwa 60% in der Feinsandfraktion (0,2-0,063 mm) und bei etwa 30% in der Siltfraktion (Grobschluff 0,063-0,020 mm) (SIEBERTZ 1977).

In den Beckensedimenten der Grube von-Steengracht konnten Stauchungen beobachtet werden (SIEBERTZ 1977). BRAUN (1964, 1968, 1978) erwähnt häufig ungestauchte jüngere Schmelzwasserablagerungen (Beckensedimente) in dieser Grube. In den Aufschlüssen im Kartenblatt Kalkar, die Vor- und Nachschüttsande enthielten (ausgenommen im Stauchwall und an der Sanderwurzel), konnten keine Stauchungen festgestellt werden (SIEBERTZ 1977).

Die Beckensedimente dürfen als Ablagerungen beim Eiszerfall angesehen werden. Ähnliche Vorkommen konnten auch im Aufschluß 12 beobachtet werden, bevor er als Mülldeponie benutzt wurde. Toteis und Ablagerungen von Bändertonen (Warven) scheinen in engem Zusammenhang zu stehen. Beckensedimente und Warven sind in beiden Aufschlüssen vorzufinden. Der Anteil an Bändertonen ist im Aufschluß 12 allerdings gering, erreicht jedoch in der Grube von-Steengracht (A 19) eine Mächtigkeit von mehreren Metern. Das Ergebnis der granulometrischen Analyse zeigt, daß die Warven in ihrer Zusammensetzung mit den schluffig-tonigen Decksedimenten koinzidieren (Abb.1); allerdings liegt der Tongehalt bei den Warven etwas höher als bei dem Löß.

3. Der periglaziale Formenschatz im Sander

Die sich häufig unter periglazialen Klimabedingungen in Decksedimenten bildenden kryoturbaten Formen, wie sie vom Niederrhein her bekannt sind und untersucht wurden (GOLTE u. HEINE 1974; KAISER 1958a; STEEGER 1944), konnten in den Decksedimenten des Sanders selten nachgewiesen werden (SIEBERTZ 1977). Die Voraussetzung bilden lehmig-tonige Sedimente (SCHENK 1955), die im Saale-Glazial vermutlich erodiert wurden. Im Hangenden der Sandersedimente können verschiedentlich Ansätze von Eiskeilbildungen und Kryoturbationen beobachtet werden. Solifluidale Fließerden, wie sie von BRAUN (1959, 1968) erwähnt und beschrieben wurden, ließen sich nur im Raum Uedem beobachten (SIEBERTZ 1977).

Im Kartenblatt Kalkar wurden von SIEBERTZ (1977) Täler beobachtet, deren Hänge asymmetrisch ausgebildet sind. Sie entstehen als Folge der unterschiedlichen Exposition der Talhänge gegen einseitig überwiegende Klimaeinwirkungen (Sonnen- und Schattenseiten, Regenluv- und Regenleeseiten) (LOUIS 1968). Talasymmetrie wird nach LOUIS (1968) besonders in lockeren Gesteinsserien begünstigt, wo Unterschiede in der Hangdenudation durch periglaziale Solifluktion die Ausbildung der Asymmetrie verursachen. Die Verflachung tritt bei den fluvioglazialen Muldentälern auf dem Sander am unteren Niederrhein vornehmlich an ost- und südostexponierten Hängen auf (SIEBERTZ 1977).

Von BÜDEL (1944) und ROHDENBURG (1971) wird die Auffassung vertreten, daß sich in den Tälern erst im Mittel- und Unterlauf die Asymmetrie auswirkt, während die Tälchen in der Regel mit flachen Mulden beginnen (POSER u. MÜLLER 1951). Dies trifft für die asymmetrische Talbildung im Sander beispielhaft zu (SIEBERTZ 1977).

Untersuchungen für das Alpenvorland liegen von TROLL (1947), RATHJENS (1952) sowie von POSER u. MÜLLER (1951) vor. Für die Rheinlande liegt eine spezielle Untersuchung über die Bildung von Talasymmetrie im Erftbecken von KAISER (1958b) vor. FRÄNZLE (1969) widmet in seiner geomorphologischen Studie der Umgebung von Bonn ein Kapitel der hangasymmetrischen Talbildung. Nach FRÄNZLE (1969) ist die Hangasymmetrie der Täler im Raum Bonn auf die Kombination von Solifluktion und Abspülung zurückzuführen.

Das Auftreten von Steinsohlen an der Basis von äolischen Decksedimenten hat von geomorphologischer und pedologischer Seite her zu vielfachen Spekulationen hinsichtlich der Genese geführt. In Abb.2 befindet sich an der Lößbasis eine Steinsohle, die in verschiedenen Lößuntersuchungen am Niederrhein erwähnt wird (PAAS 1962, 1968). Sie wurde von SIEBERTZ (1977) mit Hilfe der Einregelungstafel (POSER u. HÖVERMANN 1951)

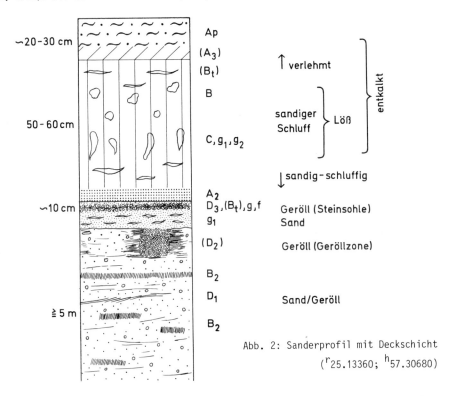

Abb. 2: Sanderprofil mit Deckschicht
(^{r}25.13360; ^{h}57.30680)

und eines Geologenkompasses eingemessen. Das Ergebnis ergab eine räumliche Beziehung des Verlaufs der in der Steinsohle liegenden Gerölle, die sich aus dem Streichen und dem Fallazimut ergab. Die Fallrichtung (Längsachse der Gerölle) verlief dabei meistens mit der Hangneigung parallel, wobei die Einregelung eindeutig einen Solifluktionsprozeß widerspiegelte (SIEBERTZ 1977).

In den Aufschlüssen konnte die Steinsohle nur dort beobachtet werden, wo am Sanderaufbau Kiese beteiligt waren. Wo allerdings der Untergrund nur aus Sanden bestand, konnte eine Steinsohle nicht nachgewiesen werden (SIEBERTZ 1977). Das Fehlen der Steinsohle an vereinzelten Lokalitäten läßt darauf schließen, daß dort für eine Bildung derselben nicht die Voraussetzungen vom Untergrund her bestanden haben oder daß sie der Erosion zum Opfer gefallen ist. Der Nachweis läßt sich nicht mehr erbringen. Die Lagerungsverhältnisse der Steinsohle zeigen den morphologischen Prozeß, der sich auf die Gerölle auswirkte, bevor die Lößanwehung stattfand, denn nach BÜDEL (1944) läßt die Lagerung von Löß und Solifluktionshorizont darauf schließen, daß die Solifluktion vor der Lößanwehung zum Stillstand gekommen sein muß.

An der Entstehung der Steinsohle sind fluviatile, solifluidale und äolische Prozesse beteiligt gewesen. Aufgrund der vielen Quarze lassen sich Windkanter schwer nachweisen. Sie sind nur vereinzelt gefunden worden.

Die Steinsohle ist meist in einem schmalen Geröllband zwischen der Lößbasis und dem Sanderhangenden zu finden (Abb.2), wobei die Geröllgröße von 2 cm nicht unterschritten wird (SIEBERTZ 1977). Sie ist durchweg gröber als die an der Sanderzusammensetzung beteiligten Gerölle. Beobachtungen an verschiedenen Aufschlüssen auf dem Sanderplateau zeigten an der Basis keine Steinsohle, sondern eine grob ausgebildete bis mehr als 20 cm mächtige von Sand durchsetzte Kiesschicht. Sie kommt vermutlich als Ausgangsbasis für eine sich selektiv bildende Steinsohle in Frage.

Der Bildung eines schmalen Geröllbandes (Steinsohle) müssen erhebliche erosive Prozesse vorausgegangen sein, die sich zwischen dem saaleeiszeitlichen Drenthestadium und dem späten Weichselglazial ausgewirkt haben müssen. Der Sandlöß auf dem Reichswald wird allgemein dem Weichsel II zugeordnet bzw. als Jüngerer Würmlöß gedeutet (BRAUN 1968; PAAS 1962).

PAAS (1962) bemerkt, daß mit der Steinsohle an der Lößbasis eine beträchtliche stratigraphische Lücke verbunden sein kann. Das Fehlen fossiler Bodenhorizonte und älterer Lößkomplexe auf dem Reichswaldhöhenzug ist dafür ein Hinweis. Fluviatile und solifluidale Prozesse sind daran beteiligt gewesen. Das Fehlen von Sanden in der Steinsohle und der Nachweis von Windkantern deutet auf einwirkende Deflation, die der Lößanwehung vorausging. Die Lagerung der Steinsohle läßt jedoch erkennen, daß eine Einregelung durch Solifluktion stattgefunden hat.

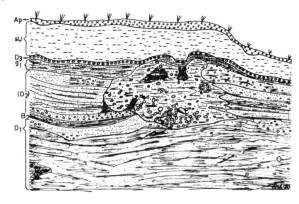

Abb. 3:

Fluvioglazialer Uferwall im Sanderhangenden
(^{r}25.13360; ^{h}57.30680)

Im Sanderhangenden wurde von SIEBERTZ (1977) eine Geröllzone in Form von Kiesnestern beobachtet (Abb.2 u.3). Es handelt sich hierbei um fluvioglaziale Uferwälle, die in Schmelzwasserrinnen auftreten und durch abfliessende Schmelzwässer als Rinnenschotter abgelagert wurden. Der Sander schließt söhlig an die Kieslinsen an und zeigt keine Störungen oder Diskordanzen. Sie beinhalten häufig faust- bis kopfgroße nordische Geschiebe (SIEBERTZ 1977).

Die Größe der Gerölle spiegelt Terrassenmaterial wider, wie u.a. in der Grube von-Steengracht gefunden wurde. Ihr Vorkommen zeigt jedoch, daß am Aufbau des Sanders ursprünglich auch gröbere Geröllkomponenten beteiligt gewesen sind (vgl. Kiessohle), die durch selektive Abtragung angereichert wurden und uns heute häufig als Steinsohle entgegentreten.

4. Das Problem einer morphologisch-sedimentologischen Gliederung der Rheinniederung

Die Niederung wird von Sedimenten aufgebaut, die im Holozän vom Rhein auf die Niederterrassenschotter abgelagert wurden. Seiner Wasserführung entsprechend hat der Fluß im Wechsel Auensand und Lehme abgelagert.

Im Jungholozän wurden verstärkt Auelehme abgelagert, die mit den Hochwässern des Rheins herantransportiert wurden. Die Ablagerung des Auelehms darf mit der Landnahme in poströmischer Zeit und den damit verbundenen Rodungen in Verbindung gebracht werden. Für andere Flußtäler wurde dies durch Untersuchungen bewiesen (HEINE 1970; HEMPEL 1956; LÜTTIG 1960; MÄCKEL 1968; REICHELT 1953; SCHALICH 1968).

Überflutungen der Rheinniederung hat es in historischer Zeit immer gegeben. Es handelte sich meistens um Frühjahrshochwässer, welche die Niederung überfluteten. Katastrophen dabei gab es in den seltensten Fällen, weil das Wasser immer nur kurze Zeit die Ebene überschwemmte und häufig kaum einen halben Meter hoch war. Bis Ende des 8. Jahrhunderts sind in der Niederung keine Deiche erbaut gewesen, welche die Fluren vor Hochwasser hätten schützen können. Lediglich sind in manchen Dörfern schon zur Römerzeit Deiche in der Art eines Erdwalls bekannt, der dem Wasser nicht weniger als dem Feinde Halt gebot (GORISSEN 1949).

Im Laufe der zweiten Hälfte des 14. Jahrhunderts war ein geschlossenes Banndeichsystem geschaffen worden (GORISSEN 1949, 1953). Bis zu diesem Zeitpunkt wurde die Niederung ziemlich regelmäßig von den Frühjahrs-hochwässern überflutet. Wenn auch das Deichsystem gelegentlich noch überflutet wurde, so mußte doch mit einer häufigen, wenn auch mäßig hohen Überschwemmung gerechnet werden. Gewaltige Überschwemmungen konnten allerdings dann nicht verhindert werden, wenn die Banndeiche dem Druck der Wassermassen oder des Eises nicht mehr standhalten konnten, und die Chroniken der niederrheinischen Dörfer und Städte sind voll der schrecklichsten Schilderungen solcher Wassernöte (GORISSEN 1949).

Mit dem relativ geringen Vorkommen von Auelehm am Niederrhein und seiner Einbettung in sandige Horizonte im Hangenden und im Liegenden, sind hinsichtlich einer Gliederung gewisse Grenzen gesetzt. Laacher Bims als Leitmarke wurde am Niederrhein lediglich in der jüngeren Niederterrasse gefunden (BRAUN 1968; BRAUN u. QUITZOW 1961; BRUNNACKER 1978; PAAS 1962), so daß eine Auelehmablagerung frühestens im Präboreal erwartet werden kann. Zahlreiche historische Funde lassen jedoch den Schluß zu, daß erst in poströmischer Zeit die Auelehmablagerungen am Niederrhein stattgefunden haben (BRAUN 1968; BRUNNACKER 1978; HINZ in BRAUN 1968; HÖPPNER u. STEEGER 1936).

Mit der Ablagerung der Hochflutbildungen im Holozän ist die Entstehung eines Hochflutbettes verbunden. Morphologisch bildet das Hochflutbett eine Erosionsform, die in die Niederterrasse eingesenkt ist (PAAS 1962). Zudem deutet die Geomorphologie der Fläche gewisse Unterschiede über die Rinnensysteme an (BRUNNACKER 1978). Sie läßt sich im Kartenblatt gut zu Gliederungszwecken heranziehen.

Die Ansätze einer morphologischen Gliederung für den unteren Niederrhein werden bereits von BRAUN (1956, 1959) vorgenommen und in die 'Geologische Karte des Gebietes um Kleve, Emmerich und Kalkar' (o.M.) sowie in die 'Geologische Übersichtskarte von NRW 1 : 100.000 Blatt C 4302 Bocholt' übernommen (BRAUN 1963 in 1966, 1968). In beiden Karten wird eine höhere und eine tiefere Talstufe ausgegliedert. Die höhere Talstufe umfaßt das gesamte höhere Flächensystem in der Niederung (Höhenniveau etwa 15-17 m über NN), während die in der westlichen Niederung befindlichen tieferliegenden schmalen langgestreckten Rinnen sowie die Mäanderbögen dem tieferen Talstufensystem zugeordnet werden. Eine Gliederung des Niederterrassenbereiches am unteren Niederrhein nach genetisch-chronologischen Gesichtspunkten wurde in einer kleinmaßstäbigen Übersichtskarte von BRUNNACKER (1978) vorgenommen.

Im Rahmen der geomorphologischen Kartierung wurde von SIEBERTZ (1977) eine Gliederung vorgenommen, die von der Morphologie ausgeht und die sedimentologischen Verhältnisse in der Niederung berücksichtigt. Dabei wurde folgende Gliederung durchgeführt: a) Höhere Talstufe, b) Tiefere Talstufe, aa) ältere Tiefere Talstufe, bb) jüngere Tiefere Talstufe. Bei dieser Gliederung wurde die Höhere Talstufe wegen ihrer Besonderheit als eigenständige Talstufe ausgewiesen.

Die Höhere Talstufe bildet Erosionsreste der Niederterrasse mit Auflagerungen von postpleistozänen Sedimenten, die vereinzelt als flache isolierte Inselterrassen in der Niederung zu finden sind (BRAUN 1959; SIEBERTZ 1977). Sie werden von kiesig-sandigen Sedimenten aufgebaut, deren Erosionskante die heutige Tiefere Talstufe bildet. Die ehemalige Kante als Übergang zwischen beiden Talstufen ist durch fluviale Tätigkeit des Rheins überprägt worden, so daß eine deutliche Geländestufe heute nicht mehr zu finden ist (HESEMANN 1975). Die Tiefere Talstufe von SIEBERTZ (1977) ist mit der Gliederung von BRAUN (1963 in 1966, 1968) vergleichbar.

Die Höhere Talstufe nimmt in der Siedlungsgeographie eine wichtige Stellung ein. Auf ihnen wurden die ersten Siedlungen errichtet, weil sie vor den Hochwässern des Rheins durch die natürliche Anhöhe geschützt waren. Es handelt sich dabei um die sogenannten Geesten von Wissel (16 m), Hasselt (16 m) und Qualburg (16 m) (GORISSEN 1949). Der Große Born südöstlich von Kalkar darf auch der Höheren Talstufe zugeordnet werden (SIEBERTZ 1977).

Der Höheren Talstufe ist gemeinsam, daß sie unmittelbar der Niederterrasse aufsitzen und nicht von Auelehmhorizonten unterlagert sind. Vereinzelt wurden auf der Höheren Talstufe Lehmauflagerungen nachgewiesen (BRAUN 1968; SIEBERTZ 1977). Sie sind aus der Beilage 1 ersichtlich. Es handelt sich hierbei um Lehmauflagerungen, die genetisch nicht an die Höhere Talstufe gebunden sind, sondern einer jüngeren sedimentologischen Entwicklung zuzuschreiben sind (vgl. Beilage 1).

44

Jüngere Erkenntnisse über die Zusammensetzung der holozänen Sedimente und ihre chronologische Gliederung in der Niederung am unteren Niederrhein lassen es notwendig erscheinen, die bisherige verbesserte morphologisch-sedimentologische Differenzierung von SIEBERTZ (1977) zu überdenken und diese unter Hinzunahme von sedimentologisch-morphochronologischen Aspekten zu erweitern. Dabei wurde die Tiefere Talstufe neu gegliedert in eine genetische Mittlere Talstufe, wie sie bereits bei HESEMANN (1975) für verschiedene Nebenflüsse des Rheins erwähnt wird, und eine Tiefere Talstufe nach morphologisch-sedimentologisch-chronologischen Gesichtspunkten (Beilage 1)[2]. Problematisch bleibt allerdings die Tatsache, Talstufensysteme von Niveaus abzuleiten, die zwar gleiche Höhenbeträge zeigen, jedoch eine unterschiedliche chronologisch-sedimentologische Entwicklung aufweisen.

5. Rezente erosive Morphodynamik an der Sanderwurzel

An der Sanderwurzel im südlichen Raum des Kartenblattes (Beilage 1 u. 2) wurden besondere Abtragungsvorgänge beobachtet. Anlaß dazu bilden die bis an den Steilhang heranreichenden Lößsedimente, deren Pflughorizont (A_p) bis an die Grenze der Sanderwurzel mit Landmaschinen bearbeitet wird. Das Gefälle der Sanderoberfläche zur Rheinniederung hin begünstigt bei starken Regenfällen die Bodenerosion. An der Sanderwurzel wird abgespült und der Löß unterspült. Die Folge ist die Zurückverlegung des Hanges durch rückschreitende Erosion. Die einzelnen sich auf den Raum auswirkenden Prozesse und ihre Folgeerscheinungen sind aus der Kartenbeilage 2 ersichtlich.

Bodenerosionsprobleme wurden im Reichswald von WANDEL (1949) beschrieben. So läßt sich nachweisen, daß die geringste Bodenerosion an der Sanderwurzel dort zu finden ist, wo Rohhumusböden zu finden sind. Die nährstoffarmen Böden sind von der Rodung verschont geblieben. Rodungen, wie sie auf dem mit Löß bestandenen Reichswaldhöhenzug durchgeführt wurden, sind mit der Anlaß zur heftigen Bodenerosion an der südlichen Sanderwurzel. Die Beobachtungen von WANDEL (1949) stützen sich auf Vorgänge der Bodenverlagerung im Profilaufbau.

---

[2] Eine geomorphologisch-morphographische Karte von Kalkar im Maßstab 1:25.000 ist in Bearbeitung und wird in einem anderen Rahmen vorgestellt.

Literaturverzeichnis

BRAUN, F.J. (1956): Terrassengliederung am linken Niederrhein zwischen Geldern und Kalkar. In: Geologie en Mijnbouw, (N.S.), 18, s'Gravenhage, 374-378.

BRAUN, F.J. (1959): Endmoränen, Terrassen und holozäne Ablagerungen bei Xanten am Niederrhein. In: Fortschritte in der Geologie von Rheinland und Westfalen, 4, Krefeld, 247-254.

BRAUN, F.J. (1964): Endmoränen-Stauchwall und Eisrandbildungen bei Moyland/Niederrhein. In: Der Niederrhein, 1, Krefeld, 58-63.

BRAUN, F.J. (1966): Die geologische Geschichte der Landschaft des Rheinstroms im unteren Niederrheingebiet. In: Niederrheinisches Jahrbuch, 9, Krefeld, 7-16.

BRAUN, F.J. (1968): Erläuterungen zur geologischen Übersichtskarte von Nordrhein-Westfalen 1:100.000, Blatt C 4302 Bocholt, 13-92.

BRAUN, F.J. (1978): Geschiebekundliche und mineralogisch-petrologische Besonderheiten im Endmoränen-Stauchwall von Moyland bei Kalkar/Niederrhein. In: Fortschritte in der Geologie von Rheinland und Westfalen, 28, Krefeld, 325-333.

BRAUN, F.J. u. H.W. QUITZOW(1961): Die erdgeschichtliche Entwicklung der niederrheinischen Landschaft. In: Niederrheinisches Jahrbuch, 5, Krefeld, 11-21.

BRUNNACKER, K. (1978): Der Niederrhein im Holozän. In: Fortschritte in der Geologie von Rheinland und Westfalen, 28, Krefeld, 399-440.

BÜDEL, J. (1944): Die morphologischen Wirkungen des Eiszeitklimas im gletscherfreien Gebiet. In: Geologische Rundschau, 34, Stuttgart, 482-519.

FRÄNZLE, O. (1969): Geomorphologie der Umgebung von Bonn. Erläuterungen zum Blatt NW der geomorphologischen Detailkarte 1:25.000. In: Arbeiten zur Rheinischen Landeskunde, 29, Bonn.

GOLTE, W. u. K.HEINE (1974): Fossile Riesen-Eiskeile am Niederrhein. In: Eiszeitalter und Gegenwart, 25, Öhringen, 132-140.

GORISSEN, F. (1949): Land am Niederrhein. Kleve.

GORISSEN, F. (1953): Kalkar-Niederrheinischer Städteatlas, 1. Reihe, 2, Kleve.

HEINE, K. (1970): Fluß- und Talgeschichte im Raum Marburg. In: Bonner Geographische Abhandlungen, 42, Bonn.

HEINE, K. u. H. SIEBERTZ (1980): Abriß der paläogeographischen Entwicklung des unteren Niederrheingebietes. In: Arbeiten zur Rheinischen Landeskunde, 48, siehe dieses Heft.

HEMPEL, L. (1956): Über Alter und Herkunft von Auelehmen im Leinetal. In: Eiszeitalter und Gegenwart, 7, Öhringen, 35-42.

HESEMANN, J. (1959): Die Geschiebeführung in der Sand- und Kiesgrube von-Steengracht bei Moyland/Niederrhein (Aktennotiz v. 23.6.1959). In: Archiv des Geologischen Landesamtes Nordrhein-Westfalen, Krefeld.

HESEMANN, J. (1975): Geologie Nordrhein-Westfalens, Paderborn.

HÜPPNER, H. u. A.STEEGER (1936): Das Naturschutzgebiet Wisseler Dünen am Niederrhein. In: Rheinische Heimatpflege, 1, Düsseldorf, 92-98.

KAISER, K. (1958a): Wirkungen des pleistozänen Bodenfrostes in den Sedimenten der Niederrheinischen Bucht. Ein Beitrag zur Kenntnis der Periglazialerscheinungen der Rheinlande. In: Eiszeitalter und Gegenwart, 9, Öhringen, 110-129.

KAISER, K. (1958b): Die Talasymmetrien des Erftbeckens als Zeugen des jungpleistozänen Periglazialklimas. In: Decheniana, 111, Bonn, 33-48.

LOUIS, H. (1968): Allgemeine Geomorphologie, Berlin, 3. Auflage.

LÜTTIG, G. (1960): Zur Gliederung des Auelehms im Flußgebiet der Weser. In: Eiszeitalter und Gegenwart, 11, Öhringen, 39-50.

MÄCKEL, R. (1969): Untersuchungen zur jungquartären Flußgeschichte der Lahn in der Gießener Talweitung. In: Eiszeitalter und Gegenwart, 20, Öhringen, 138-174.

PAAS, W. (1962): Rezente und fossile Böden auf niederrheinischen Terrassen und deren Deckschichten. In: Eiszeitalter und Gegenwart, 12, Öhringen, 165-230.

PAAS, W. (1968): Gliederung und Altersstellung der Lösse am Niederrhein. In: Fortschritte in der Geologie von Rheinland und Westfalen, 16, Krefeld, 185-196.

POSER, H. u. TH.MÜLLER (1951): Studien an den asymmetrischen Tälern des Niederbayrischen Hügellandes. In: Nachrichten der Akademie der Wissenschaften Göttingen, Math.-phys. Klasse IIb, Göttingen 1-32.

RATHJENS, C. (1952): Asymmetrische Täler in den Niederterrassen des nördlichen Alpenvorlandes. In: Geologica Bavarica, 14, München, 140-150.

REICHELT, G. (1953): Über den Stand der Auelehmforschung in Deutschland. In: Petermanns Geographische Mitteilungen, 97, Gotha, 245-261.

ROHDENBURG, H. (1971): Einführung in die klimagenetische Geomorphologie, Giessen, 2. Auflage.

SIEBERTZ, H. (1977): Geomorphologische Entwicklung im Raum Kalkar/unterer Niederrhein - mit einer geomorphologischen Kartierung 1:25.000 Blatt Kalkar (Diplomarbeit).

SCHALICH, J. (1968): Die spätpleistozäne und holozäne Tal- und Bodenentwicklung an der mittleren Ruhr. In: Fortschritte in der Geologie von Rheinland und Westfalen, 16, Krefeld, 339-370.

SCHENK, E. (1955): Die periglazialen Strukturbodenbildungen als Folgen der Hydratationsvorgänge im Boden. In: Eiszeitalter und Gegenwart, 6, Öhringen, 170-184.

STEEGER, A. (1944): Diluviale Bodenfrosterscheinungen am Niederrhein. In: Geologische Rundschau, 34, Stuttgart, 520-538.

THOME, K.N. (1958): Die Begegnung des nordischen Inlandeises mit dem Rhein. In: Geologisches Jahrbuch, 76, Hannover, 261-308.

THOME, K.N. (1959): Eisvorstoß und Flußregime am Niederrhein und Zuider See im Jungpleistozän. In: Fortschritte in der Geologie von Rheinland und Westfalen, 4, Krefeld, 197-246.

THOME, K.N. (1980): Entstehung und Gestalt des Schaephuysener Höhenzuges. In: Heimatbuch des Kreises Viersen, Mönchengladbach, 275-285.

TROLL, C. (1947): Die Formen der Solifluktion und die periglaziale Bodenabtragung. In: Erdkunde, 1, Bonn, 162-175.

WANDEL, G. (1949): Neue vergleichende Untersuchungen über den Bodenabtrag an bewaldeten und unbewaldeten Hangflächen in Nordrheinland. In: Geologisches Jahrbuch, 65, Hannover, 510-519.

Vorbemerkungen zu Studien über den Bevölkerungswandel der
Gemeinde Weeze seit dem 19. Jahrhundert

Hans-Dieter Laux und Günter Thieme

Die folgenden Beiträge befassen sich mit Aspekten der Bevölkerungsentwicklung einer ländlichen Gemeinde am linken Niederrhein unter dem Einfluß der sozialen und ökonomischen Strukturveränderungen seit der zweiten Hälfte des 19. Jahrhunderts. Hierbei werden zum einen Fragen des natürlichen Bevölkerungswandels behandelt (Beitrag H.-D. Laux), zum anderen räumlich-distanzielle Dimensionen des Heiratsverhaltens diskutiert (Beitrag G. Thieme).

Ausgangspunkt beider Arbeiten war die Beschäftigung mit den genannten Fragenkreisen während zweier Geländepraktika der Geographischen Institute Bonn im Frühjahr 1979 und 1980. Für die hierbei geleisteten Vorarbeiten sei den studentischen Teilnehmern herzlich gedankt. Gleichermaßen schulden wir Dank der Gemeindeverwaltung Weeze, insbesondere Herrn Gemeindedirektor Gödde für die freundliche Überlassung der Standesamtsunterlagen und Frau Pickmann, die mit bewundernswerter Geduld die Schwierigkeiten der jüngeren Generation beim Entziffern der Urkunden ihrer "Vorväter" beheben half.

Als gemeinsame Datengrundlage für die nachfolgenden Analysen dienen neben den publizierten Ergebnissen der Volkszählungen von 1871 bis 1970 in erster Linie die standesamtlichen Beurkundungen der Geburten, Sterbefälle und Eheschließungen in der Bürgermeisterei bzw. Gemeinde Weeze für die Jahre 1869 bis 1979. Diese im Rheinland bereits mit der Eingliederung in den französischen Staat im Jahre 1798 eingeführten und seit dem Gesetz vom 6.2.1875 für das gesamte Deutsche Reich obligatorischen zivilen Personenstandsregister stellen aufgrund ihrer sorgfältigen Führung und leichten Zugänglichkeit eine ausgezeichnete Quelle für detaillierte bevölkerungsgeographische Untersuchungen dar.

Während die in den letzten 110 Jahren erfolgten Geburten (insgesamt 14.402 Fälle) lediglich in ihrer Verteilung auf die einzelnen Jahrgänge ausgezählt wurden, erfolgte bei der Auswertung der Sterbefälle eine zusätzliche Differenzierung nach Totgeburten und Sterbefällen im ersten Lebensjahr, d.h. der Säuglingssterblichkeit. Die Ausgliederung der Totgeburten geschah dabei aufgrund der Tatsache, daß diese Kategorie von Geburts- bzw. Sterbefällen nach den Bestimmungen des Personenstandsgesetzes lediglich im Sterbebuch verzeichnet wird. Es hat jedoch den Anschein, daß zumindest bis zu Beginn der neunziger Jahre des vorigen Jahrhunderts die Kriterien für eine Totgeburt noch recht ungenau waren und unterschiedlich gehandhabt wurden. So findet sich bis in diese Zeit bei der Beurkundung von Totgeburten häufig die keineswegs eindeutige Formulierung "... und verstarb unmittelbar nach der Geburt". Hinter dieser Formulierung verbergen sich zweifellos eine Reihe von Fällen, die nach den später angewendeten strengeren Kriterien als Lebendgeborene bezeichnet worden wären. Diese Ungenauigkeit aber führt dazu, daß für den oben genannten Zeitraum mit einer vergleichsweise zu niedrigen Zahl sowohl von Lebendgeborenen als auch im ersten Lebensjahr verstorbenen Kindern gerechnet werden muß.

Aus der Zahl der insgesamt 4530 Eheschließungen wurden über die Auszählung der einzelnen Jahrgänge hinaus im Rahmen einer systematischen Stichprobe 823 Fälle - d.s. 18,17% - ausgewählt und nach Alter, Beruf und - soweit angegeben - Familienstand der Eheschließenden ausgewertet. Dabei wurden, um eine gleichmäßige Verteilung über den Untersuchungszeitraum zu gewährleisten, beginnend mit 1878, jeweils im Fünfjahresabstand bis 1978 insgesamt 21 Jahrgänge vollständig erfaßt. Da bei einer Analyse jedes einzelnen Jahrganges aufgrund der teilweise recht geringen Anzahl von Heiratsfällen die Gefahr der Verfälschung der Ergebnisse durch unzulässige Zufallsschwankungen bestanden hätte, wurde der gesamte Untersuchungszeitraum in fünf Perioden unterteilt, die jeweils drei bis fünf Berichtsjahre umfassen und durch den ausreichenden Stichprobenumfang (109-288 Fälle) eine Interpretation ermöglichen.

Die Trennung des Gesamtzeitraums in Perioden versucht, so weit wie möglich, politische, wirtschaftliche und soziale Einschnitte in der jüngsten deutschen Geschichte nachzuvollziehen, die -und dies stellt den engeren Bezug zum Thema der folgenden Beiträge her - offensichtlich nicht ohne Auswirkungen auch auf demographische Entwicklungsprozesse geblieben sind. Daß hierbei verschiedentlich Zeiträume mit unterschiedlichen politischen und wirtschaftlichen Verhältnissen zusammengefaßt wurden, z.B. die Periode von 1923-1943, ist den Verfassern durchaus bewußt, war aber aus datentechnischen Gründen (Stichprobenumfang) unvermeidlich.

Für die Auswertung und Interpretation der Personenstandsfälle ist von Bedeutung, daß die Geburten, Sterbefälle und Eheschließungen, unabhängig vom ständigen Wohnsitz der jeweils beteiligten bzw. betroffenen Personen, nach dem Gesetz in der Gemeinde zu registrieren sind, in der sich der jeweilige Personenstandsfall ereignet hat. Dies führt beispielsweise dazu, daß bei den vor dem Standesamt Weeze geschlossenen Ehen die Zahl der in Weeze selbst wohnhaften Frauen beträchtlich höher liegt als die der Männer, da traditionsgemäß die Mehrzahl der Ehen am Wohnort der Braut geschlossen wird. Gleichfalls werden mit der in den vergangenen Jahrzehnten zunehmenden Inanspruchnahme von meist in Städten gelegenen Krankenhäusern und Entbindungsanstalten auch durch die ländliche Bevölkerung die Personenstandsregister kleinerer Gemeinden hinsichtlich der Zahl der Geburten und Sterbefälle immer lückenhafter und für die letzten zwanzig Jahre sicherlich unbrauchbar.Da jedoch Weeze bis Anfang der sechziger Jahre ein eigenes Krankenhaus mit einer Geburtshilfeabteilung besaß, dürften bis zu diesem Zeitpunkt kaum nennenswerte "Fehlbeträge" auftreten. Für die Zeit ab 1962 wurde dann, um die genannten Schwierigkeiten zu vermeiden, für die Geburten und Sterbefälle auf die nach dem Wohnortprinzip korrigierten Angaben der amtlichen Statistik, d.h. des Einwohnermeldeamtes, zurückgegriffen. Damit wird jedoch für diesen letzten Zeitraum eine Ausgliederung der Totgeburten und der Säuglingssterblichkeit nicht mehr möglich.

Dimensionen der natürlichen Bevölkerungsentwicklung im ländlichen Raum

Dargestellt am Beispiel der Gemeinde Weeze, 1871-1979

Hans-Dieter Laux

Mit 1 Abbildung und 2 Tabellen

Summary. Dimensions of population change in rural areas - the example of the community of Weeze/Niederrhein, 1871-1979

In Germany the period between 1871 and today is characterized by a fundamental change of the social and economic structure as well as by a development of population from the primary to the final stage of the model of demographic transition. It is the aim of this contribution to analyse the natural change of population in a rural community by comparing it with the general trends of demographic evolution in Germany.

Accordingly, the development of births, deaths, and infant mortality as well as the changing marriage pattern are investigated. It can be demonstrated that pre-industrial demographic structures, i.e. high marital fertility combined with a low proportion of married persons and a high age at marriage, prevail in Weeze until World War I. The decline of birth rates, a well-known characteristic of urban-industrial areas since the late 19th century, does not reach Weeze before the 1920s. Ever since that time our community, increasingly characterized by non-agricultural occupations, has successively adjusted to the overall trend of population development.

The study suggests that Mackenroth's theory of population is a valuable tool for the description and explanation of demographic processes.

1. Themenstellung

Dank umfangreicher vitalstatistischer Datenerhebungen durch die statistischen Ämter der deutschen Teilstaaten und des Deutschen Reiches nach 1871 sind wir über die Prozesse der natürlichen Bevölkerungsbewegung der letzten 130 Jahre in Deutschland recht umfassend informiert. Diese Daten über die Entwicklung der Geburten, Todesfälle und Heiraten sind in der Regel hinunter bis auf die Ebene der Stadt- und Landkreise veröffentlicht und ermöglichen damit eine Fülle von regionalen Datailuntersuchungen. Will man jedoch den Bevölkerungsprozeß auf der untersten räumlichen Aggregationsebene, d.h. auf der Basis von Gemeinden oder Gemeindegruppen analysieren, so ist man - wie auch schon bei der Untersuchung von demographischen Entwicklungen in früheren Jahrhunderten - auf die Auswertung von kirchlichen und zivilen Personenstandsregistern angewiesen. Es ist jedoch auffallend, daß sich die mikro-regionalen Detailstudien der Historischen Demographie in starkem Maße auf die Zeit des Ancien Rêgimes beschränken (vgl. IMHOF 1977 (b), S.17) und so den mit der Entstehung der modernen Industriegesellschaft einhergehenden Wandel des Bevölkerungsvorganges während der letzten 100 Jahre weitgehend aus der Betrachtung ausklammern. Dies erscheint insofern bedauernswert, als sich gerade aus dem Vergleich von lokalen Bevölkerungsabläufen mit den übergeordneten globalen Entwicklungsprozessen sicherlich wertvolle bevölkerungsgeschichtliche Erkenntnisse gewinnen lassen. In diesem Sinne möchte die nachfolgende Analyse der Bevölkerungsentwicklung der Gemeinde Weeze seit 1871 als ein Versuch verstanden werden, mikro- und makroregionale Bevölkerungsabläufe miteinander in Beziehung zu setzen. Dabei soll geprüft werden, ob und in welchen Formen sich der globale und säkulare Wandel von der vorindustriellen zur industriellen "Bevölkerungsweise" (MACKENROTH 1953) in der natürlichen Bevölkerungsentwicklung einer ländlichen Gemeinde niederschlägt. In diesem Rahmen ist neben der Untersuchung der Fruchtbarkeits- und Sterblichkeitsverhältnisse ein besonderes Schwergewicht auf die Analyse des Heiratsverhaltens, d.h. der Entwicklung der Heiratshäufigkeit und des Heiratsalters der Bevölkerung zu legen.

Hinsichtlich der verwendeten Datenbasis und ihrer Aussagefähigkeit sei auf die gemeinsame Vorbemerkung zu dieser und der nachfolgenden Arbeit von G. Thieme verwiesen (vgl. S. 61).

2. Zur sozialökonomischen Struktur und Entwicklung der Gemeinde Weeze

Vor einer genaueren Analyse der Bevölkerungsentwicklung und der natürlichen Bevölkerungsbewegung sei ein kurzer Blick auf die sozialökonomische Struktur und Entwicklung der Untersuchungsgemeinde geworfen. Die Gemeinde Weeze, an der unteren Niers zwischen den Städten Kevelaer und Goch gelegen, besaß zu Anfang des Jahres 1979 - ohne die auf dem Flugplatz Laarbruch stationierten britischen Streitkräfte und deren Angehörige - etwa 8.900 Einwohner (GEMEINDE WEEZE, Verwaltungsbericht 1979). Bis zur Gebietsreform des Jahres 1969 war die bereits im Jahre 1928 aus den Spezialgemeinden Weeze, Wissen und Kalbeck der Bürgermeisterei Weeze gebildete Einheitsgemeinde mit ihrer Vielzahl von Wohnplätzen die mit 79,37 km^2 flächenmäßig größte Kommune des bis 1975 bestehenden Landkreises Geldern. Obwohl der Gebietskategorie des ländlichen Raumes zuzuordnen, wird die Erwerbs- und Wirtschaftsstruktur der etwa 45 km von den Großstädten Krefeld und Duisburg und damit dem Rhein-Ruhr-Ballungsraum entfernt gelegenen Gemeinde durch den gewerblich-industriellen Sektor bestimmt. So waren im Jahre 1970 nur mehr 17,8% der Erwerbstätigen in der Land- und Forstwirtschaft beschäftigt bzw. 13,1% der Gesamtbevölkerung von diesem Wirtschaftsbereich abhängig gegenüber entsprechenden Werten von 51,1% bzw. 47,0% für das Produzierende Gewerbe (STATISTISCHES LANDESAMT NORD-RHEIN-WESTFALEN, Sonderreihe Volkszählung 1970, H. 3b). Wenn auch in der Vergangenheit der landwirtschaftliche Sektor noch von erheblich größerer, ja entscheidender Bedeutung war - 1933 waren noch 52,8% der Erwerbstätigen in ihm beschäftigt (STATISTISCHES REICHSAMT, Statistik des Deutschen Reiches Bd. 455, 16) - , so spielten doch zumindest seit der Mitte des vorigen Jahrhunderts Handwerk und Industrie eine nicht unwesentliche Rolle im Erwerbsleben der Weezer Bevölkerung. Während bis in die 90er Jahre das Schuhmacherhandwerk eine beherrschende Stellung einnahm - in den Jahren 1878-1898 sind bei den von der Stichprobe erfaßten Heiraten mit Ehemännern aus nicht-landwirtschaftlichen Berufen die Schuster mit 31% vertreten - entwickelte sich daneben seit den 70er Jahren das holzverarbeitende Gewerbe aus kleinen Anfängen zu einem die wirtschaftliche Struktur der Gemeinde prägenden Industriezweig, der Weeze den Ruf als das "Schreinerdorf des Niederrheins" einbrachte (vgl. BÖHM, KRINGS 1975, S.72 f.). Erst mit dem starken Rückgang der holzverarbeitenden Industrie in der jüngsten Vergangenheit kam es in Weeze zu einer Diversifikation der Gewerbestruktur.

Die sozialökonomische Situation der Landwirtschaft wurde in der Vergangenheit und wird bis heute durch zwei Faktoren entscheidend geprägt, und zwar zum einen durch das vorherrschende Anerbenrecht und zum anderen durch adligen Großgrundbesitz von erheblichem Ausmaß. Dieser Landbesitz konzentriert sich teils auf eine Reihe von größeren Gutshöfen, teils ist er in Form von geschlossenen Betrieben, die häufig schon seit Generationen von derselben Familie bewirtschaftet werden, sowie einzelnen Parzellen an Bauern der Gemeinde verpachtet. Die Agrarstruktur zu Beginn unseres Untersuchungszeitraumes läßt sich durch das Nebeneinander einer breiten Schicht von über 10 ha großen mittelbäuerlichen Betrieben, deren Inhaber als "Ackerer" bezeichnet werden, einer sicherlich kaum geringeren Zahl von klein- bzw. zwergbäuerlichen Kätner- und Tagelöhnerstellen sowie einigen adligen Gutshöfen (Rittergütern) charakterisieren (vgl. ELLER-HOLZ 1882). Die damit gegebene breitgefächerte Betriebsgrößenverteilung hat bis in die Gegenwart, insbesondere durch einen starken Rückgang der Betriebe unter 10 ha, eine weitgehende Umgestaltung erfahren, so daß heute die Anwesen über 20 ha eindeutig die Struktur bestimmen.

3. Die Entwicklung der Bevölkerungszahl 1871-1979

Ein Blick auf die Bevölkerungsentwicklung seit 1871 (vgl. Tab.1) vermag die kurzen Anmerkungen zum sozialökonomischen Strukturwandel der Untersuchungsgemeinde zu ergänzen. Es zeigt sich, daß die Bürgermeisterei bzw. Gemeinde Weeze - mit Ausnahme des Zeitraumes von 1939 bis 1946 und der allerjüngsten Vergangenheit - einen ständigen, von Zählung zu Zählung jedoch unterschiedlich starken Anstieg ihrer Bevölkerungszahl erlebt hat. Neben der bedeutenden Zunahme der Einwohner nach 1950 ist dabei insbesondere der relativ beachtliche Bevölkerungsgewinn zwischen 1885 und 1905 (+ 23,5%) bemerkenswert, denn dieser Zeitraum ist in anderen ländlichen Regionen des Rheinlandes, wie z.B. in den Bördengebieten südlich von Mönchen-Gladbach, eher durch Stagnation oder gar eine negative Entwicklung der Einwohnerzahlen gekennzeichnet (vgl. BARTELS u.a. 1978). Führte in diesen Getreideanbaugebieten der Verfall der Getreidepreise infolge zunehmender ausländischer Einfuhren zu einer für die Landwirtschaft krisenhaften Situation und damit verbunden zu einer verstärkten Abwanderung in die aufstrebenden Industriereviere, so konnten im Gegensatz dazu die stärker auf die Viehzucht ausgerichteten Gebiete von der erhöhten Nachfrage nach tierischen Produkten profitieren (vgl. HENNING 1978, S.113 ff.). Neben dem bereits erwähnten Aufschwung der holzverarbeitenden Industrie mag dies ein weiterer Grund für die positive Bevölkerungsentwicklung in Weeze zu Ende des 19. Jahrhunderts gewesen sein.

Es stellt sich nun die Frage, in welchem Verhältnis die beiden Komponenten "natürliche Bevölkerungsbewegung" und "Wanderungen" an der Einwohnerentwicklung seit 1871 beteiligt sind. Eine Antwort hierauf gibt die Tabelle 1, in der für die Zeiträume zwischen den einzelnen Volkszählungen die Veränderung der Bevölkerungszahl insgesamt, die Bilanz der natürlichen Entwicklung und - errechnet aus diesen beiden Größen - der Wanderungssaldo aufgeführt sind.

Es zeigt sich, daß, trotz der ständigen Bevölkerungszunahme, bis zum Jahre 1939 stets ein wechselnder Prozentsatz des Geburtenüberschusses der Gemeinde durch Abwanderung - meist in die nahegelegenen Industriegebiete an Rhein und Ruhr - verlorengegangen ist. Am niedrigsten liegen dabei die relativen Verluste in dem bereits erwähnten Zeitraum zwischen 1885 und 1905, am höchsten in den Perioden zwischen 1905 und 1925 bzw. 1933 bis 1939. Der absolute Bevölkerungsrückgang zwischen 1939 und 1946 ist in erster Linie eine Folge der Kriegshandlungen und der damit verbundenen starken Zerstörungen in der Gemeinde. Die beachtlichen Zuwanderungen zwischen 1946 und 1961 dürften bis etwa 1950 auf eine Rückwanderung der Bevölkerung im Zuge des Wiederaufbaus sowie auf den starken Zustrom von Heimatvertriebenen - 1950 zählten 12,7% der Einwohner zu dieser Kategorie (STATISTISCHES LANDESAMT NORDRHEIN-WESTFALEN, Sonderreihe Volkszählung 1950, H.15) -,später auf die Bereitstellung von Arbeitsplätzen im Zusammenhang mit der Anlage des Flughafens Laarbruch sowie dem weiteren Ausbau der örtlichen Möbelindustrie zurückzuführen sein. Die Bevölkerungsabnahme seit 1970 wird zu fast zwei Dritteln durch die negative natürliche Bilanz verursacht, im übrigen ist sie das Resultat einer mit dem Konkurs des ehemals führenden Industrieunternehmens verbundenen Abwanderung von - z.T. ausländischen - Arbeitskräften.

Tab. 1: Komponenten der Einwohnerentwicklung in Weeze 1871-1979

Datum	Einwohnerzahl	Zu- bzw. Abnahme der Einwohnerzahl	Saldo der natürl. Bevölkerungsbewegung	Wanderungssaldo
1.12.1871	3571	+ 226	+ 444	- 218
1.12.1885	3797	+ 333	+ 482	- 149
1.12.1895	4130	+ 559	+ 686	- 127
1.12.1905	4689	+ 560	+1235	- 675
16. 6.1925	5249	+ 231	+ 372	- 141
16. 6.1933	5480	+ 82	+ 359	- 277
17. 5.1939	5562	- 210	+ 92	- 302
29.10.1946	5352	+ 1118	+ 240	+ 878
15. 9.1950	6470	+ 1610	+ 907	+ 703
6. 6.1961	8080	+ 944	+ 677	+ 267
27. 5.1970	9024	- 289	- 189	- 100
18. 3.1979	8735			
Summe:		+ 5164	+ 5305	- 141

Quellen: Eigene Erhebung; Statistisches Landesamt Nordrhein-Westfalen, Sonderreihe Volkszählung 1961, H. 3c; Gemeindeverwaltung Weeze, Einwohnermeldeamt

4. Die natürliche Bevölkerungsentwicklung in Weeze 1871-1979

4.1 Methodische Vorbemerkungen

Der Ausgangspunkt für die nachfolgenden Ausführungen bildet die Abb. 1. Sie stellt den Versuch einer möglichst detaillierten Rekonstruktion der natürlichen Bevölkerungsentwicklung in Weeze seit dem Jahre 1871 dar. Dabei wurde folgendermaßen vorgegangen: Um eine Berechnung der jährlichen Geburten-, Sterbe- und Heiratsziffern zu ermöglichen, mußten zunächst die Einwohnerzahlen für sämtliche Jahrgänge seit 1871 bestimmt werden. Dies geschah durch die lineare Interpolation der Werte jeweils zweier aufeinander folgender Volkszählungen. Anschließend wurden, um eventuelle Zufallsschwankungen auszugleichen und den Verlauf der Kurven insgesamt zu glätten, für jedes Jahr 5-jährige gleitende Mittelwerte der Geburten (Lebendgeborene) und Sterbefälle (ohne Totgeburten), der Kindersterblichkeit und der Heiraten berechnet. Mit Ausnahme der Kindersterblichkeit, die in Prozent der jeweiligen Geburten ausgedrückt wird, wurden schließlich die absoluten Fallzahlen auf je 1000 der geschätzten Einwohner der einzelnen Jahre bezogen.

Ohne Zweifel sind bei dem geschilderten Verfahren die einzelnen Zahlenwerte mit gewissen Ungenauigkeiten belastet, der generelle Verlauf der Entwicklung und die Relation der Werte zueinander werden jedoch zuverlässig erfaßt. Es soll schließlich nicht verschwiegen werden, daß die verwendeten allgemeinen Geburten-, Sterbe- und Eheschließungsziffern einen entscheidenden Nachteil besitzen, insofern sie durch den Altersaufbau der jeweiligen Bevölkerung beeinflußt werden und damit den Vergleich von Populationen erschweren. Da jedoch in Ermangelung von genaueren Angaben zur Bevölkerungsstruktur die Berechnung alternativer Indices - wie z.B. der ehelichen Fruchtbarkeitsziffer - unmöglich ist, muß hier auf die dargestellten Ziffern zurückgegriffen werden. Ihre eingeschränkte Aussagefähigkeit ist bei ihrer Interpretation zu berücksichtigen.

4.2 Das "Modell des demographischen Übergangs"

Zur Beschreibung und Erklärung der Bevölkerungsentwicklung der europäischen Industrienationen während der vergangenen 200 Jahre wurde von angelsächsischen Bevölkerungswissenschaftlern das "Modell des demographischen Übergangs" (demographic transition) entwickelt. Es unterscheidet eine - je nach Autor unterschiedliche - Anzahl von Entwicklungsphasen, die jeweils durch eine bestimmte Höhe und Differenz der Geburten- und Sterbeziffern gekennzeichnet sind. Dabei geht das Modell von der Grundannahme aus, daß die Dynamik der Bevölkerungsentwicklung langfristig zu einem weitgehenden Gleichgewicht zwischen Geburten und Sterbefällen und damit zu allenfalls geringen Wachstumsraten führt (vgl. JAKUBOWSKI 1977, S.78). Die erste, d.h. die prätransformative Phase der Entwicklung ist durch hohe Geburten- und Sterbeziffern, die letzte, posttransformative Phase durch ein niedriges Niveau von Fruchtbarkeit und Sterblichkeit gekennzeichnet. Die dazwischen liegende Transformationsperiode - noch einmal zu trennen in einen früh-, mittel- und spättransformativen Abschnitt (vgl. SCHMID 1976, S.282) - wird zunächst durch ein Fallen der Sterberaten bei anhaltend hoher Fruchtbarkeit bestimmt, während im weiteren Verlauf auch die Geburtenziffern auf das bereits erreichte niedrige Niveau der Sterbeziffern herabsinken. Dabei kommt es in der Mitte der Transformationsphase aufgrund der beachtlichen Unterschiede zwischen Fruchtbarkeit und Sterblichkeit zu den höchsten Raten des natürlichen Bevölkerungswachstums.

Nach SCHMID (1976, S.283 ff.) kann in Deutschland die prätransformative Phase - mit gewissen Einschränkungen - etwa bis zur Mitte des 19. Jahrhunderts angesetzt werden. Dem von diesem Zeitpunkt an starken Abfall der Sterberaten, ausgehend von einem Niveau zwischen 25 und 30 ^{o}/oo, folgt etwa ab der Jahrhundertwende ein beschleunigter Rückgang der bei einem Ausgangswert von etwa 35 ^{o}/oo liegenden Geburtenziffern. Entsprechend werden die höchsten jährlichen Wachstumsraten von bis zu 1,56% in den Jahren zwischen 1895 und 1905 erzielt (vgl. STATISTISCHES BUNDESAMT, 1972, S.102). Um 1930 schließlich - die Zuwachsrate sinkt bis 1933 auf 0,35% - tritt die deutsche Bevölkerung in die posttransformative Phase des demographischen Übergangs ein. In ihrem Verlauf führt die Geburtenentwicklung nach vorübergehenden Aufschwüngen während der nationalsozialistischen Zeit und des Zeitraums zwischen 1955 und 1967 im Jahre 1972 zum erstenmal, sieht man von den Krisenzeiten des 1. und 2. Weltkrieges ab, zu einem Überschuß der Sterbefälle.

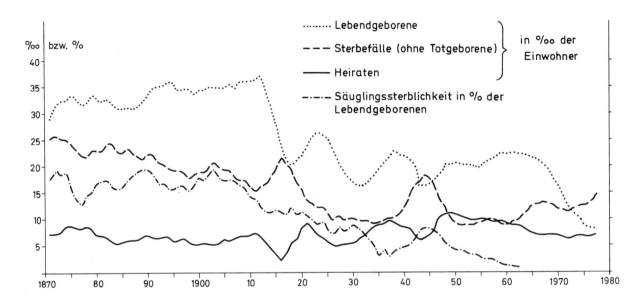

Abb. 1: Komponenten der natürlichen Bevölkerungsbewegung in Weeze 1871-1979

Betrachtet man nun die Entwicklung der Geburten- und Sterbeziffern in Weeze (vgl. Abb. 1), so folgen diese auf den ersten Blick durchaus dem beschriebenen Verlauf. Im Detail ergeben sich jedoch eine Reihe von charakteristischen Unterschieden zur Gesamtentwicklung in Deutschland. Auffallend sind zunächst das unterdurchschnittliche, d.h. zwischen 31 und 33°/oo schwankende Niveau der Geburtenziffern bis etwa 1890 sowie der anschließende Aufschwung bis zum Jahre 1912[1] mit dem Maximum von 37°/oo. Damit verläuft die Entwicklung in Weeze zwischen 1871 und 1914 gleichsam gegenläufig zum allgemeinen Trend, was sich darin äußert, daß die Geburtenraten in der Untersuchungsgemeinde anfangs bis zu 8°/oo unter (1876/77), später aber um den gleichen Betrag (1911/12) über den Gesamtwerten liegen. Nach dem radikalen Einbruch während des Ersten Weltkrieges zeigen die Geburtenziffern bis zur Gegenwart einen der allgemeinen Entwicklung weitgehend parallelen Verlauf, wenn auch auf einem generell bis zu 5°/oo höheren Niveau.

Im Gegensatz zu den Geburten weist die - mit Ausnahme der beiden Weltkriege - recht ausgeglichen verlaufende Kurve der Sterberaten nur vergleichsweise geringe Differenzen zur Gesamtentwicklung in Deutschland auf. Dabei liegen die Werte für Weeze meist unter den Globalziffern. Die stärksten Abweichungen ergeben sich für die Zeit von 1871 bis 1890 mit Unterschieden bis zu -5°/oo (1877/78). Hierfür mögen u.a. die unterdurchschnittlichen Geburtenziffern in diesem Zeitraum sowie das niedrige Niveau der Säuglingssterblichkeit verantwortlich sein. Auf die in die gleiche Richtung zielenden Auswirkungen einer ungenauen Erfassung der Totgeburten wurde bereits hingewiesen. Einen ungewöhnlich starken Anstieg der Sterbeziffern über das allgemeine Vergleichsniveau hinaus erlebt die Untersuchungsgemeinde schließlich in der Mitte der 60er Jahre. Dies dürfte teils im Wechsel der Datenquelle begründet liegen (vgl. Vorbemerkung S. 47), teils aber auch auf die Einrichtung eines Altersheimes in den Gebäuden des ehemaligen Krankenhauses und den damit verbundenen Zuzug älterer Personen zurückzuführen sein.

---

1) In Wirklichkeit erreicht die Geburtenrate ihren Gipfel im Jahre 1914, der Wert für 1914 ist jedoch infolge des Verfahrens der gleitenden Mittelwerte durch die niedrigen Geburtenzahlen der Jahre 1915 und 1916 beeinflußt.

Eine für die Dynamik der natürlichen Bevölkerungsbewegung überaus bedeutsame Dimension der Mortalität stellt das Ausmaß der Säuglingssterblichkeit dar. So machten die Todesfälle von Kindern im ersten Lebensjahr noch um die Jahrhundertwende in Deutschland etwa ein Drittel sämtlicher Sterbefälle aus, ein Wert, der erst gegen Ende der 30er Jahre auf weniger als 10% absinkt (vgl.STATISTISCHES BUNDESAMT 1972, S.113). Sind die Einflüsse der frühkindlichen Sterblichkeit auf die Höhe der Mortalität unmittelbar einsichtig, so bestehen über die möglichen Wirkungen auf das Ausmaß der Fruchtbarkeit bis in die Gegenwart hinein kontroverse Auffassungen (vgl. KNODEL 1974, S.148 ff.).[2]

Die Entwicklung der Säuglingssterblichkeit in Weeze (vgl. Abb.1) wird etwa bis zum Jahre 1905 durch ein mehr oder weniger starkes Schwanken der Werte um einen mittleren Betrag von etwa 16-17% gekennzeichnet. Dabei erscheint es wenig überraschend, daß sich die jeweiligen Auf- und Abschwünge zumindest teilweise auch im Kurvenverlauf der Sterbeziffern insgesamt niederschlagen. Deren allgemeines Absinken wird jedoch erst nach der Jahrhundertwende mit dem permanenten - nur durch den Zweiten Weltkrieg unterbrochenen - Rückgang der frühkindlichen Sterblichkeit nachhaltig beeinflußt. Verglichen mit den Globalwerten für Deutschland zeigen die Quoten der Säuglingssterblichkeit in Weeze - insbesondere für die Zeit vor 1900 - ein relativ niedriges, für weite Teile Nordwestdeutschlands jedoch typisches Niveau (vgl. KNODEL 1974, S.164; PRINZING 1900, S.595).[3]

Für die Anwendung des Modells vom demographischen Übergang auf die Entwicklung in Weeze ergeben sich nun zwei denkbare Alternativen. Entweder man dehnt die prätransformative Phase bis zu Beginn der 90er Jahre aus und drängt damit die eigentliche, durch die Auswirkungen des Ersten Weltkrieges stark überformte Transformationsphase - will man ihr Ende mit der Geburtendepression zu Beginn der 30er Jahre ansetzen - auf einen Zeitraum von etwa 40 Jahren zusammen, oder aber man setzt einen ausgedehnten, durch sinkende Sterbeziffern und anhaltend hohe Geburtenraten gekennzeichneten, frühtransformativen Entwicklungsabschnitt an, der von etwa 1870 bis 1912 reicht. Erst dann, d.h. mit einer zeitlichen Verzögerung von 15-20 Jahren gegenüber der Globalentwicklung in Deutschland, erreicht Weeze seine maximale natürliche Wachstumsrate von 2,10 %.

4.3 Die "historisch-soziologische Bevölkerungstheorie" von Mackenroth

Will man nun die beschriebenen Unterschiede zwischen der Gesamtentwicklung in Deutschland und dem Bevölkerungsvorgang in Weeze erklären, so vermag das "Modell des demographischen Übergangs" nur wenig Hilfestellung zu leisten. Nach Meinung zahlreicher Autoren besitzt es über seine deskriptiven Funktionen hinaus nur einen vergleichsweise geringen theoretischen Gehalt.[4] Stattdessen bietet sich die von G. MACKENROTH entwickelte "historisch-soziologische Bevölkerungstheorie" als tragfähiger Erklärungsansatz an. Diese Theorie, auf die hier nur in ihren Grundzügen eingegangen werden kann, interpretiert die Bevölkerungsentwicklung der vergangenen 200 Jahre als Teil und Ausdruck des sozialen und ökonomischen Wandels von der Agrar- zur Industriegesellschaft.

Im Zentrum der Theorie stehen dabei die weitgehend synonymen Begriffe der "generativen Struktur" bzw. "Bevölkerungsweise" (MACKENROTH 1953, S.110). Darunter wird das für eine spezifische Bevölkerung charakteristische Zusammenspiel ihrer primär durch das soziale System und dessen Normen und Ziele geprägten generativen Verhaltensweisen verstanden. Die generative Struktur einer Bevölkerung ist demnach als ein System von wechselseitig abhängigen und aufeinander abgestimmten Merkmalen der Fruchtbarkeit, der Sterblichkeit und des Heiratsverhaltens zu betrachten; sie ist damit zugleich Ausdruck einer jeweils konkreten historischen Wirtschafts- und Sozialstruktur (MACKENROTH 1953, S.111). Mit tiefgreifenden Veränderun-

---

2) Im Rahmen der Diskussion über den Geburtenrückgang in Deutschland wurde insbesondere von WÜRZBURGER (1931) die Auffassung vertreten, daß die Abnahme der Geburten lediglich als eine Reaktion auf die sinkende Säuglings- und Kindersterblichkeit zu interpretieren sei und nicht auf eine spürbare Reduzierung der gewünschten Kinderzahl zurückgeführt werden könne. Wie schon andere Autoren vor ihm, so hat auch KNODEL nachgewiesen, daß diese Argumentation nicht haltbar ist, auch wenn rein quantitativ gesehen über 40% der Geburtenabnahme durch den Rückgang der frühkindlichen Sterblichkeit kompensiert wurde (vgl. KNODEL 1974, S.180 ff.).

3) Zum Einfluß der Stillgewohnheiten und anderer Ursachen auf die Höhe der Säuglingssterblichkeit vgl. KNODEL (1974, S.150 ff.).

4) Auf eine detaillierte Kritik kann hier nicht eingegangen werden. Vgl. hierzu u.a. JAKUBOWSKI (1977), SCHMID (1976, S.292 ff.) und MARSCHALCK (1979).

gen des Gesellschaftssystems gehen in der Regel auch entsprechende fundamentale Umgestaltungen der generativen Strukturen einher,dabei werden im Rahmen von Innovationsprozessen die von den sozial führenden Schichten neu entwickelten generativen Verhaltensweisen mehr oder weniger vollständig von den übrigen gesellschaftlichen Schichten und Gruppen übernommen.

MACKENROTH unterscheidet nun in idealtypischer Vereinfachung mit der "vorindustriellen" und der "industriellen Bevölkerungsweise" zwei grundlegende generative Strukturen (MACKENROTH 1955, S.78 ff.). Die "vorindustrielle Bevölkerungsweise" ist gekennzeichnet durch hohe Fruchtbarkeit und Sterblichkeit und damit durch ein geringes Bevölkerungswachstum bei hohem Bevölkerungsumsatz. Sie ist damit typisch für die prätransformative Phase des "demographischen Überganges". Bei weitgehend unbeschränkter ehelicher Fruchtbarkeit wird die notwendige Anpassung an den vorhandenen Nahrungsspielraum im wesentlichen über das Heiratsverhalten gesteuert: Geringe Heiratshäufigkeit und hohes Heiratsalter, beides bedingt durch die Bindung der Eheschließung an die Erlangung einer "Vollstelle" als Bauer oder Handwerker, werden damit zu entscheidenden Charakteristika der generativen Struktur vorindustrieller Gesellschaften.[5]

Demgegenüber läßt sich die "industrielle" oder "neue Bevölkerungsweise" durch die Merkmale einer niedrigen Sterblichkeit und einer geringen, aber durchaus variablen innerehelichen Fruchtbarkeit bei gleichzeitig stark herabgesetztem Heiratsalter und hoher Heiratsfrequenz kennzeichnen. Wurde in der vorindustriellen Zeit die Dynamik des Bevölkerungsvorganges entscheidend durch die Variablen des Heiratsverhaltens gelenkt, so geschieht dies in der Gegenwart primär über die mehr oder weniger starke Beschränkung der innerehelichen Fruchtbarkeit. Das rapide Bevölkerungswachstum, d.h. die "Bevölkerungswelle" des 19. und beginnenden 20. Jahrhunderts aber deutet MACKENROTH als Übergangs- bzw. "Überschichtungsphänomen", insofern mit dem Wachstum der industriellen Produktion zwar einerseits die materielle Basis für eine Zunahme von Familiengründungen geschaffen wurde, andererseits aber - trotz erhöhter Heiratsfrequenz und gesunkenem Heiratsalter - zumindest für einige Zeit eine hohe innereheliche Fruchtbarkeit beibehalten wurde (vgl.MACKENROTH 1955, S.80 ff.).

4.4 Die Entwicklung von Heiratshäufigkeit und Heiratsalter

Will man nun mit Hilfe der skizzierten Theorie den Ablauf der natürlichen Bevölkerungsbewegung in Weeze deuten, so erscheint es notwendig, zunächst noch einen Blick auf die - im "Modell des demographischen Übergangs" nicht berücksichtigten - Veränderungen des Heiratsverhaltens zu werfen. Beginnen wir mit dem Aspekt der Heiratshäufigkeit: Der entsprechende Kurvenverlauf der Heiratsziffern[6] in Abb.1 zeigt, nach einer relativen Hausse in den Jahren 1874-1878 mit Werten über 8°/oo, bis zum Vorabend des Ersten Weltkrieges nur geringfügige Schwankungen bei einem generellen Niveau von etwa 6°/oo. Nach dem Einbruch während des Ersten Weltkriegs ist der Gipfel zu Beginn der 20er Jahre in erster Linie als Resultat von infolge des Krieges aufgeschobenen Eheschließungen zu deuten. Ein weiteres Maximum erreicht die Heiratshäufigkeit in den 30er Jahren, während der Zeit des Nationalsozialismus mit seiner ideologisch motivierten Familienpolitik. Dabei wird mit einer Heiratsziffer von etwa 10°/oo ein Niveau erreicht, das - lediglich unterbrochen durch den Rückgang der Eheschließungen während des Zweiten Weltkrieges - bis zu Beginn der 60er Jahre erhalten bleibt. Seit dieser Zeit ist jedoch ein spürbarer Rückgang der Heiratsfrequenz auf einen Wert von etwa 7°/oo zu beobachten.

Vergleicht man die Entwicklung in Weeze mit den Zahlen für das Deutsche Reich bzw. die Bundesrepublik insgesamt, so liegt die Heiratshäufigkeit in unserer Gemeinde fast ständig unter den globalen Vergleichswerten (vgl. STATISTISCHES BUNDESAMT 1972, S.101 ff.). Dabei sind jedoch in der Zeit zwischen 1880 und dem Ersten Weltkrieg die Abstände mit Beträgen bis zu -3,5°/oo (1900) in der Regel deutlich größer als nach 1918. Insbesondere mit dem Anstieg in den 30er Jahren wird ein Niveau erreicht, das sich nur noch sehr ge-

---

5) Diesen Sachverhalt hat HAJNAL (1965) - unabhängig von MACKENROTH - in einer grundlegenden Arbeit als "European marriage pattern" beschrieben.

6) Wie die Geburten- und Sterberaten, so werden auch die Heiratsziffern durch den Altersaufbau der jeweiligen Bevölkerung beeinflußt. Darüber hinaus kann die Wahl des Heiratsortes zu möglichen Verzerrungen der Raten führen, obwohl sich in der Regel, insbesondere bei größeren Orten, die "Ein-" und "Ausheiraten" die Waage halten dürften.

ringfügig von den Globalzahlen unterscheidet.

Ist die langfristige Entwicklung der Heiratshäufigkeit in Weeze in Übereinstimmung mit der Theorie von MACKENROTH durch einen deutlichen Anstieg gekennzeichnet - sieht man von der Trendwende in der jüngsten Vergangenheit ab - , so stellt sich nun noch die Frage nach den Veränderungen des Heiratsalters. Zu diesem Zwecke wurde, wie bereits ausgeführt, eine Stichprobe von 823 Heiraten einer eingehenden Analyse unterzogen. Deren Ergebnisse sind auf der Basis von fünf Untersuchungszeiträumen[7] in Tab.2 wiedergegeben.

Tab. 2: Entwicklung des mittleren Heiratsalters in Weeze 1878-1978

		1878 - 1898		1903 - 1918		1923 - 1943		1948 - 1963		1968 - 1978	
		n*	$\bar{x}$**	n	$\bar{x}$	n	$\bar{x}$	n	$\bar{x}$	n	$\bar{x}$
Eheschließungen, männlicher Partner beschäftigt in der Landwirtschaft											
Männer	Heiraten insgesamt	52	33,5	43	31,4	48	32,0	51	33,9	15	28,9
	Erstheirat	42	30,6	39	29,9						
	wiederholte Heirat	10	45,3	4	46,3						
Frauen	Heiraten insgesamt	52	31,2	43	26,5	48	27,7	51	29,1	15	26,1
	Erstheirat	45	29,0	42	26,0						
	wiederholte Heirat	7	45,7	1	46,0						
Eheschließungen, männlicher Partner beschäftigt außerhalb der Landwirtschaft											
Männer	Heiraten insgesamt	61	30,6	66	31,6	119	29,8	237	29,1	131	26,3
	Erstheirat	53	29,5	55	29,1						
	wiederholte Heirat	8	37,5	11	43,9						
Frauen	Heiraten insgesamt	61	29,0	66	28,2	119	26,8	237	25,9	131	23,4
	Erstheirat	57	28,3	58	26,3						
	wiederholte Heirat	4	39,3	8	42,1						
Eheschließungen insgesamt											
Männer	Heiraten insgesamt	113	31,9	109	31,5	167	30,4	288	30,0	146	26,6
	Erstheirat	95	30,0	94	29,4						
	wiederholte Heirat	18	41,8	15	44,5						
Frauen	Heiraten insgesamt	113	30,0	109	27,6	167	27,0	288	26,5	146	23,7
	Erstheirat	102	28,6	100	26,2						
	wiederholte Heirat	11	43,4	9	42,6						

*n = Zahl der Fälle; **$\bar{x}$ = arithmetisches Mittel

Betrachtet man die Entwicklung des mittleren Heiratsalters insgesamt, d.h. ohne Differenzierung nach Beruf und Familienstand der Eheschließenden, so zeigt sich sowohl bei den Männern wie bei den Frauen ein permanenter und im Gesamtbetrag beachtlicher Rückgang der Werte von jeweils über 30 bis hinunter auf 26,6 bzw. 23,7 Jahre. Dabei ist bemerkenswert, daß, bei einem relativ ähnlichen Ausgangsniveau mit einem durchschnittlichen Altersabstand von nur 1,9 Jahren, das - für die potentielle Fruchtbarkeit einer Ehe ausschlaggebende - Heiratsalter der Frauen bereits im Zeitraum von 1903-1918 einen deutlichen Rückgang aufweist, während der Wert für die Männer erst in der jüngsten Vergangenheit entscheidend absinkt. Verglichen mit den Globalzahlen für Deutschland liegen die Werte in Weeze - mit Ausnahme der jüngsten Periode - generell über dem Gesamtdurchschnitt (vgl. PRINZING 1902, STATISTISCHES BUNDESAMT 1972, S.105; 1979, S.68). Dabei zeigt sich jedoch, wie bei der Entwicklung der Heiratsziffern, eine sukzessive Verringerung der Unterschiede. Eine Differenzierung des Heiratsalters nach dem Familienstand der Eheschließenden vor der Heirat ist aufgrund der Quellen leider nur für die ersten beiden Zeiträume möglich. Die entsprechenden Werte

---

7) Zur Abgrenzung der gewählten Zeiträume vgl. die Vorbemerkungen auf Seite 47 u. 48.

sind in Tab.2 aufgeführt, auf ihre detaillierte Interpretation soll jedoch verzichtet werden.

Stattdessen erscheint es notwendig, den Einfluß der Berufszugehörigkeit bzw. des sozialökonomischen Status auf das Heiratsalter näher zu analysieren. Zu diesem Zwecke wurden die Eheschließungen nach dem Beruf des männlichen Ehepartners in die zwei Gruppen der "landwirtschaftlichen" und "nichtlandwirtschaftlichen" Heiraten eingeteilt.[8] Zunächst läßt sich festhalten, daß der Anteil der "landwirtschaftlichen Eheschließungen" von 46,0% in der Periode 1878-1898 auf nur mehr 10,3% im Zeitraum 1968-1978 sinkt, der sozialökonomische Strukturwandel der Untersuchungsgemeinde wird damit eindrucksvoll belegt. Betrachtet man die Veränderungen des mittleren Heiratsalters insgesamt (ohne Berücksichtigung des Familienstandes), so zeigen sich zwischen den beiden Gruppen recht deutliche Unterschiede. Mit Ausnahme des Zeitraumes von 1903 bis 1918 liegt das Alter beider Ehepartner bei landwirtschaftlichen Heiraten stets über den entsprechenden Werten der Eheschließungen von Nichtlandwirten. Dabei ist im Extremfall eine Differenz von 4,8 Jahren (Männer 1948-1963) zu beobachten. Während die Entwicklung des Heiratsalters bei den nichtlandwirtschaftlichen Ehen - mit einer Ausnahme (Männer 1903-1918) - durch einen schrittweisen Rückgang gekennzeichnet ist, zeigen sich bei den Landwirten eigentümliche Schwankungen der Werte, die sicherlich nicht allein auf die geringe Zahl der Fälle zurückgeführt werden können. So kommt es nach dem relativ niedrigen Heiratsalter für den Zeitraum 1903-1918 bei beiden Geschlechtern zu einem Anstieg der Werte bis zur Periode 1948-1963. Erst in der jüngsten Vergangenheit schließlich macht sich auch bei den Landwirten eine deutliche Reduzierung des Heiratsalters bemerkbar.

Insgesamt ist also die landwirtschaftliche Bevölkerung durch ein eigenständiges Heiratsverhalten gekennzeichnet. Ihr bis in die Gegenwart überdurchschnittlich hohes Alter bei der Eheschließung kann als Folge der besonderen ökonomischen und sozialen Bedingungen agrarischer Produktion und Lebensweise gewertet werden, es ist zugleich Ausdruck des Nachwirkens einer traditionellen, d.h. "vorindustriellen Bevölkerungsweise".

4.5 Zusammenfassende Betrachtung der natürlichen Bevölkerungsentwicklung in Weeze

Nach diesen Beobachtungen zum Wandel des Heiratsverhaltens ist es möglich, den Verlauf der natürlichen Bevölkerungsentwicklung in Weeze einer zusammenfassenden Deutung zu unterziehen: Bis zum Vorabend des Ersten Weltkrieges wird die konfessionell homogene, d.h. katholische, und in ihrer sozialökonomischen Struktur durch eine landwirtschaftlich und handwerklich orientierte Bevölkerung geprägte Gemeinde noch weitgehend durch die "vorindustrielle Bevölkerungsweise" im Sinne von MACKENROTH geprägt. Aufgrund einer niedrigen Heiratshäufigkeit bleiben die Geburtenziffern insgesamt hinter dem Maximum der globalen Vergleichszahlen zurück. Demgegenüber zeigt jedoch die innereheliche Fruchtbarkeit - annäherungsweise zu erfassen durch das Verhältnis von Geburten und Eheschließungen - trotz des relativ hohen Heiratsalters beachtliche, in der Regel sogar überdurchschnittliche Werte. Diese Konstellation erscheint insbesondere für ländliche Gebiete mit vorherrschend geschlossener Vererbung und damit einer beschränkten Zahl von zur Familiengründung ausreichenden Vollstellen typisch (vgl. BERKNER, MENDELS 1978). Vergleichbare Tendenzen wie der Niederrhein zeigen z.B. das Münsterland (vgl. REEKERS 1956, S.193 ff.) sowie weite Teile Bayerns (vgl. KNODEL 1974). Will man das erhöhte Geburtenniveau nach 1890 erklären, so ist man weitgehend auf Vermutungen angewiesen: Eine günstige Konjunkturentwicklung in der Landwirtschaft sowie die Planung und der Beginn umfangreicher Meliorationsvorhaben im Bereich des Baaler Bruches könnten in Erwartung größerer wirtschaftlicher Prosperität zu der beobachteten Reduzierung des Heiratsalters bei der landwirtschaftlichen Bevölkerung und zu einer Erhöhung der Kinderzahlen geführt haben. Es ist jedoch bemerkenswert, daß die Heiratsfrequenz während dieser Zeit unverändert niedrig bleibt. Dieser Sachverhalt scheint zumindest teilweise der zitierten "Überschichtungs"-Hypothese von MACKENROTH zu widersprechen: Das rapide Bevölkerungswachstum zu Beginn des Jahrhunderts ist offensichtlich allein auf ein Fortbestehen hoher ehelicher Fruchtbarkeit bei sinkenden Mortalitätsraten zurückzuführen.

---

8) Eine weitergehende Untergliederung erschien sowohl aufgrund der häufig wenig präzisen Berufsangaben als auch der beschränkten Zahl der Fälle wenig sinnvoll. Zu den "Landwirten" wurden neben den Vollbauern auch die Kätner, die Tagelöhner und das ländliche Gesinde gerechnet.

Während im Rahmen des allgemeinen ökonomischen und sozialen Strukturwandels in weiten Teilen Deutschlands eine Änderung des traditionellen generativen Verhaltens bereits vor der Jahrhundertwende zu erkennen ist, kommt es in Weeze erst mit der Katastrophe des Ersten Weltkrieges sowie den anschließenden politischen und sozialen Umwälzungen zu einer vergleichsweise abrupten Übernahme der neuen, "industriellen Bevölkerungsweise". D.h., die Änderung des generativen Verhaltens wird, nicht zuletzt als Reaktion auf die ökonomische Situation während der 20er Jahre, von einem relativ hohen Anteil der Bevölkerung gleichzeitig vollzogen. Dies zeigt sich zunächst in einer starken Reduzierung der innerehelichen Fruchtbarkeit, während die Heiratsziffern - im Gegensatz zu städtisch-industriellen Räumen - bis in die 30er Jahre niedrig bleiben. Erst mit der weiteren Zunahme außerlandwirtschaftlicher Erwerbsmöglichkeiten und der Entwicklung einer breiteren Arbeiterschaft kommt es schließlich zu einem Anstieg der Heiratshäufigkeit auf das allgemeine Vergleichsniveau. Entsprechend ist das Geburtenhoch gegen Ende der 30er Jahre in Weeze allein auf die Zunahme der Familiengründungen bei allenfalls gleichbleibender ehelicher Fruchtbarkeit zurückzuführen. Nach 1945 schließlich wird der natürliche Bevölkerungswandel in unserer Untersuchungsgemeinde durch eine zunehmende Anpassung an die Entwicklungstrends der Gesamtbevölkerung gekennzeichnet. Die in den 60er Jahren noch überdurchschnittlichen Geburtenziffern sind dabei als Ausdruck einer für ländlich-katholische Gebiete typischen Variante (vgl. MÜLLER 1968) des allgemeinen generativen Verhaltens zu deuten. Zwar scheinen bei der landwirtschaftlichen Bevölkerung, wie aus der Entwicklung des Heiratsverhaltens abzuleiten, bis in die Gegenwart hinein noch Reste älterer Verhaltensmuster fortzuleben, allein aufgrund ihrer schwindenden Zahl vermag diese Gruppe kaum mehr einen strukturprägenden Einfluß auszuüben.

5. Ausblick

Soweit die Analyse der natürlichen Bevölkerungsentwicklung in Weeze. Es kann hier nicht der Ort sein, die "historisch-soziologische Bevölkerungstheorie" einer umfassenden Würdigung und Kritik zu unterziehen. Die vorangegangenen Ausführungen haben jedoch gezeigt, daß auch der Ablauf von Bevölkerungsprozessen auf mikroregionaler Ebene mit Hilfe der von MACKENROTH entwickelten Begriffe, Kategorien und Erklärungsansätze beschrieben und in seinen Abweichungen vom allgemeinen nationalen Trend gedeutet werden kann. Dabei hat sich insbesondere die Verknüpfung der natürlichen Bevölkerungsentwicklung mit den jeweiligen sozialen und ökonomischen Strukturveränderungen als tragfähiger Ansatz erwiesen. Dennoch bleiben die Aussagen aufgrund der hier gewählten aggregativen Auswertungsmethode sicherlich an manchen Stellen zu allgemein und spekulativ. Erst der Rückgriff auf die eigentlichen Träger demographischer Prozesse mit Hilfe der überaus arbeitsaufwendigen Familienrekonstitutionsmethode (vgl. IMHOF 1977(a), S.101 f.) könnte jedoch zu weitergehenden Einblicken in das komplexe Geschehen der natürlichen Bevölkerungsdynamik führen.

Literaturverzeichnis

BARTELS, D.,H.H. BLOTEVOGEL u. P. SCHÜLLER (1978): Deutscher Planungsatlas. Bd. I: Nordrhein-Westfalen, Lieferung 13: Bevölkerungsentwicklung 1837-1970 in den Gemeinden. Hrsg.: Akademie für Raumforschung und Landesplanung in Zusammenarbeit mit dem Ministerpräsidenten des Landes Nordrhein-Westfalen. Hannover.

BERKNER, L.K. u. F.F.MENDELS (1978): Inheritance Systems, Family Structure, and Demographic Patterns in Western Europe, 1700-1900. In: Tilly, Ch. (Ed.): Historical Studies of Changing Fertility. Stanford, Cal., 209-223.

BÖHM, H. (1979): Bevölkerungsstruktur und Bevölkerungsbewegungen in der zweiten Hälfte des 19. Jahrhunderts unter besonderer Berücksichtigung der Preußischen Rheinprovinz. In: Innsbrucker Geographische Studien, 5, 173-198.

BÖHM, H. u. W.KRINGS (1975): Der Einzelhandel und die Einkaufsgewohnheiten der Bevölkerung in einer niederrheinischen Gemeinde. Fallstudie Weeze. Arbeiten zur Rheinischen Landeskunde, 40.

ELLERHOLZ, P. (1882): Handbuch des Grundbesitzes im Deutschen Reiche. I. Das Königreich Preußen, IX. Lfg.: Die Rheinprovinz. Berlin.

HAJNAL, J. (1965): European Marriage Patterns in Perspective. In: Glass, D.V. a. Eversley, D.E.C. (Ed.): Population in History. Essays in Historical Demography. London, 101-143.

HENNING, F.-W. (1978): Landwirtschaft und ländliche Gesellschaft in Deutschland. 2, 1750-1976. Paderborn.

IMHOF, A.E. (1977a): Einführung in die Historische Demographie. München.

IMHOF, A.E. (1977b): Bevölkerungsgeschichte und Historische Demographie. In: Rürup, R. (Hrsg.): Historische Sozialwissenschaft, Göttingen, 16-58.

JAKUBOWSKI, M. (1977): The Theory of Demographic Transition and Studies on the Spatial Differentiation of Population Dynamics. In: Geographica Polonica 35, 73-89.

KNODEL, J.E. (1974): The Decline of Fertility in Germany, 1871-1939. Princeton, N.J.

KÖLLMANN W. (1974): Die Bevölkerung Rheinland-Westfalens in der Hochindustrialisierungsperiode (1971). In: Bevölkerung in der industriellen Revolution. Studien zur Bevölkerungsgeschichte Deutschlands. Göttingen, 229-249.

KÖLLMANN W. (1976): Bevölkerungsgeschichte 1800-1970. In: Aubin, H. u. Zorn, W. (Hrsg.): Handbuch der Deutschen Wirtschafts- und Sozialgeschichte, 2, Stuttgart, 9-50.

KULS, W. (1979): Regionale Unterschiede im generativen Verhalten. In: Innsbrucker Geographische Studien, 5, 215-228.

LINDE, H. (1952): Die generative Form spezifischer Bevölkerungen. In: Raum und Gesellschaft. Forschungs- und Sitzungsberichte der Akademie für Raumforschung und Landesplanung. Bd. I, 1950. Bremen-Horn, 25-39.

MACKENROTH, G. (1953): Bevölkerungslehre. Theorie, Soziologie und Statistik der Bevölkerung. Berlin u.a.

MACKENROTH, G. (1955): Bevölkerungslehre. In: Gehlen, A. u. Schelsky, H.: Soziologie, 3. Aufl., Düsseldorf Köln, 46-92.

MARSCHALCK, P. (1979): Zur Theorie des demographischen Übergangs. In: Ursachen des Geburtenrückgangs - Aussagen, Theorien und Forschungsansätze zum generativen Verhalten. Schriftenreihe des Bundesministers für Jugend, Familie und Gesundheit, 63, Stuttgart u.a., 43-60.

MÖLLER, G. (1968): Regionale Unterschiede der natürlichen Bevölkerungsbewegung und die Problematik ihrer Ursachenforschung. In: Raumforschung und Raumordnung 26, 201-208.

PRINZING, F. (1900): Die Kindersterblichkeit in Stadt und Land. In: Jahrbücher für Nationalökonomie und Statistik III. F, 20, 593-644.

PRINZING, F. (1902): Die Wandlungen der Heiratshäufigkeit und des mittleren Heiratsalters. In: Zeitschrift für Socialwissenschaft 5, 656-674.

REEKERS, St. (1956): Westfalens Bevölkerung 1818-1955. Die Bevölkerungsentwicklung der Gemeinden und Kreise im Zahlenbild. Veröffentlichungen des Provinzialinstituts für Westfälische Landes- und Volkskunde. Reihe I: Wirtschafts- und Verkehrswissenschaftliche Arbeiten, 9, Münster.

SCHMID, J. (1976): Einführung in die Bevölkerungssoziologie. Hamburg.

VAN DE WALLE, E. (1972): Marriage and Marital Fertility. In: Glass, D.V. and Revelle, R. (Ed.): Population and Social Change. London, 137-151.

WÜRZBURGER, E. (1931): Die Ursachen des neueren Geburtenrückganges. In: Schmollers Jahrbuch 55, 109-117.

Sonstige Quellen

GEMEINDE WEEZE: Verwaltungsbericht 1979, Weeze o.J.
-              Unveröffentlichtes Material des Standesamtes und des Einwohnermeldeamtes

STATISTISCHES BUNDESAMT (Hrsg.): Bevölkerung und Wirtschaft 1872-1972. Stuttgart u. Mainz 1972.
-              Statistisches Jahrbuch 1979 für die Bundesrepublik Deutschland. Stuttgart u. Mainz 1979.

STATISTISCHES LANDESAMT NORDRHEIN-WESTFALEN (Hrsg.): Beiträge zur Statistik des Landes Nordrhein-Westfalen. Sonderreihe Volkszählung 1950, H. 15
Sonderreihe Volkszählung 1961, H. 3c
Sonderreihe Volkszählung 1970, H. 3b

STATISTISCHES REICHSAMT (Hrsg.): Statistik des Deutschen Reiches, 455, 16.

Räumlich-distanzielle Aspekte des Heiratsverhaltens

Eine Untersuchung am Beispiel der Gemeinde Weeze, 1878-1978

Günter Thieme

Mit 1 Abbildung, 6 Tabellen und 1 Beilage

Summary. Spatial aspects of marriage behaviour: A case study of the rural community of Weeze/Niederrhein, 1878-1978

This paper examines the development of the spatial pattern of marriages in the rural community of Weeze. On the basis of a sample of 823 marriages in the time period from 1878 to 1978 the results suggest that the marriages in the study area are strongly affected by distance, which results in a considerable spatial limitation of the marriage fields. During the last hundred years, however, particularly since the mid-sixties, a gradual extension of marriage contacts can be observed. This development is proved by the increasingly gentler slopes of the distance decay functions.

The process described can primarily be explained as a consequence of the increasing mobility of the population. There is, however, a striking discrepancy between potential and real contact fields. In the spatial pattern of marriage decisions a clear directional bias can be found, marriage districts being orientated along the main axes of traffic. The Rhine turns out to be a strong communication barrier throughout all the time periods studied.

The hypothesis that different social and occupational groups have different contact fields is basically confirmed. The marriage distances of professionals and clerical workers are far greater than those of all other social groups (farmers, working-class people). Farmers, in contrast to the situation in the 19th century, can no longer be characterized by particularly small communication and action fields.

1. Zur Fragestellung der Untersuchung

Mit der Analyse des Heiratsverhaltens bzw. der Heiratskreise sowohl städtischer wie ländlicher Gemeinden beschäftigt sich eine ganze Reihe von Wissenschaften; so liegen zahlreiche Studien von seiten der Genetik, der Anthropologie, der Soziologie, der Demographie und der Wirtschafts- und Sozialgeschichte vor, um nur die wichtigsten Disziplinen zu nennen.

Bei der Überlegung, welchen Beitrag die Geographie in diesem Problemzusammenhang leisten kann, erscheinen vor allem zwei Ansätze ertragreich.

Zum einen ist die Untersuchung des Heiratsverhaltens Bestandteil der kulturgeographischen Analyse eines ganz bestimmten Gebiets und führt somit zu einer vertieften Kenntnis der spezifischen und individuellen Verhältnisse des jeweiligen Raumes. Bei einer Betrachtung der vielfältigen Verbindungen und Verflechtungen mit benachbarten Gebieten ergeben sich zudem Möglichkeiten für die Bildung funktionaler Regionen bzw. Ansätze sozialräumlicher Analysen (vgl. WEBER 1977).

Gerade der zuletzt genannte Aspekt räumlicher Interaktionen führt jedoch über die idiographische Betrachtungsweise hinaus. Besonders in der angloamerikanischen Geographie bezweckten Studien zum Heiratsverhalten verschiedener Bevölkerungsgruppen weniger eine Förderung der Kenntnisse spezifischer Räume; primäres Ziel ist die Untersuchung von Informations- und Kontaktfeldern, es geht um die charakteristischen Aktionsreichweiten bestimmter Bevölkerungsschichten. Innerhalb eines solchen aktionsräumlichen Ansatzes hat vor allem die räumliche Distanz als den Handlungsspielraum des Menschen einschränkendes und begrenzendes Moment große Beachtung gefunden, versucht man, die mit wachsender Entfernung zu einem Bezugspunkt zurückgehende Intensität von Informationsaustausch, Kommunikation und sonstigen Interaktionen zu beschreiben und zu erklären (vgl. aus der immens großen Literatur zu diesem Thema z.B. OLSSON 1965, MORRILL und PITTS 1970 und TAYLOR 1975). Konsequenterweise haben bei einem solchen Vorgehen die Heiratskreise nur mehr die Funktion eines Indikators für das zugrundeliegende Informations- und Kontaktfeld (vgl. MAYFIELD 1970, S.386).

Diesen beiden Ansätzen entsprechend wird die vorliegende Studie zum einen den rein distanziellen Aspekt des Heiratsfeldes untersuchen, zum anderen aber auch die konkrete Gestaltung der Heiratsverflechtungen der Gemeinde Weeze mit ihrer Umgebung behandeln. Hierbei wird insbesondere zu prüfen sein, ob sich - das Modell der Distanzabhängigkeit der Heiraten ergänzend - bestimmte bevorzugte Richtungen der Heiratsbeziehungen nachweisen lassen, ein Sachverhalt, der in der amerikanischen und englischen Literatur unter dem Begriff der "directional bias" beschrieben wird (vgl. ADAMS 1969 sowie JOHNSTON und PERRY 1972). In diesem Zusammenhang muß vor allem die räumliche Verteilung des für Heiratsbeziehungen in Frage kommenden Bevölkerungspotentials in der engeren und weiteren Umgebung der Gemeinde Weeze mit in die Betrachtung einbezogen werden.

Gleichberechtigt neben der räumlichen ist die zeitliche Dimension Bestandteil der Untersuchung: die Heiraten der Weezer Bevölkerung wurden während des Zeitraums von 1878 bis 1978 erfaßt. Diese Wahl des Untersuchungszeitraums basiert auf der Hypothese, daß während der letzten 100 Jahre bedeutende Veränderungen im Heiratsverhalten der Bevölkerung dieses Raumes eingetreten sind. Mit verbesserten Verkehrsbedingungen, insbesondere dem Ausbau des Eisenbahnnetzes, ist eine Milderung der Isolation des ländlichen Raumes am linken Niederrhein zu erwarten, die sich u.a. in einer wachsenden Reichweite der Heiratsbeziehungen äußert. Zudem ist davon auszugehen, daß vor allem die Entwicklung des Ruhrgebiets zu einer der größten industriellen Agglomerationen Europas, verbunden mit dem entsprechenden Bevölkerungswachstum, nicht ohne Auswirkung auf die sozialräumliche Struktur, z.B. das räumliche Muster der Heiratsverflechtungen, auch in den benachbarten ländlichen Gebieten bleiben würde.

Ein weiterer Aspekt der Untersuchung sind die sozialen Determinanten der Heiratskreise. Trotz aller Detailprobleme der Erfassung erscheint es aufschlußreich, Unterschiede in den Heiratsdistanzen verschiedener sozialer Gruppen zu analysieren und auf diese Weise einen Beitrag zur Diskussion der grundlegenden sozialgeographischen Hypothese zu leisten, die postuliert, daß sich soziale Gruppierungen nicht zuletzt durch ihre Aktionsreichweiten voneinander unterscheiden.

2. Die Entwicklung der Heiratsdistanzen in Weeze 1878-1978

In einem ersten Arbeitsschritt wurden bei allen während der ausgewählten Stichjahre vor dem Standesamt Weeze geschlossenen Ehen (Gesamtumfang der Stichprobe: n=823) die Entfernung (Luftlinie) der in den Heiratsunterlagen ausgewiesenen Wohnstandorte von Braut und Bräutigam ermittelt. Heiraten, bei denen beide Partner im gleichen Ort wohnen, wurde die Distanz "0" zugeordnet.[1] Gewisse Probleme bei der Frage der Ortsheiraten ergaben sich aufgrund der Siedlungsstruktur von Weeze: neben der Kerngemeinde gibt es eine größere Zahl weiterer Wohnplätze, in der Mehrzahl Bauerschaften bzw. Streusiedlungen landwirtschaftlichen Charakters (vgl. Statistisches Landesamt Nordrhein-Westfalen 1952, S.69 sowie BÖHM und KRINGS 1975, S.80 f.). Da diese Siedlungsteile durchaus ein gewisses Eigenleben führen, wurden nur Heiraten innerhalb eines Wohnplatzes als Ortsheiraten angesehen, bei Heiraten zwischen den Wohnplätzen der Gemeinde Weeze jedoch die genauen Distanzen gemessen.

Betrachtet man zunächst das arithmetische Mittel der Heiratsdistanzen in den jeweiligen Zeiträumen (zur Begründung der Periodisierung, s.o., S. 47), so ergibt sich folgendes Bild.

1) In genetischen und anthropologischen Untersuchungen des Heiratsverhaltens wird meist die Entfernung der Geburtsorte der beiden Ehepartner berechnet. Bei der vorliegenden geographischen Fragestellung steht aber nicht das genetische Potential, etwa zur Ermittlung des Inzuchtgrades (vgl. SCHWIDETZKY 1971, S.11) im Vordergrund, wichtigste Aspekte sind Informationsfelder und Aktionsreichweiten, die auf der Grundlage von Distanzen der Wohnstandorte besser analysiert werden können.

Tab. 1: Arithmetische Mittel der Heiratsdistanzen
in der Gemeinde Weeze 1878-1978

Zeitraum	Heiratsdistanzen (km)	
	d	d'[2]
1878-1898	7,46	7,46
1903-1918	10,23	9,34
1923-1943	17,79	9,24
1948-1963	11,75	9,49
1968-1978	40,58	13,02

Bei einer kurzen Interpretation dieser zunächst noch nicht sehr aussagekräftigen Durchschnittswerte zeigt sich, daß die Heiratskreise der Gemeine Weeze relativ eng gespannt sind, ein Ergebnis, das in Einklang mit anderen regionalen Studien steht: im Bereich des Steigerwalds ermittelte MARTIN (1977, S.47 f.) eine für vergleichbare Zeitabschnitte etwas geringere Durchschnittsdistanz, in einer Untersuchung der Heirats- kreise im Siegerland wurden durchweg leicht größere Distanzen festgestellt (vgl. WEBER 1977, S.67).

Bemerkenswert erscheint zudem, daß nach einem leichten Anstieg zu Beginn des 20. Jahrhunderts die durch- schnittliche Heiratsentfernung d' bis in die sechziger Jahre nahezu konstant blieb und erst in der letzten Phase wieder eine bedeutende Distanzvergrößerung festzustellen ist. Offensichtlich ist also die Auswei- tung der Heiratsdistanzen nicht kontinuierlich, sondern in mehreren Phasen verlaufen, wobei die entschei- denden Impulse für eine Vergrößerung des Kontaktfeldes erst in jüngster Zeit erfolgten.

Eine Betrachtung des Medians bzw. der Werte für die unteren und oberen Quartile der Heiratsdistanzen be- stätigt im wesentlichen die Interpretation der arithmetischen Mittel in den jeweiligen Perioden.

Tab. 2: Unteres und oberes Quartil sowie Medianwert der
Heiratsdistanzen in der Gemeinde Weeze 1878-1978

Zeitraum	unteres Quartil	Median	oberes Quartil
1878-1898	0	3	9
1903-1918	0	5	13
1923-1943	0	4	9
1948-1963	0	3	9
1968-1978	0	5	18

Der Median wird gegenüber dem arithmetischen Mittel in weit geringerem Maße durch Extremwerte beeinflußt. Aufgrund dieser Eigenschaft werden die Unterschiede beider Mittelwerte recht deutlich. 50% aller Heiraten in Weeze werden in einem Radius von Maximal 5 km geschlossen, die Veränderung der Mediandistanz von 1878-98 bis 1968-78 ist zudem mit einer Steigerung von 3 auf 5 km sehr gering. In Verbindung mit der Tatsache, daß der Wert für das untere Quartil durchweg bei Null liegt, macht dieses Ergebnis die starke räumliche Einen- gung des Heiratsfeldes deutlich, ein Phänomen, das auch Untersuchungen in anderen Regionen deutlich heraus- arbeiteten.[3] Während somit die Zahl der Orts- und Nachbarschaftsehen mit Distanzen bis zu 5 km im gesam- ten Untersuchungszeitraum in Weeze so gut wie konstant geblieben ist, zeichnet sich bei den größeren Ent- fernungen (oberes Quartil) eine Ausweitung der Heiratskreise ab. Dies ist jedoch, wie oben ausgeführt, eine recht junge Erscheinung: in den Perioden 1923-43 und 1948-63 lag der Wert bei 9 km, erst danach werden

---

2) Um der Beeinflussung des arithmetischen Mittels durch extreme Werte zu begegnen (1968 wurde z.B. eine Heirat registriert, bei der ein Partner aus Zypern stammte), wurden bei diesem Durchschnittswert d' alle Heiratsdistanzen über 100 km nicht berücksichtigt.

3) Bei einer Analyse der Heiratsverflechtungen in der westenglischen Grafschaft Dorset zeigte sich eine noch erheblich stärkere Tendenz zur Isolation: im Untersuchungszeitraum von 1837-1886 lagen der Median und beide Quartile bei der Distanz Null, mehr als 75% der Heiraten wurden demnach mit einem Partner im eigenen Dorf geschlossen. Auch während der Zeit von 1887-1936 lag der Medianwert nur bei einer Meile (vgl. PERRY 1969, S.136).

in nennenswertem Umfang Ehen mit weiter entfernt wohnenden Partnern geschlossen.

Ein gegenüber der Analyse von Mittelwerten weiter differenziertes Bild ermöglicht die Untersuchung der Heiraten nach Distanzklassen (vgl. Tab.3 und Abb.1).

Abb. 1: Heiraten in der Gemeinde Weeze 1878-1978 nach Distanzklassen

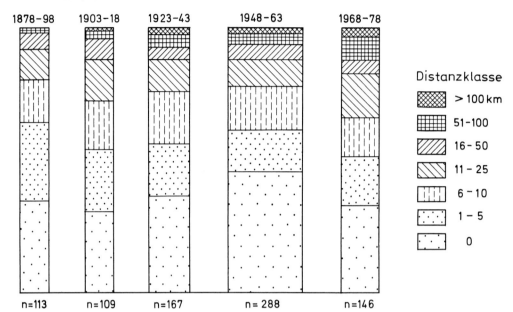

Tab. 3: Heiraten in der Gemeinde Weeze 1878-1978 nach Distanzklassen

Distanzklasse	1878-1898		1903-1918		1923-1943		1948-1963		1968-1978	
	%	% kum.	%	% kum.	%	% kum.	%	% kum.	%	% kum.
0	34,51	34,51	30,28	30,28	36,53	36,53	45,49	45,49	32,88	32,88
1 - 5	30,09	64,60	23,85	54,13	19,76	56,29	15,97	61,46	18,49	51,37
6 - 10	15,93	80,53	18,35	72,48	19,76	76,05	16,32	77,78	14,38	65,75
11- 25	11,50	92,03	15,60	88,08	11,98	88,03	10,07	87,85	17,12	82,87
26- 50	6,19	98,22	8,26	96,34	4,79	92,82	5,56	93,41	4,79	87,66
51-100	1,77	99,99	2,75	99,09	4,79	97,61	4,86	98,27	8,90	96,56
101 und mehr	0	99,99	0,92	100,01	2,40	100,01	1,74	100,01	3,42	99,98
	n = 113		n = 109		n = 167		n = 288		n = 146	

Auch hier fällt zunächst die starke räumliche Begrenzung des Heiratsfeldes auf, das als eine Abfolge von Distanzringen, zentriert auf den jeweiligen Bezugsort, gesehen wird. Jeweils über 30%, in der Periode von 1948-1963 sogar über 45% aller Heiraten werden zwischen Partnern geschlossen, die am gleichen Ort wohnen. Die Zahl dieser sogenannten endogamen Heiraten wird zwar besonders in den letzten beiden Untersuchungszeiträumen aufgrund der Tatsache leicht überhöht, daß die Ehepartner verschiedentlich schon vor der standesamtlichen Eheschließung einen gemeinsamen Hausstand führen, doch verändert diese Beobachtung den Sachverhalt nicht prinzipiell.

Innerhalb einer Distanz von fünf Kilometern wurden während der Periode von 1878-1898 fast zwei Drittel aller Ehen geschlossen, auch heute sind es noch mehr als 50%.

Komplementär zu diesen Zahlen über die im Nahbereich geschlossenen Ehen erweist sich, daß nur in sehr wenigen Fällen beträchtliche Entfernungen der Wohnorte beider Partner auftreten: so nahm zwar der Prozentsatz der Ehen mit einer Distanz von über 25 km von knapp 8% (1878-98) zunächst langsam bis auf knapp 12% (1948-63) und schließlich auf über 17% (1968-78) zu, analog wuchs der Anteil der Ehen im Entfernungsbereich über 50 km von knapp 2% zu Beginn des Untersuchungszeitraums auf über 12% in der letzten Phase. Insgesamt bleibt das Heiratsfeld der Weezer Bevölkerung jedoch recht eng begrenzt.

Einen besonders deutlichen Beleg für die regionale Beschränkung der Heiraten im Untersuchungsgebiet liefert die folgende Darstellung (Tab.4), in der die Eheschließungen der Bevölkerung Weezes mit Partnern in den jeweiligen Distanzbereichen der Gesamtbevölkerung in eben diesen Distanzbereichen gegenübergestellt und die Zahl der Heiraten auf 10.000 Einwohner des jeweiligen Distanzbereiches berechnet wurde.

Tab. 4: Heiraten und Einwohnerzahlen in Distanzringen um die Gemeinde
Weeze 1878-1963

| | Distanzbereiche um Weeze (in km) | | | |
	0-5	6-10	11-15	16-20
Durchschn. Zahl d. Heiraten pro Jahr 1878-1898	14,6	3,6	2,0	0,6
Einwohnerzahl 1885	5505	22545	21177	34100
Heiraten pro 10.000 Einw.	26,5	1,6	0,9	0,2
Durchschn. Zahl d. Heiraten pro Jahr 1903-1918	14,8	5,0	2,0	1,3
Einwohnerzahl 1905	6506	30985	23149	42528
Heiraten pro 10.000 Einw.	22,7	1,6	0,9	0,3
Durchschn. Zahl d. Heiraten pro Jahr 1923-1943	18,8	6,6	2,4	1,2
Einwohnerzahl 1933	7344	37440	29446	55218
Heiraten pro 10.000 Einw.	25,6	1,8	0,8	0,2
Durchschn. Zahl d. Heiraten pro Jahr 1948-1963	44,3	11,8	2,5	3,0
Einwohnerzahl 1961	10220	44249	45942	63657
Heiraten pro 10.000 Einw.	43,3	2,7	0,5	0,5

Quelle: Eigene Erhebung; Beiträge zur Statistik des Landes Nordrhein-
Westfalen, Sonderreihe Volkszählung 1961, Heft 3c

Tab.4 ist mit einer Anzahl methodischer Probleme verbunden. Zum einen konnte die Relation "Heiraten bezogen auf die Einwohnerzahl" nur auf der Basis der jeweiligen Volkszählungsergebnisse berechnet werden, so daß die Stichjahre für Einwohnerzahlen und Zahl der Heiraten nicht exakt übereinstimmen. Eine weitere Schwierigkeit bringt die Zuordnung der Bevölkerung zu einem bestimmten Distanzring mit sich; sie konnte nur auf der Grundlage administrativer Grenzen vorgenommen werden, so daß eine präzise Rekonstruktion der Bevölkerungsverteilung in den jeweiligen Distanzbereichen ausgeschlossen war. Aufgrund der kommunalen Gebietsreform in Nordrhein-Westfalen mit ihren umfangreichen Gemeindezusammenlegungen gegen Ende der sechziger Jahre, war der jüngste Untersuchungsabschnitt ohnehin nicht in die Darstellung einzubeziehen. Schließlich wurden wegen der fehlenden Vergleichbarkeit der Daten auch die jenseits der niederländischen Grenze liegenden Gebiete nicht berücksichtigt.

Trotz aller Einschränkungen vermag jedoch gerade diese Übersicht die enorm restringierende Wirkung der Distanz auf die Heiratsverflechtungen zu verdeutlichen; zu recht spricht JOHNSTON in Analogie zur physikalischen Kräftelehre von der "Distanzreibung" (vgl. JOHNSTON 1976). Obwohl das Bevölkerungspotential im ersten Distanzring weit hinter den folgenden zurückbleibt, ist die Zahl der Heiraten in diesem engen Bereich größer als in allen übrigen zusammengenommen. Umgekehrt sinkt bereits in den Distanzzonen jenseits 10 km die Zahl der Heiraten pro 10.000 Einwohner in allen Fällen auf weniger als 1.

Bei einem Vergleich der vorliegenden Untersuchung mit den Ergebnissen anderer Fallstudien erscheint auf den ersten Blick das Heiratsfeld der Bevölkerung Weezes in ganz besonderem Maße räumlich begrenzt. Sowohl bei Studien in Deutschland (MARTIN 1977, WEBER 1977) als auch in Frankreich (OGDEN 1974, PERRY 1977) lag durch-

weg der Anteil endogamer Heiraten niedriger und der Anteil von Heiraten mit größerer Entfernung der Partner (über 25 bzw. 50 km) in jeweils vergleichbaren Zeitabschnitten meist höher als im Untersuchungsgebiet
des Niederrheins. Selbst die Heiratsverflechtungen im ländlichen Raum Südwestindiens bewegten sich im Bereich größerer Distanzen (vgl. KUMARAN 1974).

Der Rückschluß von einem relativ eng begrenzten Heiratsfeld auf eine besonders geringe Mobilität oder gar
Aktivität der Bevölkerung des Untersuchungsgebiets erscheint dennoch nicht gerechtfertigt. Zum einen bietet das engere Umland von Weeze auf Grund seiner gegenüber anderen traditionell ländlich-agrarischen Räumen Deutschlands noch vergleichsweise hohen Bevölkerungsdichte ein beträchtliches Potential an Heiratspart-
nern. In dieser Hinsicht sind etwa die Verhältnisse im von MARTIN untersuchten Teil des Steigerwalds mit
einer niedrigeren Einwohnerdichte und Siedlungsgröße sowie dem weitgehenden Fehlen benachbarter städtischer
Siedlungen durchaus anders gelagert, was vor allem den dort geringeren Anteil der Ortsheiraten erklärt.

Die Tatsache, daß erst in jüngster Zeit eine merkliche distanzielle Ausweitung der Heiratsbeziehungen zu
beobachten ist, während dieser Prozeß bis in die fünfziger und sechziger Jahre unseres Jahrhunderts nur
sehr zögernd verlief, steht gleichfalls in recht deutlichem Gegensatz vor allem zu den Untersuchungen in
Frankreich. Auch hier ist jedoch eine differenzierte Analyse angebracht. Die von OGDEN 1974 (Département
Ardèche) und PERRY 1977 (Département Lozère) untersuchten Regionen liegen in den Cevennen, einem der Gebiete mit der massivsten Abwanderung in ganz Frankreich.[4] Der starke Rückgang der Ortsheiraten bei gleichzei-
tiger erheblicher Zunahme der Heiraten mit größerer Distanz ist daher vorwiegend als Folge der sich vermin-
dernden Möglichkeiten zu sehen, in der Heimatgemeinde oder deren Nähe überhaupt einen Ehepartner zu finden.
Bezieht man die Zahl der Heiraten auf jeweils ein bestimmtes Bevölkerungspotential im Umkreis eines Ortes
und nicht auf kilometrische Distanzringe, so ließe sich sogar argumentieren, daß in Wahrheit dort seit dem
19. Jahrhundert keine Ausweitung, sondern eine Verengung des Kontaktfeldes eingetreten ist (vgl. OGDEN 1974,
S.202 ff.).

Demgegenüber hat die Bevölkerungsentwicklung im Raum Weeze einen völlig andersartigen Verlauf genommen. Seit
dem 19. Jahrhundert ist prinzipiell ein durchgängiger Trend zur Bevölkerungszunahme zu beobachten; in allen
Distanzzonen um Weeze ist im untersuchten Zeitraum zumindest eine Verdoppelung der Einwohnerzahlen eingetreten (vgl. Tab.4 sowie ergänzend BURKHARD 1977, S.132 ff.). Im Gegensatz zu den französischen Fallstudien ist
demnach hier die Zahl der potentiellen Ehepartner im Nahbereich ständig gewachsen, so daß die zögernde Ausweitung der Heiratsdistanzen in den einzelnen Untersuchungszeiträumen verständlich wird.

Daß die Hypothese einer sich allmählich steigernden Aktionsreichweite der Bevölkerung aufgrund der zur Verfügung stehenden Heiratsdaten keineswegs zurückgewiesen werden kann, macht auch der folgende Arbeitsschritt
deutlich.

Hierbei wurde die Zahl der Heiraten (H) als mathematische Funktion der Distanz der Wohnorte beider Partner
(d) dargestellt: H = f (d). Im einfachsten Falle einer linearen Abhängigkeit ergäbe sich die Gleichung
H = a - bd, wobei die Gerade durch den Abschnitt a auf der y-Achse und die Steigung b eindeutig bestimmt
wird. Es zeigt sich jedoch, daß gerade Distanzfunktionen gewöhnlich nicht linear sind, so daß eine (meist
logarithmische) Transformation notwendig ist, um die Funktion als Gerade darstellen zu können (zu den verschiedenen Varianten von Distanzabnahmefunktionen/distance decay functions vgl. TAYLOR 1975, S.23 ff.).

Auf der Basis der zur Verfügung stehenden Daten (Zahl der Heiraten[5] nach Distanzklassen im Abstand von jeweils 5 km bis zu einer Entfernung von 100 km) erwies sich die sogenannte homogene Potenzfunktion bzw. Pareto-Funktion als am besten zur Beschreibung der Verteilung geeignet.[6]

Die Pareto-Funktion $y = ax^b$, wobei y hier die Zahl der Heiraten in der jeweiligen Distanzklasse und x die
jeweilige Heiratsdistanz wiedergibt (a und b sind durch die Regressionsanalyse zu schätzende Parameter),
wird durch doppelt logarithmische Transformation zur Geraden $\ln y = \ln a + b \ln x$.

---

4) In einzelnen Gemeinden betragen die Bevölkerungsverluste während der Zeit von 1851-1968 75% und mehr
   (OGDEN 1974, S.196).

5) Um den Einfluß der in den jeweiligen Untersuchungszeiträumen unterschiedlich großen Zahl von Fällen aus-
   zuschalten, wurden die absoluten Werte in Verhältniszahlen (%-Anteile an der Gesamtzahl der Heiraten) um-
   gewandelt.

6) Die Korrelationskoeffizienten (Werte zwischen -0,891 und -0,936 in den verschiedenen Zeiträumen) waren
   durchweg höher als z.B. die Vergleichswerte der Exponentialfunktion.

Für die fünf Untersuchungszeiträume wurden dementsprechend folgende Distanzabnahmekurven der Heiratsverflechtungen berechnet:

$$1878\text{-}1898: \ln y = 4{,}136 - 0{,}930 \ln x \quad (r = -0{,}913)$$
$$1903\text{-}1918: \ln y = 4{,}239 - 0{,}921 \ln x \quad (r = -0{,}936)$$
$$1923\text{-}1943: \ln y = 4{,}060 - 0{,}873 \ln x \quad (r = -0{,}932)$$
$$1948\text{-}1963: \ln y = 3{,}978 - 0{,}849 \ln x \quad (r = -0{,}934)$$
$$1968\text{-}1978: \ln y = 3{,}906 - 0{,}791 \ln x \quad (r = -0{,}891)$$

Von entscheidender Bedeutung für die Interpretation ist der Wert des Parameters b, der die Steigung der Geraden bestimmt: hohe Werte für b entsprechen einem steilen Distanzgradienten, niedrige Werte lassen auf eine
geringe Distanzempfindlichkeit schließen.

Die Gegenüberstellung der einzelnen Gradienten von 1878/98 bis 1968/78 liefert mit dem zunehmend sanfteren
Abfall der Kurven eine klare Bestätigung der These, daß die räumliche Distanz zwar eindeutig als limitie-
render Faktor der Heiratsverbindungen anzusehen ist, daß dieser Einfluß jedoch im Laufe der Zeit an Bedeutung verloren hat. Insbesondere nach dem Ersten Weltkrieg und im letzten Untersuchungszeitraum ist offensichtlich eine merkliche Ausweitung der Heiratskreise erfolgt.

Aus der bisherigen Argumentation geht bereits hervor, daß nicht die Distanz selbst als unabhängige Variable
die Zahl der Heiraten bestimmt, sondern nur als - leicht zugänglicher - Indikator für die Wahrscheinlichkeit
persönlicher Kontakte anzusehen ist.

Gerade die im Nahbereich sehr viel häufigeren, zunächst flüchtigen und unbeabsichtigten Kontakte bieten jedoch durchaus die Möglichkeit einer Entwicklung zu dauerhaften Beziehungen bis hin zur Heirat. Auch weitere
Zentren ländlicher Kommunikation wie dörfliche Feste oder Tanzveranstaltungen etc.weisen gewöhnlich einen
begrenzten lokalen Einzugsbereich auf.

Wichtig für die Erklärung des Musters der Heiratsverflechtungen sind folglich zunächst Überlegungen zur Entwicklung der potentiellen Aktionsreichweite der Bevölkerung. PERRY (1969) führt in seiner Studie über die
räumliche Isolation der Landarbeiterschaft in der Grafschaft Dorset aus, daß das Kontaktfeld zumindest der
Unterschicht im viktorianischen England im Grunde durch die Distanz begrenzt war, die man (im Hin- und Rück-
weg) zu Fuß nach der täglichen Arbeitszeit bewältigen konnte (op. cit., S.123). Mag hierbei auch die Ausweitung des Kontaktfeldes an arbeitsfreien Festtagen zu wenig berücksichtigt worden sein, so läßt sich diese Aussage dennoch auf die Situation des Untersuchungsgebietes bis in die Mitte des 19. Jahrhunderts übertragen. Während PERRY (op. cit., S.134) dem Fahrrad eine nicht unbedeutende Rolle bei der Erweiterung der
Kontaktfelder zuweist, dürfte im Raum Weeze der Entwicklung des Eisenbahnnetzes besondere Bedeutung zukommen: 1863 wurde die linksrheinische Eisenbahn von Krefeld über Geldern bis Kleve, 1875 weiter bis Nimwegen
fortgeführt (vgl. BURKHARD 1977, S.36 ff.), so daß bereits zu Beginn des Untersuchungszeitraumes von Weeze
aus eine recht gute Nord-Süd-Verbindung bestand. Die nächste fühlbare Vergrößerung der potentiellen Aktionsreichweite brachte im Grunde erst wieder die private Motorisierung mit sich, deren höchste Zuwachsraten im
Untersuchungsgebiet etwa um die Wende der sechziger und siebziger Jahre zu beobachten sind (vgl. Statistische Rundschau für das Land Nordrhein-Westfalen und Statistisches Jahrbuch Nordrhein-Westfalen, jeweils
verschiedene Jahrgänge). So kann die mehrfach beobachtete deutliche Ausweitung der Heiratskreise im Zeitraum 1968-1978 zweifellos zu einem beträchtlichen Teil durch den aufgrund der privaten Motorisierung ver-
größerten Aktionsradius der Bevölkerung erklärt werden.

Die im wesentlichen von den Verkehrsverhältnissen bestimmte potentielle Aktionsreichweite steht jedoch offensichtlich in deutlichem Gegensatz zur realen Aktionsreichweite, im vorliegenden Falle wiedergegeben durch
die Heiratsdistanzen: sowohl die Entwicklung des öffentlichen Verkehrsnetzes wie auch besonders der privaten
Motorisierung hätten eine erheblich stärkere Ausweitung der Heiratskreise ermöglicht als dies in Wirklichkeit der Fall war.

Die Gründe für diese Diskrepanz sind recht komplex und einer präzisen Überprüfung kaum zugänglich. Nur mit
dieser Einschränkung können die folgenden Überlegungen vorgenommen werden: zum einen sind Kontakte in größerer Distanz in der Regel weniger intensiv, während gerade für persönliche Bindungen bis hin zur Heirat eine
beträchtliche Häufigkeit und auch Regelmäßigkeit der Kontakte vorausgesetzt werden muß. Zum anderen wird
wohl in vielen Fällen auch ganz bewußt das mögliche Kontaktfeld nicht wahrgenommen, beschränkt man freiwil-

lig die Kommunikation auf einen relativ engen und vertrauten Umkreis. Hier spielen sicher auch Variable wie Bildungsniveau und Schichtzugehörigkeit eine Rolle. Schließlich darf auch - vor allem für die ersten Teilzeiträume der Untersuchung - nicht unterschätzt werden, daß häufig sehr konkrete wirtschaftliche Interessen und Notwendigkeiten die Basis der Eheschließung bildeten (zum Heiratsverhalten der Landwirte, s.u., S.70), was gewöhnlich zu einer deutlichen räumlichen Limitierung bei der Wahl des Ehepartners führte.

3. Das räumliche Bild der Heiratsverflechtungen im Raum Weeze

In Ergänzung des rein distanziellen Aspekts soll im folgenden die konkrete Gestaltung des Heiratsfeldes um Weeze untersucht werden.

Vergleicht man das räumliche Muster der Heiratsbeziehungen zu Beginn und Ende des Untersuchungszeitraumes, so zeigt sich, daß zwar die Grundzüge der Verteilung durchaus Ähnlichkeiten aufweisen, im Detail aber erhebliche Veränderungen zu beobachten sind.

Im Zeitraum 1878-1898 (s. Beilage) fällt zunächst die recht geringe Zahl von Heiratsverbindungen auf, die über die engere Umgebung Weezes hinausreichen. Heiraten am gleichen Wohnplatz sowie zwischen Personen, die in verschiedenen Wohnplätzen der heutigen Gemeinde Weeze wohnten, nehmen zu dieser Zeit einen besonders wichtigen Rang ein.[7]

Augenfälligster Zug der Heiratsverflechtungen mit anderen Gemeinden ist die eindeutige Ausrichtung an der Städteachse Kleve-Goch-Kevelaer-Geldern-Krefeld. Die klare Orientierung der Heiratsbeziehungen an den Verkehrslinien (Straße und besonders Eisenbahn) wird vor allem im räumlichen Vergleich deutlich: während entlang der erwähnten NNW-SSE ausgerichteten Achse die Heiratsbeziehungen besonders in südlicher Richtung (Kreisstadt Geldern!) relativ weit ausgreifen, bricht in SW-NE-Richtung das Heiratsfeld schon bei einer Distanz von weniger als 10 km abrupt ab.[8]

Über die Region des linken Niederrheins hinaus bestehen praktisch keine Heiratsbeziehungen. Weder das Ruhrgebiet noch die Städte des Rheinlands spielen als Herkunftsorte von Ehepartnern eine Rolle. Auch zum Gebiet rechts des Niederrheins (Emmerich, Rees, Wesel) bestehen keine Verbindungen. Der Rhein ist offenbar eine sehr viel größere Barriere als die Staatsgrenze zu den Niederlanden: in immerhin sechs Fällen kommt ein Ehepartner aus einer der benachbarten niederländischen Gemeinden.

Die Darstellung des gleichen Sachverhalts für den Zeitraum 1968-1978 (s. Beilage) bietet ein vielfältigeres Bild. Die Bedeutung der lokalen Heiraten ist nicht mehr so übermächtig wie ehedem; die Hauptverkehrsachse des Nierstales bildet zwar nach wie vor ein persistentes Element im Verteilungsmuster der Heiraten, doch dominieren die Gemeinden im Süden von Weeze nicht mehr so eindeutig gegenüber den nördlich gelegenen Gebieten des alten Kreises Kleve. Vor allem aber sind nun die großen an das Niederrheingebiet angrenzenden Verdichtungsräume Nordrhein-Westfalens (vor allem das Ruhrgebiet, aber auch die Räume Düsseldorf und Köln) am räumlichen Muster der Heiratsbeziehungen um Weeze beteiligt.

Neben solchen deutlichen Veränderungen der Struktur der Heiratskreise bleibt jedoch die trennende Wirkung des Rheins erhalten: der Bereich rechts des Niederrheins (mit Ausnahme des Ruhrgebiets) wird bei den Heiratsentscheidungen der Weezer Bevölkerung noch immer weitgehend ausgespart.

Eine genauere quantitative Beschreibung der räumlichen Verteilung der in Weeze geschlossenen Ehen bietet Tab.5, in der für die fünf Untersuchungszeiträume jeweils die Prozentanteile der Beteiligung bestimmter Regionen an den Heiraten in Weeze angegeben sind.

---

7) Hierbei zeigt sich ein interessantes Detailphänomen. In den südlich der Kerngemeinde Weeze gelegenen Ortsteilen (Wissen, Wemb) werden Ehen vorwiegend mit Partnern in Weeze selbst oder aber mit Ehepartnern aus noch weiter südlich gelegenen Orten geschlossen, Heiraten mit Partnern aus nördlich von Weeze gelegenen Orten sind demgegenüber selten. Dieses Verhalten, das entsprechend auch in den nördlichen Ortsteilen zu beobachten ist, fügt sich gut in die STOUFFERsche Theorie der "intervening opportunities" ein.

8) Eine Erklärung dieses Sachverhalts etwa aufgrund unterschiedlicher konfessioneller Verhältnisse ist nicht möglich, da das engere Untersuchungsgebiet - mit Ausnahme einiger lokaler Einsprengsel - überwiegend katholisch ist.

Tab. 5: Regionale Verteilung der Heiraten in der Gemeinde Weeze 1878-1978

	1	2	3	4	5	6	7	8	9	10	11	12
1878-1898	34,51	21,24	23,89	10,62	1,77	-	0,88	-	1,77	-	5,31	-
1903-1918	30,28	18,35	24,77	17,43	0,92	0,92	1,83	1,83	-	-	3,67	-
1923-1943	36,53	20,36	22,75	10,18	0,60	1,80	2,40	1,80	1,20	2,40	-	-
1948-1963	45,49	12,85	21,88	9,38	1,39	1,04	1,39	1,74	3,13	0,69	1,04	-
1968-1978	32,88	13,01	21,92	14,38	1,37	2,74	5,48	1,37	3,42	0,68	1,37	1,37

1: Heiraten am gleichen Wohnplatz

2: Heiraten zwischen Wohnplätzen der Gemeinde Weeze

3: Nachbargemeinden (Goch, Kevelaer, Uedem)

4: sonstige ländliche Gebiete am linken Niederrhein (bis zur Linie Mönchengladbach-Neuss)

5: Verdichtungsräume im Gebiet des linken Niederrheins (Moers, Rheinhausen, Homberg, Krefeld, Mönchengladbach, Rheydt, Neuss)

6: Gebiet rechts des Niederrheins (Ausnahme: Ruhrgebiet) und Münsterland

7: Ruhrgebiet

8: sonstige ländliche Gebiete Nordrhein-Westfalens

9: sonstige städtische Gebiete Nordrhein-Westfalens

10: übriges Deutschland

11: Niederlande

12: übriges Ausland

Eine ausführliche Analyse der Darstellung kann unterbleiben, da sie die wesentlichen Züge der Interpretation des räumlichen Verteilungsmusters bestätigt: die starke Beschränkung der Heiraten auf die ländlichen Bereiche des linken Niederrheingebietes (Regionen 1-4) tritt ebenso deutlich hervor wie die erst in jüngster Zeit erfolgte Ausweitung der Heiratsverflechtungen in die benachbarten Verdichtungsräume (Regionen 7 und 9).

4. Soziale Gruppen und Heiratsdistanz

Eine der Basishypothesen der Sozialgeographie ist die Vorstellung einer gruppenspezifischen Aktionsreichweite (vgl. z.B. RUPPERT 1968). Es liegt folglich nahe, das Heiratsverhalten im Untersuchungsgebiet nach verschiedenen sozialen Gruppen zu differenzieren. Mit Hilfe der zur Verfügung stehenden Daten lassen sich zudem Aussagen zur zeitlichen Entwicklung dieser Reichweiten machen.

Bei einem solchen Vorhaben stellt sich das wohlbekannte, jedoch nur selten überzeugend gelöste Problem der Zuordnung von Personen zu sozialen Gruppen auf der Basis sozialstatistischer Merkmale (vgl. z.B. WIRTH 1977, S.167 ff. sowie JONES und EYLES 1977, S.12 ff.). Obwohl sich Verf. der Problematik des Vorgehens durchaus bewußt ist, bleibt aufgrund des Quellenmaterials keine andere Wahl, als eine soziale Differenzierung auf der Basis von Berufsangaben vorzunehmen. Die in der folgenden Darstellung gewählte recht grobe Dreiteilung[9] in Landwirte (einschließlich Gesinde), Arbeiter und Handwerker sowie Beamte, Angestellte und Angehörige sogenannter freier Berufe bietet zudem wohl doch die Möglichkeit des Rückschlusses auf jeweils ähnliche Werte, Normen, Interessen etc., so daß die Homogenität der auf diese Weise gebildeten Gruppen nicht als völlig unbefriedigend eingeschätzt werden muß.

---

9) Für die Gruppeneinteilung konnten nur die Berufe der Ehemänner herangezogen werden. Die Berufsangaben für die Ehefrauen waren - sofern überhaupt im Standesamtsregister vermerkt - häufig nicht eindeutig einer bestimmten Gruppe zuzuordnen: der Beruf "Dienstmagd" oder "Hausgehilfin" läßt z.B. offen, ob die entsprechende Person in der Landwirtschaft beschäftigt ist oder nicht. Da zudem eine Durchsicht des Materials zeigte, daß - soweit feststellbar - in der Regel sozial weitgehend homogene Ehen geschlossen werden, erscheint eine Festlegung des sozialen Status nach dem Beruf des Mannes vertretbar.

Bei den Heiratsdistanzen dieser Gruppen sind merkliche Unterschiede zu erwarten. Landwirte, so wird generell angenommen, sind emotional in besonderer Weise mit ihrer engeren Umgebung verwurzelt und zudem in ihrer Aktionsreichweite durch die Bindung an den Hof stark eingeschränkt. Zudem führen hier auch sehr konkrete ökonomische Interessen - im Sinne der Vergrößerung oder Arrondierung des landwirtschaftlichen Besitzes - zu einer engen lokalen Beschränkung, wenn auch dieser Gesichtspunkt im niederrheinischen Anerbengebiet keine derart vitale Bedeutung hat wie es etwa ILIEN und JEGGLE (1978, S.79) in recht drastischer Weise für eine Realteilungsgemeinde im schwäbischen Raum schildern.

Bei Arbeitern und Handwerkern wurden leicht größere Heiratsdistanzen erwartet, während bei Beamten, Angestellten und Angehörigen freier Berufe - trotz der vergleichsweise geringen Homogenität dieser Gruppe - eine deutliche Tendenz zu größeren Heiratsentfernungen angenommen wurde. Diese Hypothese basiert zum einen auf der Vorstellung von einem insgesamt dichteren und weiter gespannten Kommunikationsnetz der Mittelschichten, zum anderen aber auch auf der Schwierigkeit dieser Sozialgruppe, im Lokalbereich einen "adäquaten" Partner zu finden.

Tab. 6: Arithmetisches Mittel der Heiratsdistanzen in der Gemeinde Weeze nach Sozialgruppen 1878-1978

	Landwirte	Arb./Handw.	Beamte/Angest./fr.Ber.
1878-1898	4,52	6,87	19,93
1903-1918	7,97	7,13/9,49[10]	15,69
1923-1943	7,44	7,25	18,29/60,47[10]
1948-1963	8,36/10,67[10]	8,86/9,58[10]	12,84/20,46[10]
1968-1978	9,25	8,89/15,57[10]	21,71/92,14[10]

Was die Heiratsdistanzen bei Beamten und Angestellten angeht, entspricht das Ergebnis durchaus den Erwartungen. Die Werte liegen in allen Zeiträumen erheblich über denjenigen der anderen Gruppen; charakteristisch ist hier auch das Auftreten extremer Heiratsdistanzen. Dagegen nimmt das Mittel der Heiratsdistanzen im Gesamtzeitraum nur unwesentlich zu, was nicht zuletzt auf das zahlenmäßige Wachstum dieser Gruppe zurückzuführen ist.

Auf den ersten Blick etwas überraschend erscheinen die Werte für die Sozialgruppe der Landwirte, die meist höher als die jeweiligen Distanzen der Gruppe der Arbeiter liegen. Diese Tatsache deutet darauf hin, daß die Einschränkung der Aktionsreichweite von Landwirten im Grunde ein historisches Phänomen ist (nur im ersten Untersuchungsabschnitt waren bei den Landwirten deutlich geringere Heiratsdistanzen festzustellen), das heute nur noch geringe Bedeutung hat. Weiterhin sind die gestiegenen durchschnittlichen Heiratsdistanzen sicher auch ein Anzeichen für die Schwierigkeiten junger Landwirte, eine Frau zu finden, die bereit ist, sich an der Arbeit im landwirtschaftlichen Betrieb zu beteiligen.

Insgesamt zeigt der Indikator "Heiratsdistanz", daß im Untersuchungsgebiet das Kommunikationsfeld der Mittelschicht nach wie vor erheblich größer ist als das anderer Sozialgruppen, daß aber andererseits die Landwirte heute keineswegs mehr durch extrem niedrige Aktionsreichweiten zu charakterisieren sind.

5. Zusammenfassung der Ergebnisse

Sucht man die wichtigsten Aspekte des Heiratsverhaltens in der Gemeinde Weeze während der untersuchten Periode zusammenzufassen, so erscheinen vor allem die folgenden Ergebnisse bemerkenswert:

1. Die Heiraten im Untersuchungsgebiet weisen eine erhebliche Distanzabhängigkeit auf, was eine starke räumliche Beschränkung des Heiratsfeldes zur Folge hat.

---

10) Distanzen über 100 km sind berücksichtigt

2. Im untersuchten Zeitraum von 1878 bis 1978 ist jedoch - nachweisbar durch die zunehmend flacheren Gradienten der Distanzfunktion - eine allmähliche Ausweitung der Heiratsbeziehungen zu beobachten. Diese Vergrößerung des Kontaktfeldes verläuft jedoch nicht kontinuierlich, sondern in verschiedenen Phasen; eine besonders deutliche Zunahme der Aktionsreichweite ist in jüngster Zeit erfolgt.

3. Der beschriebene Prozeß ist primär durch die Entwicklung des Verkehrsnetzes (Eisenbahn, private Motorisierung) zu erklären. Besonders in den späteren Teilzeiträumen besteht jedoch eine deutliche Diskrepanz zwischen potentieller und realer Aktionsreichweite.

4. Die Untersuchung des räumlichen Musters der Heiratsverflechtungen weist eine deutliche Bevorzugung bestimmter Heiratsrichtungen nach. Besonders zu den Städten entlang der Achse Krefeld-Kleve bestehen enge Heiratsverbindungen. Dagegen bildet der Rhein offenbar eine fast unüberwindliche Kommunikationsbarriere, und auch die großen Verdichtungsräume Nordrhein-Westfalens haben erst in jüngster Zeit Anteil an den Heiratsverflechtungen des Untersuchungsgebietes.

5. Das Konzept der gruppenspezifischen Reichweite wird prinzipiell bestätigt. Die Heiratsdistanzen der sozialen Mittelschicht (Beamte, Angestellte, freie Berufe) sind bei weitem größer als die Vergleichswerte der übrigen sozialen Gruppen. Landwirte sind dagegen heute im Gegensatz zum 19. Jahrhundert nicht mehr durch besonders geringe Aktionsreichweiten gekennzeichnet.

Literaturverzeichnis

ADAMS, J.S. (1969): Directional Bias in Intra-Urban Migration. In: Economic Geography, 45, 302-323.

BÖHM, H. u. W. KRINGS (1975): Der Einzelhandel und die Einkaufsgewohnheiten der Bevölkerung in einer niederrheinischen Gemeinde. Fallstudie Weeze (Ergebnisse kulturgeographischer Geländepraktika 1971-1973). Arbeiten zur Rheinischen Landeskunde, 40.

BURKHARD, W. (1977): Abriß einer Wirtschaftsgeschichte des Niederrheins. Duisburger Hochschulbeiträge, 7.

ILIEN, A. u. U. JEGGLE (1978): Leben auf dem Dorf. Zur Sozialgeschichte des Dorfes und Sozialpsychologie seiner Bewohner. Opladen.

JOHNSTON, R.J. u. P.J. PERRY (1972): Déviation directionelle dans les aires de contact. Deux exemples de relations matrimoniales dans la France rurale du XIXe siècle. In: Etudes Rurales, 46, 23-33.

JOHNSTON, R.J. (1976): On Regression Coefficients in Comparative Studies of Friction of Distance. In: TESG, 67, 15-28.

JOLLIVET, M. (1965): L'utilisation des lieux de naissance pour l'analyse de l'espace social d'un village. In: Revue française de Sociologie, No. spécial, VI, 74-95.

JONES, E. u. J. EYLES (1977): An Introduction to Social Geography. Oxford et al.

KUMARAN, T.V. (1974): The Spatial Structure of Marriage Contacts (Case Study of a Village Community in Mysore District). In: The Indian Geographical Journal, 69, 45-52.

MARTIN, R. (1977): Heiratskreise und Wanderungsfelder im Bereich ländlicher Gemeinden. Eine Fallstudie zur Frage der Abgrenzung von Kontaktfeldern durch Heiratskreise, erörtert an Beispielen aus dem östlichen Steigerwald. In: Zeitschrift für Bevölkerungswissenschaft, 3, 41-59.

MAYFIELD, R.C. (1972): The Spatial Structure of a Selected Interpersonal Contact: A Regional Comparison of Marriage Distances in India. In: ENGLISH, P.W.; MAYFIELD, R.C. (Hrsg.): Man, Space, and Environment. Concepts in Contemporary Human Geography. New York/London/Toronto, 385-401.

MOREL, A. (1972): L'espace social d'un village picard. In: Etudes Rurales, 45, 62-80.

MORRILL, R.L. u. F.R. PITTS (1967): Marriage, Migration, and the Mean Information Field: A Study in Uniqueness and Generality. In: AAAG, 57, 401-422.

OGDEN, P.E. (1974): Expression spatiale des contacts humains et changement de la société: l'exemple de l'Ardèche 1860-1970. In: Revue de Géographie de Lyon, 49, 191-209.

OLSSON, G. (1965): Distance and Human Interaction: A Review and Bibliography. Philadelphia (Pa.)

PERRY, P.J. (1969): Working-Class Isolation and Mobility in Rural Dorset, 1837-1936: A Study of Marriage Distances. In: Transactions and Papers of the Institute of British Geographers, 46, 121-141.

PERRY, P.J. (1977): Marriage et distance dans le canton du Bleymard (Lozère) 1811-1820 et 1891-1900. In: Etudes Rurales, 67, 61-70.

RUPPERT, K. (1968): Die gruppentypische Reaktionsweite. Gedanken zu einer sozialgeographischen Arbeitshypothese. In: Münchener Studien zur Sozial- und Wirtschaftsgeographie, 4, 171-176.

SCHWIDETZKY, I. (1971): Hauptprobleme der Anthropologie. Bevölkerungsbiologie und Evolution des Menschen. Freiburg.

STOUFFER, S. (1940): Intervening Opportunities: A Theory Relating to Mobility and Distance. In: American Sociological Review, 5, 845-867.

TAYLOR, P.J. (1975): Distance Decay in Spatial Interactions. CATMOG (Concepts and Techniques in Modern Geography), 2.

WEBER, B. (1977): Sozialräumliche Entwicklung des Siegerlandes seit der Mitte des 19. Jahrhunderts. Sozialgeographische Untersuchungen unter besonderer Berücksichtigung der Veränderungen sozialer Kommunikationsnetze (Heiratskreise). Arbeiten zur Rheinischen Landeskunde, 43.

WIRTH, E. (1977): Die deutsche Sozialgeographie in ihrer theoretischen Konzeption und in ihrem Verhältnis zur Soziologie und Geographie des Menschen. Zu dem Buch "Sozialgeographie" von J. Maier, R. Paesler, K. Ruppert und F. Schaffer (Braunschweig 1977). In: Geographische Zeitschrift, 65, 161-187.

Sonstige Quellen

GEMEINDE WEEZE: Unveröffentlichtes Material (Standesamtsunterlagen 1878-1978).

STATISTISCHES LANDESAMT NORDRHEIN-WESTFALEN (Hrsg.): Statistische Rundschau für das Land Nordrhein-Westfalen 1949 ff.

DASS.: Statistisches Jahrbuch Nordrhein-Westfalen 1966 ff.

DASS.: Beiträge zur Statistik des Landes Nordrhein-Westfalen, Sonderreihe Volkszählung 1950, H.2, (1952) Sonderreihe Volkszählung 1961, H.3c,(1963)

Bevölkerungswanderungen am unteren Niederrhein

Die Stadt Goch in den Jahren 1970-1978 als Beispiel

Gerhard Aymans und Edgar Enzel

Mit 2 Abbildungen und 4 Tabellen

Summary. Population migration in the Lower Rhinelands. The town of Goch in the years 1970-78 as an example

In this study, population migration (change of address) within, into and from a medium-sized town in the nineteen-seventies is analysed. The town in question is Goch in the county of Kleve (North Rhine Westphalia), the period covered is that from 1970 to 1978, and the number of cases dealt with is 50.165. All these are derived from the local registration formulas which contain information given by all persons changing their address on their names (not entered into the list of data used here), and on their sex, date-of-birth, place-of-birth, family status, religious denomination, nationality, occupation, and - most important in this context - on their previous (future) address in addition to the one just registered (unregistered).

The analysis reveals that the town as a whole is continuously growing by a net surplus of people moving in over those moving out. These gains are mainly obtained from two regions, from the immediate neighbourhood (0 - 20 km) and from the more distant industrial Ruhr (50 - 120 km). With the former region the town has on balance a surplus of 454 persons moving in, with the latter even a surplus of 707 persons. It is argued that it is the qualities of the town as a place of residence rather than its qualities as a place of work which attracts the incomers.

With the other parts of the Federal Republic the balance of migration is slightly negative for the town as a whole. This is mainly due to the migration of a larger proportion of persons in the 25 - 34 age-group into the cities in particular. Since most of these migrants have either an advanced training in one of the more specialized trades or a university degree, it is safe to conclude that the town, although regionally attractive, cannot provide sufficient jobs for the better trained or the higher educated part of its population.

The town proper and its seven villages are affected by the influx from outside in quite different ways. It is the villages, not the town proper, which do not only get a larger proportion of the influx, but also the more affluent part of it. This spatial development is not in line with regional or local planning, but it will certainly continue, since it is kept going by filtering forces which can hardly be counteracted.

Mit Fragen der Bevölkerungsentwicklung ist neben anderen Wissenschaften auch die Geographie befaßt. Sie bedient sich bei ihren Untersuchungen bisweilen derselben Methoden und wertet häufig auch dasselbe Quellenmaterial aus wie die anderen Wissenschaften, doch bezieht sie dieses sehr viel stärker als jene auf den konkreten Raum, auf den es sich inhaltlich erstreckt. Es geht der Geographie hierbei, sieht man einmal von der Vielzahl sehr unterschiedlicher Teilzielsetzungen ab, in erster Linie darum, die amtlich erhobenen oder im Zuge von Verwaltungstätigkeiten anfallenden Tatbestände zur Bevölkerungsentwicklung zu regionalisieren und aus dieser Regionalisierung auf den Zustand bzw. auf Zustände des Gebietes zu schließen. Hinter dieser hier nur sehr allgemein formulierten Zielsetzung steht die Auffassung, daß die Bevölkerungsentwicklung neben anderen Dimensionen auch eine sehr wesentliche räumliche Dimension hat und daß deren Untersuchung dazu beitragen kann, über die eigentliche Bevölkerungsentwicklung hinaus auch strukturelle und funktionale Entwicklungen im Untersuchungsraum zu erkennen, und dies schon früh, nämlich im Zuge ihres Entstehens.

Die Wirtschaftswissenschaften einschließlich der Wirtschaftsgeographie haben sich schon sehr lange mit der räumlichen Dimension ihrer Untersuchungsgegenstände, der Wirtschaft und des Wirtschaftens, auseinandergesetzt, und die Ergebnisse ihrer Überlegungen in zahlreichen Standortlehren zusammengefaßt. Die Bevölkerungswissenschaften sind sich demgegenüber erst in jüngerer Zeit der räumlichen Dimension der Bevölkerungsentwicklung stärker bewußt geworden. Das gilt insbesondere im Hinblick auf Bevölkerungswanderungen die alle örtlichen Bevölkerungsbewegungen von Jahr zu Jahr stärker bestimmen als die natürlichen Bevölkerungsbewegungen durch Geburt und Tod.

Die folgenden Ausführungen zum Wanderungsverhalten der Gocher Wohnbevölkerung in den siebziger Jahren sind nicht als Beitrag zur Theorie der regionalen Mobilität, sondern als empirische Studie zu den Fragen nach Umfang und Verflechtung, Richtung und Reichweite von Wanderungen klein- und mittelstädtischer Bevölkerungen in ländlichen Räumen gedacht.

1. Der Wanderungsbegriff und das Datenmaterial zur Erfassung von Wanderungen

Es gibt verschiedene Definitionen des Begriffes Wanderung, doch ist ihnen allen das Moment der Ortsveränderung eigen. Das Statistische Bundesamt versteht unter Wanderung gleichsam amtlich einen Wohnungswechsel von einer Gemeinde zu einer anderen[1], während viele Autoren den Begriff auch auf Wohnungswechsel innerhalb einer Gemeinde, ja bisweilen sogar auf Wohnungswechsel innerhalb eines Hauses ausweiten[2]. Dieser Studie liegt eine Definition der letztgenannten Art zugrunde: Unter Wanderung wird ein Wohnungswechsel verstanden, dessen Zielgebiet oder/und Herkunftsgebiet in der untersuchten Gemeinde liegt. Es werden hier also nicht nur die Zuzüge aus anderen Gemeinden und die Fortzüge in andere Gemeinden, sondern auch die Umzüge in und zwischen den Wohnplätzen der Gemeinde berücksichtigt. Eine Untersuchung auf dieser Grundlage hat gegenüber einer solchen auf der Grundlage der amtlichen Definition den großen Vorteil, daß sie das gesamte Wanderungsgeschehen, soweit es überhaupt aktenkundlich wird, erfaßt und so eine Feinanalyse der wanderungsbestimmten Bevölkerungsentwicklung ermöglicht.

Allerdings erfordert ein solches Vorgehen schon bei einer Gemeinde von der Größe der Stadt Goch (1978: 28.593 Einwohner) die statistische Aufbereitung von 2-3000 hand- oder maschinenschriftlich ausgefüllten Anmeldungs-, Abmeldungs- und Ummeldungsformularen. Diese kurz Meldescheine genannten Formulare enthalten - abgesehen von den bei der statistischen Aufbereitung nicht übertragenen Namen und Vornamen - Angaben über Geschlecht, Alter, Familienstand, Geburtsort, Konfession, Beruf[3], Staatsangehörigkeit, 2. Wohnsitz sowie Herkunfts- und Zielanschrift. Die beiden letztgenannten Angaben sind im Rahmen geographischer Untersuchungen von Bevölkerungswanderungen besonders wichtig, weil nur sie die Verortung der übrigen Angaben ermöglichen und so beispielsweise eine sich anbahnende starke Überalterung bestimmter Stadtteile oder Wohnplätze, eine beginnende Ghettobildung oder auch eine der Stadtentwicklungsplanung entgegenlaufende Bevölkerungsverschiebung anzeigen[4].

Als kleinste zu untersuchende Einheit ist hier der Wohnplatz gewählt worden. Die Unterteilung in Wohnplätze ist jedoch nicht beim eigentlichen Untersuchungsgebiet, der Stadt Goch, stehengeblieben. Auch die Gemeinden eines weiten Umlandes sind in diese Untersuchung nicht nur in ihrer kommunalen Ganzheit, sondern

---

1) Statistisches Bundesamt, 1980, S.4.

2) Vgl. hierzu u.a. HORSTMANN 1969, S.43-64, LEE 1972, S.115-129 und BOUSTEDT 1975, S.114-115.

3) Die Ummeldungsformulare enthalten diese Angabe nicht.

4) Bei der Aufbereitung der von den Städten und Gemeinden weitergeleiteten Meldefälle durch die Statistischen Landesämter werden in der Regel nur die Angaben über Alter, Geschlecht, Familienstand und Staatsangehörigkeit der Wandernden ausgewertet, nicht auch die über die Herkunfts-Zielgemeinden. Desgleichen enthalten auch die seit einigen Jahren monatlich über EDV erstellten Veränderungslisten der Städte und Gemeinden keine Angaben, über die Herkunftsorte der zuziehenden bzw. die Zielorte der fortziehenden Bevölkerung. Diese in mancher Hinsicht aufschlußreichen Quellen sind für Untersuchungen der vorliegenden Art daher kaum geeignet.

auch nach Wohnplätzen unterteilt eingegangen, weil so die Möglichkeit offengehalten werden konnte, auch zu Aussagen über die an den jeweiligen Kernen vorbeifließenden Bevölkerungsbewegungen zu kommen, zu Aussagen etwa über die Bevölkerungsbewegungen von Dorf zu Dorf, bei denen Gemeindegrenzen ohnehin keine besondere Rolle spielen, oder auch über Bevölkerungsbewegungen aus größeren Städten, die häufig nicht auf Mittelstädte wie Goch selbst, sondern auf dörfliche Wohnplätze derartiger Gemeinden gerichtet sind.

2. Der Umfang der Bevölkerungswanderungen in den Wohnplätzen der Stadt Goch

Die alte Stadt Goch, gegen Ende des Zweiten Weltkriegs stark zerstört, hatte erst um 1950 ihre Vorkriegsbevölkerungszahl von knapp 14.000 Einwohnern wieder erreichen können. Bis zur kommunalen Neugliederung vom 30.6.1969 wuchs diese auf 16.567 Einwohner an, doch kamen jetzt als neue Stadtteile Pfalzdorf mit 4.820, Asperden mit 1.683, Hassum mit 1.394, Kessel mit 1.187, Nierswalde mit 774, Hülm mit 677 und Hommersum mit 466 Einwohnern hinzu[5]. Diese inbegriffen hatte die Stadt Goch in ihren neuen Grenzen jetzt, kurz vor Beginn des hier untersuchten Zeitraums, eine Gesamtbevölkerung von 27.568 Einwohnern[6], die bis 1978, dem Ende des Untersuchungszeitraumes auf 28.593 Einwohner angewachsen war[7]. Dieses Bevölkerungswachstum ist bis 1971 in erster Linie von Geburtenüberschüssen und erst in zweiter Linie von Zuzugsüberschüssen getragen gewesen, von 1974 an jedoch nur von Zuzugsüberschüssen[8].

Tab. 1: Die Gesamtwanderungsbilanz der Stadt Goch in den Jahren 1970-78 nach Wohnplätzen

Stadtteil	Außenwanderung (An-u.Abmeldungen)			Binnenwanderung (Ummeldungen)			Gesamtwanderung		
	An	Ab	Salden	An	Ab	Salden	An	Ab	Salden
Goch	6046	5724	+ 322	11933	11899	+ 34	17979	17623	+ 356
Pfalzdorf	1440	1257	+ 183	1885	1918	- 33	3325	3175	+ 150
Asperden	503	419	+ 84	813	823	- 10	1316	1242	+ 74
Kessel	474	274	+ 200	481	446	+ 35	955	720	+ 235
Hassum	248	254	- 6	357	366	- 9	605	620	- 15
Nierswalde	295	250	+ 45	270	229	+ 41	565	479	+ 86
Hülm	222	178	+ 44	223	263	- 40	445	441	+ 4
Hommersum	123	110	+ 13	212	230	- 18	335	340	- 5
Stadt Goch	9351	8466	+ 885	16174	16174	± 0	25525	24640	+ 885

Quelle: Zusammengestellt nach den An-, Ab- und Ummeldungsoriginalen des Einwohnermeldeamtes der Stadt Goch

Die Bedeutung, die die Wanderungen in diesem Zusammenhang gehabt haben, deckt zusammenfassend Tab. 1 auf. Demnach sind in den Wohnplätzen der Stadt Goch von 1970-78 25.525 Anmeldungen und 24.640 Abmeldungen zu verzeichnen gewesen. Diese Zahlen kommen beide recht nahe an die Einwohnerzahl von 28.593 (1978) heran und die aus ihnen ableitbaren Mobilitätsziffern (Jahressummen der Anmeldungen bzw. Abmeldungen pro 1000 Einwohner x 100) von 9,9 bzw. 9,6 entsprechen eigentlich eher großstädtischen als ländlichen Verhältnissen. Die Gewinne aus der Außenwanderung von 885 Personen für die gesamte Stadt (Zuwachs: 3,2%) sind in Anbetracht der hohen Mobilität nicht besonders groß, doch wirken sie sich in einigen der kleineren Wohnplätze zusammen mit den Gewinnen aus der Binnenwanderung doch sehr erheblich aus. So ist - ohne Berücksichtigung der Geburtenüberschüsse aus den frühen siebziger Jahren und den seitherigen Sterbeüberschüssen - die Wohnbevölkerung von Pfalzdorf und Asperden durch überwiegende Zuwanderungen um 3,1% bzw. 4,4% und die von Nierswalde und Kessel sogar um 11,1 bzw. 19,8% gewachsen, während der Hauptwohnplatz Goch mit

5) Statistisches Landesamt, 1972, S.19.

6) ebenda.

7) Statistisches Bundesamt, 1979, S. 196

8) ENZEL, 1978, S. 17ff.

einem Wanderungsgewinn von 356 Personen nur einen Zuwachs von 2,1% erfahren hat. Dies deutet darauf hin, daß das Wanderungsgeschehen im Raum Goch, auch über die Binnenwanderung hinaus, sehr stark wohnplatzorientiert und kaum arbeitsplatzorientiert ist. Ein Vergleich der Binnenwanderungssalden der einzelnen Wohnplätze mit deren Außenwanderungssalden unterstreicht dies. Trotz des wesentlich größeren Umfangs der Binnenwanderungen (16.174 Fälle gegenüber 9.351 bzw. 16.174 Fälle gegenüber 8.466) verändern diese die Bevölkerungszahl der einzelnen Wohnplätze wesentlich weniger als die der Außenwanderer, weil die meisten Binnenwanderer die Grenzen ihres jeweiligen Wohnplatzes offenbar nicht überschreiten. Addiert man nämlich die Binnenwanderungssalden unabhängig von ihrem Vorzeichen, so erhält man insgesamt 220 Fälle. Dem stehen, ebenfalls unabhängig von ihren Vorzeichen addiert, 891 Fälle bei den Salden der Außenwanderung gegenüber. Das bedeutet, daß die Einwohnerzahl der einzelnen Wohnplätze im Durchschnitt viermal so stark von Zuzugsüberschüssen aus anderen Städten und Gemeinden als von solchen aus anderen Wohnplätzen der Stadt selbst verändert werden.

3. Binnenwanderung und Außenwanderung: Weitere Vergleiche

Tab. 2, die die Binnenwanderungen der Jahre 1970-78 nach Wohnplätzen weiter aufschlüsselt, unterstreicht die zahlenmäßige Bedeutung der Umzüge am Wohnplatz: die am jeweiligen Wohnplatz verbleibenden Binnenwanderer (in Tab. 2 unterstrichen) machen insgesamt 12.425 Fälle oder 76% aller 16.174 Gocher Binnenwanderer aus. Nur 3.749 Personen oder 23,2% aller Binnenwanderer lösen sich innerhalb Gochs von ihrem alten Wohnplatz. Von diesen lassen sich 1.553 im Wohnplatz Goch, dem Kern der Stadt nieder (vgl. Tab. 2, Sp. Goch:

Tab. 2: Die Binnenwanderung (Umzüge) der Wohnbevölkerung der Stadt Goch in den Jahren 1970-78 nach Wohnplätzen

Von \ Nach	Goch	Pfalzd.	Asperd.	Kessel	Hassum	Niersw.	Hülm	Hommers.	
Goch	10380	806	289	136	62	70	83	73	11899
Pfalzdorf	793	923	90	29	27	41	13	2	1918
Asperden	315	61	355	13	32	19	18	10	823
Kessel	110	21	6	265	16	3	9	16	446
Hassum	93	13	28	15	190	5	6	16	366
Nierswalde	56	25	12	0	6	130	0	0	229
Hülm	112	14	23	11	2	0	94	7	263
Hommersum	74	22	10	12	22	2	0	88	230
	11933	1885	813	481	357	270	223	213	16174

Quelle: Zusammengestellt nach den Ummeldungsoriginalen des Einwohnermeldeamtes der Stadt Goch

11.933 - 10.380 = 1.553). Diesen stehen jedoch 1.519 Binnenwanderer gegenüber, die den Wohnplatz Goch verlassen und sich in einem der Dörfer der Stadt niederlassen (vgl. Tab. 2, Zeile Goch: 11.899 - 10.380 = 1.519). Der Kern der Stadt hat also als Ergebnis des Bevölkerungsaustausches mit seinen Dörfern nur einen sehr bescheidenen Gewinn von 34 Personen aufzuweisen. Das ist insofern sehr erstaunlich, als die Standorttreue der Binnenwanderer in den Dörfern sehr viel schwächer ausgeprägt ist als die der Binnenwanderer am Hauptwohnplatz Goch. Während nämlich im Durchschnitt nur 47% der dörflichen Binnenwanderer bei einem Umzug an ihrem Wohnplatz verbleiben, gilt das von 87% der im engeren Sinne städtischen Binnenwanderer (vgl. Tab. 2, Sp. Goch: 10.380 : 11.933 = x : 100; x = 86,98). Die umziehenden Dorfbewohner des Stadtgebietes sind im hier angesprochenen Zusammenhang also wesentlich mobiler als die eigentlichen Stadtbewohner.

Zum weiteren Verständnis der Zusammenhänge muß der Bevölkerungsaustausch zwischen dem Hauptwohnplatz und den Nebenwohnplätzen in weiteren Einzelheiten untersucht werden. Insbesondere ist die Frage zu stellen, welche Dörfer in der Binnenwanderung Bevölkerungsgewinne und welche Bevölkerungsverluste aufzuweisen haben.

Hierzu ergibt sich aus Tabelle 2, daß der Hauptwohnplatz Goch an die Wohnplätze Pfalzdorf, Kessel und Nierswalde per Saldo 53 Personen verliert, aus den Wohnplätzen Asperden, Hassum, Hülm und Hommersum hingegen 87 Personen hinzugewinnt (vgl. auch Tab.1, Zeile Goch, Sp. Salden der Binnenwanderung). Im Stadtgebiet von Goch laufen in der Binnenwanderung also zwei gegenläufige Prozesse ab, ein Konzentrationsprozess, der aus den Wohnplätzen Asperden, Hassum, Hülm und Hommersum gespeist wird, und ein Dekonzentrationsprozess, der auf die Wohnplätze Pfalzdorf, Kessel und Nierswalde gerichtet ist. Beide heben sich praktisch gegeneinander auf und laufen insoweit auch der derzeitigen Stadtentwicklungsplanung entgegen, denn die möchte die weitere Siedlungsentwicklung vor allem am Hauptwohnplatz Goch vonstatten gehen sehen[9].

Ein Nachlassen der Kräfte, die die Dekonzentrationskomponente dieses Prozesses bestimmen, ist vorerst höchstens im Falle von Nierswalde zu erwarten, da die meisten vollwertig erschlossenen Grundstücke bereits bebaut sind und eine weitere Bebauung größere infrastrukturelle Vorleistungen voraussetzt. Werden diese nicht erbracht, wird sich die weitere Binnenwanderung an diesem Wohnplatz im wesentlichen nur noch in der vorhandenen Bausubstanz abspielen können. Eher ist ein Nachlassen der Kräfte zu erwarten, die die Konzentrationskomponente dieses Prozesses bestimmen, denn das im Rahmen der Binnenwanderung umzugsbereite Bevölkerungspotential erschöpft sich immer mehr und umziehende Großfamilien geben schon seit Jahren den kleineren, selbst den stagnierenden Wohnplätzen einen deutlichen Vorrang vor dem Hauptwohnplatz Goch. Wenige Zahlen können dies belegen[10]. Der Hauptwohnplatz Goch, 1970 mit 60% an der Gesamtbevölkerung der Stadt beteiligt, hat in den Jahren 1970-78 zwar 78,7% der einzeln umziehenden Binnenwanderer im Stadtgebiet an sich ziehen können, aber nur 58,3% der umziehenden Binnenwanderer in Haushalten von sieben und mehr Personen. Die übrigen wachsenden Stadtteile, die Wohnplätze Pfalzdorf, Kessel und Nierswalde, 1970 mit einem Anteil von 24,6% an der Wohnbevölkerung der Stadt, haben in den Jahren 1970-78 zwar nur 13,6% der einzeln umziehenden Binnenwanderer im Stadtgebiet an sich ziehen können, aber 19,9% der Umziehenden in Haushalten von sieben und mehr Personen. Noch deutlichere Diskrepanzen ergeben sich bei den schrumpfenden Stadtteilen, den Wohnplätzen Asperden, Hassum, Hülm und Hommersum, die 1970 einen Anteil von nur 15,4% an der Wohnbevölkerung der Stadt gehabt haben. Sie haben in den Jahren 1970-78 zwar nur 7,7% der einzeln umziehenden Binnenwanderer an sich ziehen können, also nur die Hälfte dessen, was ihrem Anteil an der Bevölkerung der Stadt entspricht aber 22,6% der Binnenwanderer in Haushalten von sieben und mehr Personen, also wesentlich mehr als das,was ihrem Anteil an der Wohnbevölkerung der Stadt entspricht.

Den oben erwähnten Zahlenverhältnissen ist zu entnehmen, daß die Binnenwanderung selbst bei kleinen Salden, bei geringen zahlenmäßigen Veränderungen, erhebliche Auswirkungen auf die qualitative Zusammensetzung der jeweiligen Wohnplatzbevölkerung hat, gehören die Zuwanderer doch zu erheblichen Teilen anderen Alters-, Sozial- und Berufsgruppen an als die Fortwandernden und die Zuwandernden bzw. Fortwandernden an diesem Wohnplatz wiederum zu anderen Gruppen als an jenen. Entscheidend für das Ausmaß dieser selektiven Veränderung sind nicht die Binnenwanderungssalden, sondern das Binnenwanderungsvolumen, und dieses ist im Falle der Stadt Goch, bei einer Bevölkerung von 28.593 (1978), mit 16.174 Wanderungsfällen in neun Jahren recht groß.

Abb. 1 verdeutlicht die selektive Wirkung der Wanderungen am Beispiel der Wohnplätze Goch und Pfalzdorf, deren Salden aus Binnenwanderung, Außenwanderung und Gesamtwanderung hier für die Jahre 1970-74 nach Fünfjahrgangsgruppen geordnet sind. Goch zeigt in dieser Zeit in der Binnenwanderung einen Verlust von insgesamt 88 Personen, der jedoch aus Gewinnen und Verlusten in den einzelnen Fünfjahrgangsgruppen zusammengesetzt ist. Ein Gewinnüberhang ist hier bei den 15 bis 24-jährigen und den über 45-jährigen, ein Verlustüberhang bei den 25 bis 44-jährigen und deren 0 bis 14-jährigen Kindern festzustellen. Da diese Gewinne und Verluste im geschlossenen System der Binnenwanderung auftreten, müssen sie spiegelbildlich in der Summe der anderen Wohnplätze der Stadt wiederzufinden sein: Die Verluste Gochs als Gewinne und die Gewinne als Verluste. Den größten Teil der Verluste Gochs hat Pfalzdorf als Gewinne aufgenommen und den größten Teil seiner eigenen Verluste an Goch als dessen Gewinn abgegeben.

---

9) Vgl. hierzu STADT GOCH: Stadtentwicklungsplan und Flächennutzungsplan, Teil 3 (Gesamtstadt: Prognosen und Planungen), 1972, sowie STADT GOCH: Flächennutzungsplan der Stadt Goch 1980. Erläuterungsbericht 1972.

10) Vergleichszahlen der Gesamtbevölkerung aus Statistisches Landesamt, 1972, S.14-17.

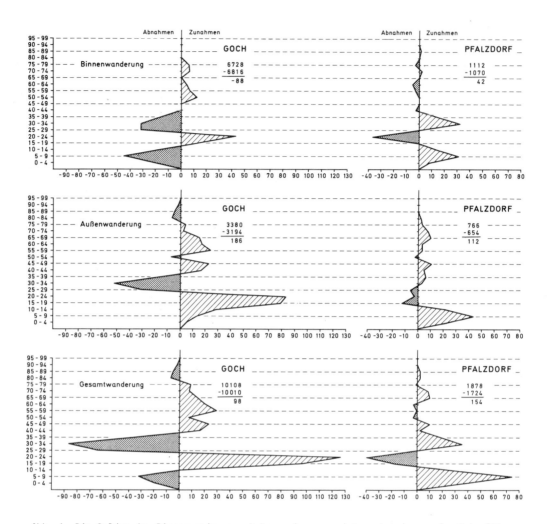

Abb. 1: Die Salden der Binnenwanderung, Außenwanderung und Gesamtwanderung der Wohnplätze
Goch und Pfalzdorf der Stadt Goch in den Jahren 1970-74 nach Fünfjahrgangsgruppen

Quelle: Zusammengestellt und berechnet nach den Anmeldungs- Abmeldungs- und Ummeldungsoriginalen der Stadt Goch

Die in den Ummeldeformularen enthaltenen Informationen erlauben es, die qualitative Analyse wesentlich weiter zu treiben. Ohne dies hier im einzelnen zu belegen, sei erwähnt, daß die aus Goch in den Jahren 1970-74 fortziehenden Binnenwanderer vor allem als Mitglieder von Drei- bis Siebenpersonenhaushalten deutscher und - quantitativ nicht ins Gewicht fallend - niederländischer Staatsangehörigkeit[11] nach Pfalzdorf und daneben auch nach Asperden, Kessel und Nierswalde gegangen sind, während die von dort zuziehenden Binnenwanderer vor allem Einzelwanderer deutscher Nationalität und,wenn auch in wesentlich geringerem Umfang, jüngere Personen aus den sogenannten Gastarbeiterländern gewesen sind.

Im mittleren Abschnitt von Abb. 1 sind die Salden der Außenwanderung beider Wohnplätze nach den gleichen Gesichtspunkten wie oben die der Binnenwanderung dargestellt. Da das System der Außenwanderung anders als das der Binnenwanderung nicht geschlossen ist - die Zuwanderer nach Goch etwa können u.a. aus ganz anderen Gemeinden kommen als die nach Pfalzdorf - sind annähernd spiegelbildliche Entsprechungen der Zuzüge hier und der Fortzüge dort kaum zu erwarten. Dennoch besteht begründeter Anlaß zu der Vermutung, daß zwischen den altersmäßig geordneten Binnenwanderungs- und Außenwanderungssalden tatsächlich gewisse Entsprechungen bestehen. Warum sollten nämlich die 15 bis 24-jährigen jungen Leute den Wohnplatz Pfalzdorf nur als Binnenwanderer nach Goch und nicht auch als Außenwanderer in andere Gemeinden mehrheitlich verlassen? Ähnli-

---

11) Niederländer in der Grenzstadt Goch können in der Regel wie Deutsche als Einheimische angesehen werden.
Sie unterscheiden sich auch in ihrem Wanderungsverhalten kaum von Deutschen vergleichbarer Gruppenzugehörigkeiten.

ches ist von den Zuwandernden zu erwarten. Wenn schon viele Familien mit Kindern aus Goch in Pfalzdorf zuziehen, warum denn nicht auch solche etwa aus den Nachbargemeinden Uedem oder Weeze?

Abb. 1 bestätigt die Vermutung weitgehend. Pfalzdorf hat auch in der Außenwanderung bei den Kindern, den 0 bis 14-jährigen, erhebliche Gewinne und bei den Jugendlichen und jungen Leuten, den 15 bis 29-jährigen, wenn auch nicht in großem Umfang, Verluste aufzuweisen. Entsprechendes gilt von Goch, das auch in der Außenwanderung bei den 25 bis 44-jährigen starke Einbußen hinzunehmen hat, bei den Kindern, den 0 bis 14-jährigen, und insbesondere bei den 15 bis 24-jährigen jungen Leuten jedoch erhebliche Gewinne verzeichnen kann. Diese Gewinne kommen vor allem durch einen starken Zufluß von Gastarbeiterfamilien mit Kindern und, wie im Falle der Binnenwanderung, durch 15 bis 24-jährige deutsche Einzelwanderer zustande. Die Gewinne bei den über 44-jährigen, insbesondere aber bei den über 55-jährigen, sind vor allem auf Zuwanderer aus dem Ruhrgebiet zurückzuführen, die zum Teil Rückwanderer sind. Eine Überprüfung der Geburtsorte, die ja auch in den Anmeldeformularen enthalten sind, zeigt nämlich, daß bei einer großen Zahl dieser meist als kinderlose Ehepaare zuziehenden Personen zumindest einer der Partner aus Goch oder einer der Nachbargemeinden stammt.

Die Darstellung der Gesamtwanderung im unteren Abschnitt von Abb. 1 faßt die Ergebnisse der Binnenwanderungs- und Außenwanderungssalden zusammen. Dabei zeigt sich, daß der Wohnplatz Goch gegenüber dem Wohnplatz Pfalzdorf bei einem wesentlich größeren Wanderungsvolumen (20.118 gegenüber 2.602 Zu- und Fortzüge einen deutlich geringeren Wanderungsgewinn zu verzeichnen gehabt hat, nämlich nur 98 gegenüber 154 Personen. Dieser kleinere Wanderungsgewinn setzt sich in den einzelnen Fünfjahrgangsgruppen aus sehr viel größeren Gewinnen einerseits und Verlusten andererseits zusammen als in Pfalzdorf, wo diese Zahlenverhältnisse sehr viel ausgeglichener sind. Trotz dieser Unterschiede stehen sich die Gesamtwanderungssalden von Goch und Pfalzdorf jedoch qualitativ, wenn auch nicht quantitativ, spiegelbildlich gegenüber: In den Fünfjahrgangsgruppen, in denen der erstgenannte Wohnplatz die größeren Verluste aufzuweisen hat, zeigt der letztgenannte die größeren Gewinne und umgekehrt.

4. Hauptwohnplätze und Nebenwohnplätze in der Nahbereichswanderung

Im weiteren Verlauf der siebziger Jahre hat Goch in der Außenwanderung stark aufgeholt, ja praktisch alle übrigen Städte und Gemeinden der alten Landkreise Kleve und Geldern überholt, was seinen Bevölkerungsaustausch mit diesen anbetrifft. Die eine oder andere dieser übrigen Städte und Gemeinden mag ihren Austauschverlust mit Goch zwar durch Austauschgewinne mit anderen Städten und Gemeinden wieder wettgemacht haben, doch steht Goch dem hier angesprochenen Beziehungsfeld fast ohne negative Wanderungssalden da, und selbst die Kreisstadt Kleve und die ehemalige Kreisstadt Geldern müssen im Bevölkerungsaustausch mit Goch Verluste hinnehmen.

Tab. 3 schlüsselt die bei der Gocher Außenwanderung auftretenden Gewinne und Verluste für den Nahbereich (frühere Landkreise Kleve und Geldern) näher auf. Die An- und Abmeldungen sowie die Salden sind hier für den Wohnplatz Goch (Goch A), die übrigen sieben Wohnplätze (Goch B) und die Stadt Goch getrennt ausgewiesen, um ein möglichst genaues Raumbild der Zu- und Abwanderungen zu erhalten. Aus dem gleichen Grunde ist bei allen am Bevölkerungsaustausch beteiligten Städten und Gemeinden des Nahbereichs zwischen Wohnplätzen A und B unterschieden worden, wobei A stets für den jeweiligen Hauptwohnplatz und B für die Summe der jeweiligen Nebenwohnplätze steht.

Die Salden der Ergebnisse des Bevölkerungsaustausches mit den zwölf anderen Gemeinden zeigen, daß die Stadt Goch im Nahbereich eine sehr starke Stellung einnimmt. Sieht man einmal von den belanglosen, weil auf sehr geringen Wanderungsvolumina beruhenden Ausnahmen von Straelen und Kerken ab, so hat die Stadt Goch nur positive Wanderungssalden mit den Städten und Gemeinden des Nahbereichs aufzuweisen. Über die Hälfte seines Außenwanderungsgewinns von 452 Personen aus diesem Raum erhält Goch aus den Nachbargemeinden Kleve und Weeze, wobei die letztgenannte Gemeinde im Untersuchungszeitraum 1970-78 per Saldo über ein Prozent (1,19%) seiner Wohnbevölkerung von 1970 an Goch verliert. Hinsichtlich der Frage nach der Siedlungsentwicklung im Stadtgebiet von Goch sind vor allem die Wanderungsgewinne des Hauptwohnplatzes von 299 und der Nebenwohnplätze von 153 Personen. Diese Zahlen entsprechen in etwa den Anteilen beider an der Einwoh-

Tab. 3: Die Außenwanderungsverflechtungen der Stadt Goch mit den Städten und Gemeinden des Nahbereichs (Gebiet der Altkreise Kleve und Geldern) in den Jahren 1970-78

	Goch A			Goch B			Stadt Goch			
	An	Ab	Saldo	An	Ab	Saldo	An	Ab	Saldo	Salden A + B
1 Weeze A	353	306	+ 47	101	89	+ 12	454	395	+ 59	
2 Weeze B	41	21	+ 20	59	31	+ 28	100	52	+ 48	+ 107
3 Uedem A	192	144	+ 48	77	77	± 0	269	221	+ 48	
4 Uedem B	14	19	- 5	16	10	+ 6	30	29	+ 1	+ 49
5 Bedburg-Hau A	117	90	+ 27	138	160	- 22	255	250	+ 5	
6 Bedburg-Hau B	23	18	+ 5	48	48	± 0	71	66	+ 5	+ 10
7 Kleve A	604	564	+ 40	590	557	+ 33	1194	1121	+ 73	
8 Kleve B	63	34	+ 29	65	40	+ 25	128	74	+ 54	+ 127
9 Kranenburg A	82	72	+ 10	103	82	+ 21	185	154	+ 31	
10 Kranenburg B	6	8	- 2	14	17	- 3	20	25	- 5	+ 26
11 Kalkar A	170	142	+ 28	62	47	+ 15	232	189	+ 43	
12 Kalkar B	46	36	+ 10	23	34	- 11	69	70	- 1	+ 42
13 Kevelaer A	158	125	+ 33	43	34	+ 9	201	159	+ 42	
14 Kevelaer B	32	21	+ 11	30	21	+ 9	62	42	+ 20	+ 62
15 Geldern A	71	67	+ 4	22	26	- 4	93	93	± 0	
16 Geldern B	16	5	+ 11	32	16	+ 16	48	21	+ 27	+ 27
17 Kerken A	6	16	- 10	14	8	+ 6	20	24	- 4	
18 Kerken B	7	7	± 0	1	1	± 0	8	8	± 0	- 4
19 Issum A	17	13	+ 4	17	3	+ 14	34	16	+ 18	
20 Issum B	0	0	± 0	1	0	+ 1	1	0	+ 1	+ 19
21 Straelen A	9	16	- 7	7	8	- 1	16	24	- 8	
22 Straelen B	0	4	- 4	0	1	- 1	0	5	- 5	- 13
23 Wachtendonk A	0	0	± 0	0	0	± 0	0	0	± 0	
24 Wachtendonk B	0	0	± 0	0	0	± 0	0	0	± 0	± 0
A	1779	1555	+ 224	1174	1091	+ 83	2953	2646	+ 307	
B	248	172	+ 75	290	219	+ 70	538	391	+ 145	
A + B	2027	1727	299	1464	1310	+ 153	3491	3037	+ 452	+ 452

Quelle: Zusammengestellt nach den An- und Abmeldungsoriginalen des Einwohnermeldeamtes der Stadt Goch

Anmerkung: A = jeweilige Hauptwohnplätze, B = jeweilige Nebenwohnplätze

nerzahl der gesamten Stadt, und sie zeigen erneut, daß die von Seiten der Planung geforderte Konzentration der Entwicklung auf den Hauptwohnplatz in den siebziger Jahren nicht hat verwirklicht werden können. Entscheidenden Anteil an der tatsächlichen Entwicklung hat die Kreisstadt Kleve, aus der über 40% der in die Nebenwohnplätze von Goch zuziehenden Personen stammen, nämlich 590 von 1.464 Personen (vgl. Großspalte Goch B, Sp. An). Kleve nimmt zwar auch 557 von 1.310 Personen aus den Nebenwohnplätzen von Goch auf, doch handelt es sich hierbei um eine Gruppe, die mehrheitlich einen wesentlich geringeren Einfluß auf die Siedlungsentwicklung ausübt als die oben angesprochene Gegengruppe. Bei den in die Nebenwohnsitze von Goch zuziehenden 590 Personen handelt es sich nämlich in erster Linie um Ehepaare mit Kindern, die ein preiswertes, ihnen gefälliges Baugrundstück gesucht und - vor allem in den Wohnplätzen Kessel und Nierswalde - gefunden, bebaut und bezogen haben. Unter den aus den Nebenwohnsitzen von Goch fortziehenden Personen hingegen herrschen - wie in der Binnenwanderung in den Hauptwohnplatz Goch - die 15 bis 24-jährigen Einzelwanderer vor, deren Fortzug wohl eher ausbildungsplatz- oder arbeitsplatzorientiert als wohnplatzorientiert ist.

Auch die Aufschlüsselung der Herkunfts- und Zielgebiete der aus dem bzw. in den Nahbereich von Goch zuziehenden bzw. fortziehenden Personen nach Hauptwohnplätzen A und Nebenwohnplätzen B ist aufschlußreich. Hier sei vor allem auf die drei letzten Zeilen der Tab. 3 Bezug genommen. In die Stadt Goch (vgl. Großspalte Stadt Goch, Sp. An) wandern aus dem Nahbereich 3.491 Personen, davon 2.973 oder 84,6% aus den Haupt-wohnplätzen des Gebietes und nur 538 oder 15,4% aus den Nebenwohnplätzen, obwohl deren Anteile an der Ge-bietsbevölkerung 1970 57,0% (86.066 Personen) und 43,0% (64.862 Personen) betragen haben. Diese Zahlenver-hältnisse machen deutlich, daß die Wanderungsimpulse wesentlich stärker von den städtisch geprägten als von den ländlich geprägten Wohnplätzen ausgehen. Die entsprechenden Wanderungssalden für den Hauptwohnplatz Goch ergeben, daß 87,8% der Zuzüge aus den Hauptwohnplätzen A des Gebietes und nur 12,2% aus den Nebenwohn-plätzen B kommen, und für die Nebenwohnplätze von Goch ergibt sich, daß 80,2% der Zuzüge aus den A-Orten und 19,2% aus den B-Orten stammen.

Noch stärker städtisch ausgerichtet sind die Fortzüge aus Goch in den Nahbereich. Für die gesamte Stadt Goch gilt, (vgl. Großspalte Stadt Goch, Sp. Ab) daß 2.646 von 3.037 Personen oder 87,1% (Hauptwohnplatz Goch 90,0% und Nebenwohnplätze Goch 83,3%) der Fortziehenden in die Wohnplätze A des Gebietes und nur 391 von 3.037 Personen oder 12,3% (Hauptwohnplatz Goch 10,0% und Nebenwohnplätze Goch 16,7%) in die Wohnplätze B des Gebietes ziehen. Wenn man also schon von Goch in den Nahbereich zieht, dann in erster Linie in die Hauptwohnplätze des Gebietes. Hierbei läßt sich eine deutliche Nachbarschafts- und Altkreisorientierung der fortziehenden Bevölkerung feststellen. Geht man nämlich die Fortzugswerte für die Stadt Goch in alle Wohn-plätze A durch, so ergibt sich, daß die Wohnplätze A der Städte und Gemeinden Weeze, Uedem, Bedburg-Hau, Kleve, Kranenburg und Kalkar mit einem Anteil von 31,97% an der Gebietsbevölkerung 76,72% der Gocher Zu-wanderer aufnehmen, während die Wohnplätze A der Städte und Gemeinden Kevelaer, Geldern, Kerken, Issum, Straelen und Wachtendonk mit einem Anteil von 25,06% an der Gebietsbevölkerung nur 10,41% der Gocher Zuwan-derer aufnehmen. Ähnliche Werte ergeben sich auch bei der Überprüfung der Herkunft der nach Goch aus den Wohnplätzen A des Nahbereichs zuziehenden Bevölkerung: 74,16% kommen aus den Wohnplätzen A des eben erstge-nannten Gebietes und nur 10,22% aus denen des eben letztgenannten Gebietes. Der Altkreis Kleve, vermehrt um die schon seit Jahrzehnten eher nördlich orientierte Gemeinde Weeze, erweist sich auch hier als ein sehr eng verflochtenes Gebiet, das mit dem Altkreis Geldern, vermindert um die Gemeinde Weeze, nur schwach ver-bunden ist.

5. Wanderungsverflechtungen mit Gebietseinheiten des Landes, des übrigen Bundesgebietes und des Auslandes

Tab. 1 hatte den gesamten Außenwanderungsgewinn der Stadt Goch in den Jahren 1970-78 mit 885 Personen aus-gewiesen, von denen Tab. 3 zufolge über die Hälfte, nämlich 452 Personen aus dem Nahbereich, den früheren Kreisen Kleve und Geldern stammen. Zu klären bleibt noch, aus welchen Gebieten die restlichen Außenwande-rungsgewinne kommen, und gegebenenfalls auch, in welche Gebiete mögliche Außenwanderungsverluste geflossen sind. Diesem Ziel dient Tab. 4, die wiederum zwischen dem Hauptwohnplatz und den Nebenwohnplätzen der Stadt Goch sowie der Stadt Goch insgesamt unterscheidet und deren Außenwanderungsverflechtungen mit sechs wichti-gen Teilräumen aufzeigt, nämlich mit dem Nahbereich, den Ruhrgebietsstädten, den übrigen kreisfreien Städ-ten des Landes, den übrigen Kreisen des Landes, dem übrigen Bundesgebiet und dem Ausland. Die Grundlage auch dieser Tabelle ist die aus den An- und Abmeldungsoriginalen des Einwohnermeldeamtes erstellte Gocher Gesamtwanderungstabelle, die jeden einzelnen Wanderungsfall mit allen in den Meldescheinen enthaltenen An-gaben über die Postleitzahlen gemeindegenau festhält. Tab. 4 ist also nur die Zusammenfassung einer we-sentlich detaillierteren Gesamttabelle, die hier wegen ihres Umfanges nicht wiedergegeben werden kann, de-ren weiterführende Angaben jedoch zur Interpretation herangezogen werden.

Die letzte Tabellenzeile zeigt, wie schon Tab. 1, daß die kleineren Wohnplätze von Goch trotz ihres gerin-geren Anteils an der Gesamtbevölkerung der Stadt wesentlich höhere Außenwanderungsgewinne zu verzeichnen haben als der Wohnplatz Goch, nämlich 563 gegenüber nur 322 Personen. Die Stadt Goch und der Wohnplatz Goch haben mit jeweils drei der sechs hier unterschiedenen Teilräume z.T. erhebliche Gewinne, mit jeweils dreien aber auch erhebliche Verluste aufzuweisen, während die kleineren Wohnplätze zusammen mit allen sechs Teil-räumen nur Gewinne erzielen. Von der Nahbereichswanderung abgesehen haben die Wanderungen über die Grenzen der Bundesrepublik hinaus das größte Volumen (Anmeldungen + Abmeldungen) gehabt, doch haben sie dabei die geringsten Salden erbracht. Sieht man einmal von den Ergebnissen der natürlichen Bevölkerungsbewegung ab, so hat die Stadt Goch 1978 nur 13 Ausländer mehr als 1970 gehabt. Allerdings hat es innerhalb der Nationa-

Tab. 4: Die Außenwanderungsverflechtungen der Stadt Goch in den Jahren 1970-78 mit dem Nahbereich, dem übrigen Landesgebiet nach Teilräumen, dem übrigen Bundesgebiet und dem Ausland

	Goch A			Goch B			Stadt Goch		
	An	Ab	Saldo	An	Ab	Saldo	An	Ab	Saldo
1. Nahbereich (vgl.Tab.3)	2027	1727	+ 300	1464	1310	+ 154	3491	3037	+ 454
2. Ruhrgebietsstädte	908	474	+ 434	500	227	+ 273	1408	701	+ 707
3. Übrige kreisfreie Städte in Nordrhein-Westfalen	599	723	- 124	355	311	+ 44	954	1034	- 80
4. Übrige Landkreise in Nordrhein-Westfalen	644	825	- 181	415	361	+ 54	1059	1186	- 127
5. Übriges Bundesgebiet	833	951	- 118	315	279	+ 36	1148	1230	- 82
6. Ausland	1035	1024	+ 11	256	254	+ 2	1291	1278	+ 13
Zusammen (vgl.Tab.1)	6046	5724	+ 322	3305	2742	+ 563	9351	8466	+ 885

Quelle: Zusammengestellt nach den An- und Abmeldungsoriginalen des Einwohnermeldeamtes der Stadt Goch
Anmerkung: Goch A = Hauptwohnplatz Goch, Goch B = Nebenwohnplätze Goch

litäten größere Verschiebungen gegeben. Verloren hat Goch vor allem eine große Zahl Niederländer, gewonnen vor allem Italiener, Griechen und Portugiesen sowie Briten, die fast ohne Ausnahme Angehörige der auf dem Flugplatz Laarbruch in der Nachbargemeinde Weeze stationierten britischen Soldaten sind.

Den größten Wanderungsgewinn hat die Stadt Goch im Bevölkerungsaustausch mit den Städten des Ruhrgebietes zu verzeichnen, aus denen mehr als doppelt so viele Menschen zugezogen als dorthin fortgezogen sind, nämlich 1.408 gegenüber nur 701. Dieses Zahlenverhältnis ist wohl nur vor dem Hintergrund der nunmehr schon jahrzehntealten Strukturkrise dieses einstigen Kernraumes der deutschen Wirtschaft zu sehen. Aus dem Ruhrgebiet wandern nicht nur alljährlich mehr Menschen ab als dorthin zuziehen, es pendeln täglich auch mehr Erwerbstätige aus dem Ruhrgebiet heraus als dorthin einpendeln. Vermutlich sähe das Austauschverhältnis zwischen den Städten des Ruhrgebietes und der Stadt Goch für die erstgenannten noch ungünstiger aus, gäbe es nicht die Universitäten und Gesamthochschulen Bochum, Dortmund, Duisburg und Essen sowie andere überregionale Ausbildungsstätten, denn ein nicht unerheblicher Teil der sich in die Städte des Ruhrgebietes abmeldenden Personen gibt als Berufsbezeichnung Student an. Aber auch bei den übrigen in das Ruhrgebiet abwandernden Personen handelt es sich mehrheitlich um jüngere Menschen, vor allem um 25 bis 35-jährige, die offenbar in Goch oder von Goch aus ihre beruflichen Grundqualifikationen erworben haben, dort aber nach einigen Jahren kein Weiterkommen mehr finden.

Der Gegenstrom aus den Städten des Ruhrgebietes in die Stadt Goch ist zu wesentlichen Teilen aus ganz anderen Gruppierungen zusammengesetzt. Eine starke Gruppe bilden kinderlose Ehepaare mittleren oder fortgeschrittenen Alters, bei denen es sich - wie schon erwähnt - häufig um Rückwanderer handelt. Daneben sind aber auch jüngere Ehepaare mit Kindern nicht zu übersehen, die sich vor allem in den wachsenden Stadtteilen ihr Einfamilienhaus bauen oder aber sich in funktionslos gewordene landwirtschaftliche Anwesen einmieten oder diese aufkaufen, um bewußt ein ländlicheres Leben, gelegentlich auch verbunden mit einer Freizeittierhaltung, zu führen. Unter den Zuwanderern aus dem Ruhrgebiet sind sogar bäuerliche Familien, die ihre Höfe im Zuge von Flurbereinigungsverfahren für Stadterweiterungs- oder Straßenbaumaßnahmen haben verkaufen müssen und jetzt u.a. auf den niederrheinischen Höfemarkt drängen, wo sie zum Verkauf stehende Betriebe und auch Einzelflächen kaufen. Da sie als stadtverdrängte Bauern vergleichsweise großzügig abgefunden worden sind, können sie in aller Regel höhere Preise für Betriebe und Betriebsflächen zahlen als die einheimischen Landwirte. Es dürften in der siebziger Jahren zwar nicht mehr als fünf bis zehn stadtverdrängte bäuerliche Familien pro Gemeinde am unteren Niederrhein zugezogen sein, doch wirkt sich ihr Zuzug häufig noch viele Jahre auf dem Bodenmarkt aus, da sie ihre Flächenwünsche nicht von Anfang an in vollem

Umfang haben verwirklichen können und dies deshalb noch über Jahre tun. Mit dem Zuzug bestimmter Gruppen in die niederrheinischen Städte und Gemeinden sind also teilweise sogar flächendeckende, über Jahre anhaltende Auswirkungen verbunden. An der großen Zahl von 1.408 Personen gemessen, die von 1970-78 aus dem Ruhrgebiet nach Goch zugezogen sind und dort schon mehr als 5% der Stadtbevölkerung ausmachen, bilden sie jedoch trotz ihrer großen Wirkung auf den Bodenmarkt kaum eine Minderheit.

Mit den übrigen kreisfreien Städten des Landes, von Münster und Bielefeld abgesehen nur rheinische Groß-städte, haben Stadt und Wohnplatz Goch insgesamt Bevölkerungsverluste aufzuweisen, die kleineren Wohnplätze hingegen wiederum Bevölkerungsgewinne. Auch unter den Zuziehenden aus diesen Städten ist mit Hilfe des Kriteriums Geburtsort ein gewisser Anteil an Rückwanderern auszumachen, doch sind auch Ehepaare mit Kindern unter den Zuziehenden nicht zu übersehen. Von diesen hat eine relativ große Zahl eine mittlere oder höhere Berufsausbildung wie den Berufsangaben Technischer Zeichner, Medizinisch-Technische Assistentin, Kranken-pfleger, Ingenieur, Lehrer, Arzt usw. zu entnehmen ist. Die hohe Zahl von Zuwanderern, aber auch von Fort-wanderern, die im Gesundheitswesen tätig sind, hängt vermutlich mit der großen Landesheilanstalt im benach-barten Bedburg-Hau und der erwiesenermaßen großen Fluktuation gerade unter jüngeren, nachgeordneten Ärzten im ländlichen Raum zusammen. Sie kommen hier zunächst einmal in ihrem Beruf unter und bewerben sich dann von hier aus in die Räume ihrer eigentlichen Wahl.

Am Gegenstrom in die Städte des Rheinlandes sind vor allem 25 bis 45-jährige, beruflich meist qualifizierte Personen deutscher Nationalität, aber auch ungelernte und angelernte Arbeiter, jedoch fast nur ausländi-scher Nationalitäten, beteiligt. Seine größten Verluste im Bevölkerungsaustausch mit den rheinischen Groß-städten zeigt Goch - in dieser Reihenfolge - mit Köln, Bonn und Düsseldorf, während es seine Gewinne im Austausch mit dieser Städtegruppe bezeichnenderweise mit seinem Oberzentrum Krefeld und anderen Großstädten am Nordrande des rheinischen Industriegebietes wie Mönchengladbach und Rheydt erzielt. Die Wanderungsbe-ziehungen gerade zu Krefeld sind insofern mit denen zu den Ruhrgebietsstädten vergleichbar, als auch hier-hin in früheren Jahrzehnten viele Gocher auf der Suche nach Arbeit abgewandert sind und nun, gegen Ende ihres Arbeitslebens, in die Heimatstadt zurückkehren. Jedenfalls finden sich unter den Wanderern von Kre-feld nach Goch sehr viel mehr ältere Menschen als unter denen, die in der Gegenrichtung wandern. Über die-sen Zusammenhang hinaus verbietet es sich jedoch, die Wanderungsbeziehungen zu Krefeld mit denjenigen zu den Ruhrgebietsstädten zu vergleichen. Der Wanderungssaldo zwischen Goch und Krefeld ist nämlich mit einem. Mehr von nur 28 Personen für Goch recht klein, wenn auch das Volumen mit 510 Wanderern größer ist als das zwischen Goch und jeder anderen rheinischen Großstadt.

Das Wanderungsvolumen und auch die Wanderungssalden zwischen Goch und den Landkreisen sind größer als die zwischen Goch und den Großstädten. Der Wohnplatz Goch muß hier per Saldo den nicht unerheblichen Verlust von 181 Personen hinnehmen, während die kleineren Wohnplätze per Saldo wiederum Gewinne verzeichnen können, nämlich 54 Personen. Da die Landkreise in Tab. 4 nicht weiter unterteilt sind, wird ein wichtiger Tatbe-stand verdeckt, nämlich daß die wichtigsten Austauschpartner aus diesen Räumen nicht die ländlichen, son-dern die städtischen Gemeinden sind, insbesondere solche, die größer als Goch selbst sind, sowie frühere und derzeitige Kreisstädte wie Kempen, Viersen, Euskirchen und Düren, und weiterhin verstädterte Gemeinden im Umland von Großstädten wie Krefeld, Düsseldorf, Köln und Bonn.

Die aus dem übrigen Bundesgebiet zuziehenden wie auch die dorthin fortziehenden Personen zeigen ähnliche Merkmale wie die zwischen Goch und den Großstädten des Rheinlandes wandernden Personen, doch finden sich Lehrer und Angehörige vieler anderer Beamtengruppen kaum noch unter den Wandernden, ein wegen des föde-ralistischen Aufbaus unseres Staates kaum verwunderlicher Tatbestand. Auch fehlen im Wanderungsstrom in die übrige Bundesrepublik, wie auch im Gegenstrom, von der allerdings auch zahlenmäßig sehr bedeutenden Gruppe der Gastarbeiter abgesehen, ungelernten oder angelernten Berufen zuzuzählende Personen weitgehend. Die Ver-weildauer der aus dem übrigen Bundesgebiet nach Goch zuziehenden Personen scheint wesentlich kürzer zu sein als die der aus weniger großen Entfernungen zuziehenden Personen. Zahlenmäßig genau zu belegen ist dies nicht, doch ist bei der ursprünglichen Handauflistung der Daten aufgefallen, daß Fernwanderer offensicht-lich nicht so lange in Goch wohnen bleiben wie Nahwanderer. Zu dieser Gruppe gehören neben den Gastarbei-tern, die ja ohnehin sehr mobil sind, vermutlich auch viele Familienangehörige einschließlich der Bräute der in Goch und Umgebung stationierten Bundeswehrsoldaten.

Ein letzter, nicht ganz unbedeutender Unterschied zwischen den Zuwanderern aus dem übrigen Bundesgebiet und den Zuwanderern aus allen bisher angesprochenen Teilräumen des Landes ist,daß erstere den Wohnplatz Goch in sehr viel stärkerem Maße anwandern als letztere. Von den Wandernden aus dem Nahbereich wählen nur 58,1% den Wohnplatz Goch, von denen aus den übrigen Landkreisen 60,8%,von denen aus den übrigen kreisfreien Städten 62,8%,von denen aus dem Ruhrgebiet 64,4% und von denen aus dem übrigen Bundesgebiet 72,6%. Diese Zahlenverhältnisse werden wohl in erster Linie von den Verhältnissen am Gocher Wohnungsmarkt und der Kenntnis über diesen Wohnungsmarkt bestimmt. Jedenfalls ist die Annahme nicht unberechtigt, daß diejenigen am meisten auf Mietwohnungen angewiesen sind, die - unter sonst gleichen Bedingungen - aus den größten Entfernungen zuziehen. Mietwohnungen aber gibt es am Wohnplatz Goch in sehr viel größerer Zahl als in den kleineren Wohnplätzen der Stadt und dies gilt auch in relativer Hinsicht.

Daß diejenigen am meisten auf Mietwohnungen angewiesen sind, die - unter sonst gleichen Bedingungen - aus den größten Entfernungen kommen, wird noch einmal von den unmittelbar aus ihren Heimatländern zuziehenden Ausländern unterstrichen, von denen sich, weit überdurchschnittlich, sogar 80,2% am Wohnplatz Goch niederlassen. Die meisten dieser Ausländer sind Gastarbeiter, die hier arbeiten und eine Mietwohnung suchen, aber nicht Häuser erwerben oder gar bauen wollen. Das ist nach Lage der Dinge am Gocher Wohnungsmarkt in den kleineren Wohnplätzen nur sehr eingeschränkt möglich, da das ohnehin kleinere Angebot an Mietwohnungen hier vor allem von Einheimischen im weiteren Sinne, den Binnenwanderern und Nahbereichswanderern, und von bestimmten großstädtischen Zuwanderern in Anspruch genommen wird.

6. Die innerdeutschen Außenwanderungsbeziehungen in der Zusammenschau

Die bisherigen Ausführungen haben von den innerörtlichen Wanderungsbeziehungen der Stadt Goch über die des Nahbereichs bis hin zu den Außenwanderungsbeziehungen mit dem übrigen Inland und dem Ausland geführt.Dabei hat sich trotz wesentlicher Unterschiede im einzelnen die zu erwartende Tatsache ergeben, daß die Wanderungsintensität mit der Entfernung sehr rasch abnimmt. Das gilt grundsätzlich von Zuwanderungen und Abwanderungen, aber auch von den hier unterschiedenen Wohnplätzen, dem Hauptwohnplatz und den Nebenwohnplätzen der Stadt, in gleicher Weise. Bereits angesprochen, aber bislang noch nicht erörtert worden ist die Frage, wie Zuwanderungen und Abwanderungen sich im distanziellen Vergleich verhalten: nehmen beide mit wachsender Entfernung gleichmäßig ab oder sind hier unterschiedlich starke Abnahmen, etwa im Nahbereich oder auch im Fernbereich, festzustellen.

Der Lösung dieser Frage dient Abb. 2, die graphische Darstellung einer Regressionsanalyse der Zuzüge und Fortzüge in den (aus dem) Wohnplatz A und in die (aus den) Wohnplätze B der Stadt Goch in den Jahren 1970-78. Sie faßt alle 17.817 im Einwohnermeldeamt aktenkundlich gewordenen Außenwanderungsfälle (9.351 Zuzüge und 8.466 Fortzüge) unter dem Gesichtspunkt der Größe der Herkunfts- bzw. Zielgebiete, gemessen an deren Einwohnerzahl, und unter dem Gesichtspunkt der Entfernung, gemessen an deren Luftlinienentfernung zur Stadt Goch, zusammen. Die Regressionsanalyse und deren Darstellung sind insofern wesentlich detaillierter und präziser denn die Zahlenzusammenstellungen in Tab. 4, als hier nicht Wanderungs-, Bevölkerungs- und Entfernungswerte großer Räume als Gesamtsummen in die Rechnung eingehen, sondern die einer Vielzahl kleiner Teilräume als Teilsumme. Im Nahbereich sind hierbei sogar Unterteilungen der Postleitorte berücksichtigt worden, d.h. die Wohnplätze einer jeden Gemeinde (z.B. 4179.6 Wemb, Wohnplatz der Gemeinde Weeze), darüber hinaus mit wachsender Entfernung gröber werdend, Postleitorte (z.B. 4152 Kempen),dann Postleitbereiche (z.B.544 Mayen) und schließlich nur noch Postleiträume (z.B. 89 Augsburg).

Abb. 2 zeigt auf der y-Achse in logarithmischer Verkürzung die Zuzüge bzw. Fortzüge pro 10.000 Einwohner der Herkunfts- bzw. der Zielgebiete als Jahresdurchschnitte (1970-78) und auf der x-Achse die Entfernung der Herkunftsgebiete bzw. der Zielgebiete an. Die vier Kurven, mit Hilfe der Exponentialfunktion $y = a \cdot e^{bx}$ aus dem Datenmaterial errechnet, stellen die Beziehungen zwischen den Werten der y- und der x-Achse her. Am Verlauf des Kurvenpaares für den Hauptwohnplatz Goch A (durchgezogene und gerissene Kurve) und des Kurvenpaares für die Wohnplätze Goch B (eng und weit punktierte Kurven) ist zunächst einmal abzulesen, daß der Hauptwohnplatz ein größeres Wanderungsvolumen und eine größere Wanderungsreichweite als die Nebenwohnplätze hat. Seine jahresdurchschnittlichen Zu- und Abwanderungen unterschreiten nämlich erst in einer Ent-

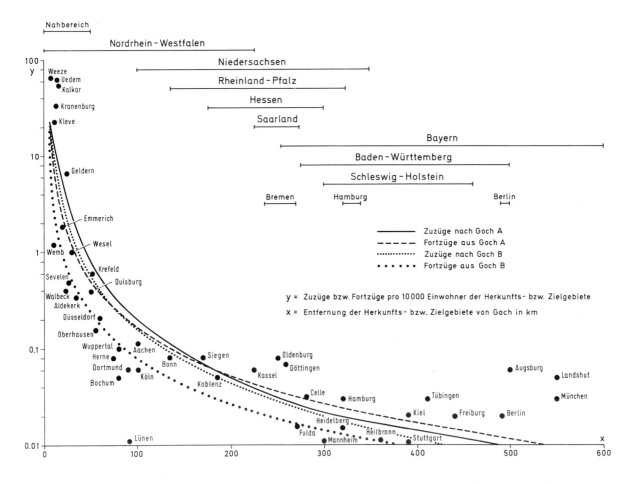

Abb. 2: Umfang und Reichweite der Wanderungen zwischen dem Hauptwohnplatz bzw. den Nebenwohnplätzen der Stadt Goch und den Herkunfts- bzw. Zielgebieten der Wandernden in den Jahren 1970-78.

Anmerkung: Die durch schwarze Punkte gekennzeichneten Werte (Orte) beziehen sich ausschließlich auf Zuwanderungen in den Hauptwohnplatz Goch.

fernung von gerade unter bzw. über 500 km den Wert von 0,01, während die der Nebenwohnplätze diesen Wert bereits in geringerer Entfernung unterschritten haben. Beide Kurvenpaare unterscheiden sich auch durch ungleiche Abstände zwischen ihren jeweiligen Zu- und Abwanderungskurven. Die der Nebenwohnplätze halten von Anfang an einen sehr viel weiteren Abstand voneinander als die des Hauptwohnplatzes. Das bedeutet, da die Zuwanderungskurve über der Abwanderungskurve liegt, daß die Nebenwohnplätze trotz ihres erheblich geringeren Wanderungsvolumens wesentlich höhere Wanderungsgewinne erzielen als der Hauptwohnplatz[12]. Das gilt insbesondere von dem Goch näher gelegenen Teil des Gesamtwanderungsfeldes, denn bis in eine Entfernung von etwa 80 km liegt die Zuwanderungskurve der Nebenwohnplätze über der Abwanderungskurve des Hauptwohnplatzes (vgl. Kurvenkreuzung d = 80 km). Dies ist, sieht man einmal von den Übertreibungen und Untertreibungen regressionsanalytischer Kurven ab, der Sache nach in erster Linie ein "Ruhrgebietseffekt", weist das Zahlenmaterial doch aus, daß mehr Menschen aus dem Ruhrgebiet in die Gocher Nebenwohnplätze zuwandern als vom Gocher Hauptwohnplatz dorthin abwandern, und daß die Nebenwohnplätze fast die Hälfte ihres gesamten Wanderungsgewinns aus dem Ruhrgebiet erhalten (vgl. auch Tab. 4).

12) Das hier nicht berechnete Integral der Flächen zwischen den beiden Kurvenpaaren kann als Maß für die Anteile des Hauptwohnplatzes und der Nebenwohnplätze am Wanderungsgewinn mit dem hier umschriebenen Gebiet dienen.

Während die Zuwanderungskurve der Nebenwohnplätze stets über deren Abwanderungskurve verläuft, kehren sich im Falle des Hauptwohnplatzes die zunächst gleichartigen Verhältnisse um: Die Zuwanderungskurve gerät unter die Abwanderungskurve. Die Entfernung, in der die Abwanderungen die Zuwanderungen zu übersteigen beginnen, liegt rein rechnerisch bei 180 km (vgl. Kurvenkreuzung d = 180 km), doch liegt auch diesem Ergebnis ein "Ruhrgebietseffekt" zugrunde. Die Wanderungsgewinne aus diesem Raum sind nämlich so groß, daß sie die Wanderungsverluste - vom Nahbereich abgesehen - mit den meisten der übrigen Teilgebiete des Landes mehr als nur wettmachen (vgl. auch Tab. 4).

Die Frage, ob die hier aufgedeckten Wanderungsbeziehungen des Untersuchungsgebietes mit dem übrigen Bundesgebiet tatsächlich so stark entfernungsbestimmt sind wie dies die Bestimmtheitsmaße der vier Regressionskurven von r^2 = 0,80, 0,86, 0,93 und 0,93 anzeigen, verlangt eine detailliertere Antwort. Hierzu ist zunächst einmal festzustellen, daß die rechnerisch aufgedeckten Beziehungen zwischen der Zahl der Wandernden, bezogen auf die jeweilige Gebietsbevölkerung, und der Entfernung, aus der diese kommen, bzw. in die diese gehen, durch das große Zahlengewicht der Wanderer aus den bzw. in die näher gelegenen Städte und Gemeinden zustandekommen. In den Wanderungsbeziehungen zwischen Goch und diesen spielt die Entfernung tatsächlich eine sehr große Rolle, da ein sehr bedeutender Anteil der Wanderungen - die der Gastarbeiter allerdings ausgenommen - von regional realisierbaren Wünschen wie etwa dem nach einer neuen Wohnung ausgelöst wird. Daß aus dem nahegelegenen Kleve (10km) mehr Menschen (pro 10.000 Einwohner) derartige Wünsche in Goch zu befriedigen suchen als aus dem entfernteren Duisburg (55km) erscheint ebenso wahrscheinlich wie es unwahrscheinlich erscheint, daß es unter den so motivierten Zuwanderern nach Goch auch Kölner oder sogar Münchener und Hamburger geben könnte. Wer von dorther in Goch zuzieht, tut dies von individuellen Ausnahmen abgesehen nicht, um seine Wohnverhältnisse zu verbessern.

Um die mit den obigen Bemerkungen angesprochenen Probleme einer rein distanziellen Betrachtungsweise von Wanderungsbeziehungen zu verdeutlichen, sind in Abb. 2 auch die Namen und Wanderungswerte ausgewählter Städte, Gemeinden und Wohnplätze eingetragen. Diese beziehen sich, um die Übersichtlichkeit der Erörterung nicht zu gefährden, ausschließlich auf eine Auswahl unter den Städten, Gemeinden und Wohnplätzen, aus denen Zuzüge in den Hauptwohnplatz Goch A zu verzeichnen gewesen sind. Die Fortzüge dorthin sowie die Zu- und Fortzüge der Nebenwohnplätze Goch B sind hier nicht berücksichtigt. Dennoch erscheint diese zusätzliche Information aufschlußreich. Was die Zuwanderung aus den größeren Städten des Bundesgebietes anbetrifft, scheint die Entfernung in der Tat überhaupt keine Rolle zu spielen, jedenfalls dann nicht, wenn die Städte mehr als 100 km vom Untersuchungsgebiet entfernt liegen. Aus München, Landshut und Augsburg, alle mehr als 500 km entfernt gelegen, kommen - pro 10.000 Einwohner - nur unwesentlich weniger Zuwanderer nach Goch als aus Köln, Bonn, Dortmund und Bochum, die alle weniger als 150 km entfernt liegen. Ähnliches gilt von Hamburg und Kiel, aber auch von Stuttgart und Mannheim. Die kleine Stadt Goch am Niederrhein hat praktisch mit jeder deutschen Großstadt pro Jahr ein paar Wanderungsfälle zu verzeichnen, doch spielt die Entfernung dieser Großstädte zur kleinen Stadt Goch hierbei offensichtlich keine Rolle.

Aber auch im Nahbereich kann keine Rede davon sein, daß die Wanderungsbeziehungen der Stadt Goch zu den übrigen Städten und Gemeinden in erster Linie entfernungsbedingt sind: Weeze, Uedem, Kalkar, Kranenburg und Kleve, außer dem engstens benachbarten Weeze alle nördlich von Goch gelegen und dem Altkreis Kleve zugehörend, steuern zwar - pro 10.000 Einwohner - mehr als alle anderen hier betrachteten Orte zum Wanderungsgewinn des Hauptwohnplatzes Goch bei, doch gibt es eine Vielzahl anderer Städte, Gemeinden und Wohnplätze in praktisch gleicher Entfernung, die wesentlich weniger beitragen. Zu diesen gehören u.a. alle rechtsrheinischen Städte und Gemeinden, für die in Abb. 2 vertretungsweise die Werte der Städte Emmerich und Wesel stehen. Hier erweist der Rhein sich wieder einmal als eine regionale Grenze von großer Bedeutung. Diese könnte auch durch den Bau weiterer Brücken und besserer Straßenverbindungen nicht aufgehoben, sondern allenfalls gemildert werden, da der Strom nicht in erster Linie eine physische Barriere als vielmehr eine über lange Zeiträume herangewachsene, sehr dauerhafte Grenze zwischen unterschiedlich ausgerichteten Regionen ist. Deshalb ist, wenn man tatsächlich die Beziehungen über den Strom hinweg stärken will, von der 1975 erfolgten Neugliederung der niederrheinischen Kreise allein kaum ein zielentsprechendes Ergebnis zu erwarten[13]. Man müßte vielmehr die gesamte, sehr festgefügte Ausrichtung der vom Rhein getrennten Regionen aufheben, doch wäre hierbei sicherlich zu fragen, zu wessen Nutzen das denn wohl geschehen soll.

Es sind jedoch nicht nur die rechtsrheinischen Gebiete, die einen wesentlich geringeren Bevölkerungsaustausch mit Goch zu verzeichnen haben als die linksrheinischen Gebiete gleicher Entfernung. Auch innerhalb der linksrheinischen Gebiete, gerade im Nahbereich von Goch, gibt es viele Orte mit nur unterdurchschnittlicher Beteiligung am Bevölkerungsaustausch. Hierzu gehören in erster Linie die kleineren Wohnplätze des Gebietes und unter diesen vor allem wiederum die, die südlich von Goch gelegen sind. Dies verdeutlichen in Abb. 2 die Wohnplätze Wemb, Sevelen, Walbeck und Aldekerk, alle im ehemaligen Kreis Geldern gelegen. Goch ist eben, von der Gemeinde Weeze abgesehen, in seiner gesamten Bevölkerungsbewegung - aber auch über diese hinaus - nach wie vor sehr stark auf das Gebiet des ehemaligen Kreises Kleve ausgerichtet und wird dies auch bleiben. Es ist sogar damit zu rechnen, daß Goch in Zukunft noch stärker als bisher nordorientiert sein wird, hat die Landesplanung Kleve doch am 3.3.1970 den Rang eines Entwicklungsschwerpunktes erster Ordnung zuerkannt[14] und diese Stadt am 1.1.1979 in das Förderprogramm Gemeinschaftsaufgabe "Verbesserung der regionalen Wirtschaftsstruktur" aufgenommen[15]. Die hierdurch im nördlichen Teil des Kreises Kleve ausgelöste Entwicklung ist regional betrachtet jedoch durchaus nicht nur positiv zu beurteilen, da sie vermutlich zum größeren Teil das Ergebnis einer räumlichen Umverteilung von Arbeitsplätzen zu Lasten des südlichen Kreisgebietes, im wesentlichen des alten Kreises Geldern, sein wird.

Schließlich sei auch hier noch einmal kurz auf die Großstädte Krefeld und Duisburg verwiesen, die wohl mit Recht als die Oberzentren der unteren Niederrheinlande angesehen werden. Sie erreichen in Abb. 2 mit Werten von 0,6 bzw. 0,4 die höchsten Werte aller deutschen Großstädte. Ihr absoluter Beitrag zum Wanderungsstrom nach Goch, der - wie auch der absolute Beitrag der anderen Städte, Gemeinden und Wohnplätze - durch die Umrechnung der Wandernden aus diesen Städten auf 10.000 ihrer Einwohner pro Jahr verdeckt wird, ist mit 241 bzw. 149 Abwandernden in neun Jahren größer als etwa der von Geldern, von wo aus nur 93 Personen in neun Jahren nach Goch abwandern. Über diese absoluten Beiträge zu den Wanderungsströmen von und nach Goch haben die Tab. 1-4 Auskunft gegeben. Abb. 2 sollte demgegenüber die Beziehungen näher erläutern, die zwischen der Stärke der Ströme, ihren Ziel- und Quellgebieten und deren Eigenschaften wie Größe, Lage usw. bestehen.

Zusammenfassung

Im Hinblick auf die Veränderungen, die die Stadt Goch im Zuge der oben erörterten Wanderungsvorgänge in den Jahren 1970-78 erfahren hat, können folgende zusammenfassende Feststellungen getroffen werden.

1. Der Hauptwohnplatz Goch hat zwar als Endergebnis zahlreicher Umzüge, an denen insgesamt 16.174 Personen beteiligt gewesen sind, einen geringfügigen Binnenwanderungsgewinn von 34 Personen zu Lasten seiner Nebenwohnplätze zu verzeichnen, doch ziehen diese mit 499 Personen sehr viel stärker als der Hauptwohnplatz mit nur 356 Personen die Außenwanderungsgewinne der Stadt an sich. Daher haben sich die Anteile an der Stadtbevölkerung von Hauptwohnplatz und Nebenwohnplätzen von 60 und 40% im Jahre 1970 auf 59 und 41% im Jahre 1978 verschoben. Die Intensität dieser Verschiebung ist über die Jahre gewachsen.

2. Mit diesen quantitativen Veränderungen sind eine Reihe qualitativer Veränderungen einhergegangen. Vor allen Dingen zieht der Hauptwohnplatz im Vergleich zu den Nebenwohnplätzen eher die weniger begüterten Zuwanderer an sich, darunter über 80% der zuziehenden Gastarbeiter und über 83% der jugendlichen Einzelwanderer (ohne Internatsschüler). Ursächlich hierfür scheint zu sein, daß am Hauptwohnplatz Jahr für Jahr wesentlich mehr Miethäuser, Mietwohnungen und Mietzimmer angeboten werden als in den Nebenwohnplätzen. Das bedeutet jedoch nicht notwendigerweise, daß hier auch mehr Mietwohnungen gebaut werden als

---

13) Die Kreisreform des Jahres 1975 hat u.a. die Beziehungen über den Rhein hinweg stärken wollen und deshalb das Gebiet der 5 aufgelösten Kreise Kleve, Geldern, Moers, Rees und Dinslaken in einer "rheinüberschreitenden Lösung" zu den derzeitigen Kreisen Kleve und Wesel zusammengefügt.

14) Landesentwicklungsplan II, vom 3.3.1970 (MBI, NW 1970).

15) Achter Rahmenplan, Gemeinschaftsaufgabe "Verbesserung der regionalen Wirtschaftsstruktur", Regionales Aktionsprogramm "Nördliches Ruhrgebiet - Westmünsterland - Kleve". Stand: 1.1.1979. In: Eberstein (ab 1971): Handbuch der regionalen Wirtschaftsförderung.

dort. Das wachsende Angebot von Mietwohnungen scheint vielmehr durch die fortschreitende Errichtung von Einfamilienwohnhäusern in Goch in Gang gehalten zu werden, die von den Gochern in Goch selbst, in den Nebenwohnplätzen der Stadt oder in den Nachbargemeinden gebaut werden. Hierdurch werden nämlich nicht nur bereits bestehende Mietwohnungen erneut auf dem Wohnungsmarkt angeboten, sondern auch "neue" Miet- wohnungen, denn ein nicht unerheblicher Teil der Gocher Bauherren lebt bereits in einem familieneigenen Haus, das dann nach Fertigstellung des Neubaus vermietet wird und so den Bestand an Mietobjekten ver- größert. Durch diese Vorgänge am Bau- und Wohnungsmarkt mitverursacht, ziehen Hauptwohnplatz und Neben- wohnplätze aus der Gesamtheit der Zuwanderer nicht nur Angehörige gleichartiger, sondern auch ver- schiedenartiger Sozialgruppen an sich. Auch diese Vorgänge wirken selektiv.

3. Die positiven Wanderungssalden mit praktisch allen Städten und Gemeinden des Nahbereichs deuten an, daß Goch vor allem als Wohnstadt Anziehungskraft hat. Jedenfalls lassen sich die hohen Zuzugsüberschüsse aus benachbarten Gemeinden wie Weeze, Kevelaer, Uedem, Kalkar oder gar aus der Kreisstadt Kleve nicht mit dem Vorhandensein guter oder gar besserer Arbeitsplätze, die durchaus vorhanden sein mögen, erklä- ren, ist Goch doch von den genannten Gemeinden aus über sehr kurze Pendelwege auf guten Straßen im Som- mer wie im Winter mühelos zu erreichen. Als Erklärung für den größeren Teil der Zuwanderungsüberschüsse kommen daher wohl nur die Wohnplatzqualitäten der Stadt in Frage, worin diese für den einzelnen Zuwan- derer auch immer bestehen mögen. In den nördlichen Wohnplätzen von Goch, ohnehin auf halbem Wege nach Kleve gelegen, vollzieht sich schon seit Jahrzehnten eine innere Wohnvorortbildung der Kreisstadt, die vor allem im Beobachtungszeitraum 1970-78 durch eine äußere Wohnvorortbildung verstärkt wird.

Ähnliches dürfte aber auch von der Stadt Goch insgesamt in ihrem Verhältnis zum Ruhrgebiet gelten. Die Zuwanderungen aus dem Ruhrgebiet (1.408 Personen) und die Zuwanderungsüberschüsse aus dem Ruhrgebiet (707 Personen) sind so groß, und sie schließen neben zahlreichen Rückwanderern, meist älteren Personen, so viele Menschen im erwerbsfähigen Alter ein, daß man - vor dem Hintergrund der Arbeitsmarktlage in Goch - auch unter den Zuwanderern aus dem Ruhrgebiet viele Personen vermuten darf, die ihre Wohnverhält- nisse verbessern wollen. Da im Verlauf des auch vom Ruhrgebiet in den letzten Jahrzehnten durchlebten Dekonzentrationsprozesses viele Industrie- und Gewerbebetriebe in die Ballungsrandzone abgewandert oder dort errichtet worden sind, ist es denkbar, daß viele Zuwanderer aus dem Ruhrgebiet nach Goch in der Ballungsrandzone dieses großen Industrieraumes ihren Arbeitsplatz haben. Jedenfalls entspricht es der allgemeinen Erfahrung, daß von großen Industrieräumen aus Wohnplätze sehr viel weiter nach außen verla- gert werden als Arbeitsplätze. Goch dürfte von dieser Welle der Wohnplatzverlagerungen aus dem Ruhrge- biet bereits erreicht worden sein. Mit der in Kürze zu erwartenden Fertigstellung der Bundesautobahn A 57 Krefeld-Niederlande wird diese Entwicklung wohl noch verstärkt werden.

4. Trotz beachtlicher Bevölkerungsgewinne in fast allen Altersgruppen verliert Goch jedes Jahr mehr 25 bis 35-jährige Männer und Frauen durch Abwanderung als es durch Zuwanderung gewinnt. Dieser Trend wird sich vermutlich fortsetzen und sich eher verstärken als abschwächen, weil unter den Abwandernden dieser Al- tersgruppen viele junge Menschen mit einer abgeschlossenen Ausbildung an höheren Schulen und an Hoch- schulen sind. Deren Anteil an der Wohnbevölkerung von Goch wächst nämlich, nicht jedoch deren Aussich- ten, in Goch oder von Goch aus einen ihrer Ausbildung entsprechenden Arbeitsplatz erreichen zu können. Ähnliches gilt auch von jenen jungen Männern und Frauen, die in Goch einen handwerklich-technischen Be- ruf erlernt und einige Jahre lang ausgeübt haben. Auch von ihnen wandern alljährlich immer einige mehr ab als Personen vergleichbarer Berufsausbildung und gleichen Alters zuwandern. Diese Altergruppe ist besonders stark an der Außenwanderung über den Nahbereich hinaus beteiligt. Es liegt nahe, zumindest einen Teil dieser Abwanderungen auf die Betriebe zurückzuführen, in denen die jungen Leute gelernt und ihre ersten Berufserfahrungen gesammelt haben. Anlaß zu dieser Vermutung gibt die Tatsache, daß es in Goch und in seinem Nahbereich zahlreiche Betriebe gibt, die nur teilselbständige Zweigbetriebe von Fir- men sind, die ihren Hauptsitz und weitere Zweigbetriebe an anderen Orten haben. Derartige Firmen haben ihre Personalpolitik überörtlich angelegt und versuchen, insbesondere in Krisenzeiten, stets ihren Hauptbetrieb zu stützen, gerade auch mit geeignetem Personal aus den Zweigbetrieben. Wie dem im Falle von Goch auch immer sein mag: es gibt keinen Grund für die Annahme, daß das vorherrschende Abwandern unter den 25 bis 35-jährigen in absehbarer Zeit aufgefangen werden könnte.

Als Schlußbemerkung sei der Hinweis gestattet, daß die Geographischen Institute der Universität Bonn - von ihrer Außenstelle Weeze-Baal aus und ausschließlich im Rahmen ihrer praktischen Übungen zur räumlichen Entwicklung der Niederrheinlande - mit der Aufbereitung der in den Anmeldungs-,Abmeldungs- und Ummeldungsformularen enthaltenen Informationen für analytische Zwecke schon zu einem Zeitpunkt begonnen hatten, als die betroffenen Städte und Gemeinden ihre "Veränderungsfälle" noch nicht ihrem inzwischen gemeinsam betriebenen Rechenzentrum melden konnten. Da diese Einrichtung inzwischen schon seit einigen Jahren besteht und nach den unvermeintlichen Anlaufschwierigkeiten klare Ergebnisse liefert, erscheinen Gespräche darüber angebracht, wie diese Einrichtung sowohl zum Nutzen der Städte und Gemeinden als auch zum Nutzen der interessierten Wissenschaften über ihre unmittelbare Aufgabe hinaus eingesetzt werden kann.

Literaturverzeichnis

BOUSTEDT, O. (1975): Grundriß der empirischen Regionalforschung. Teil II Bevölkerungsstrukturen. Taschenbücher zur Raumplanung Band 5. Veröffentlichungen der Akademie für Raumforschung und Landesplanung. Hannover.

EBERSTEIN, H. H. (ab 1971): Handbuch der regionalen Wirtschaftsförderung. Köln.

ENZEL, E. (1978): Die Bevölkerungsentwicklung der Stadt Goch 1970-1976. Unveröffentlichte Staatsexamensarbeit. Bonn.

STADT GOCH (1972): Flächennutzungsplan der Stadt Goch 1980. Erläuterungsbericht. Goch.

HORSTMANN, K. (1969): Horizontale Mobilität. In: Handbuch der empirischen Sozialforschung. Hrsg. von René König. Band II. Stuttgart, 43-64.

LEE, E. S. (1972): Eine Theorie der Wanderung. (Dt. Übersetzung). In: Regionale Mobilität. Hrsg. von György Széll. München, 117-129.

UP - Unabhängige Planungsgemeinschaft Weisse/Bergius (Hrsg.) (1972): Stadt Goch. Stadtentwicklungsplan und Flächennutzungsplan. Teil III Gesamtstadt. Prognosen - Planungen. Berlin.

Veröffentlichungen des Ministerpräsidenten (1971): Schriftenreihe "Landesentwicklung". Heft 30. Achter Bericht der Landesregierung Nordrhein-Westfalen gemäß § 24 des Landesplanungsgesetzes vom 7. Mai 1962 über Stand, Maßnahmen und Aufgaben der Landesplanung. Düsseldorf.

Sonstige Quellen

Statistisches Bundesamt Wiesbaden (1979): Bevölkerung der Gemeinden 1978. Bevölkerung und Erwerbstätigkeit. Reihe 1.2.2. Stuttgart und Mainz.

Statistisches Bundesamt Wiesbaden (1980): Wanderungen. 2. Vierteljahr 1979. Bevölkerung und Erwerbstätigkeit. Reihe 2.3. Stuttgart und Mainz.

Statistisches Landesamt Düsseldorf (1972): Statistische Rundschau für den Kreis Kleve. Düsseldorf.

Geburtsregister der Stadt Goch 1970-1976.

Sterberegister der Stadt Goch 1970-1976.

Standesamtliche Nachrichten der Stadt Goch 1973-1976

Mängel der beruflichen Ausbildung im ländlichen Raum

Ergebnisse einer Fallstudie in der Gemeinde Weeze

Rosa Hemmers

Mit 2 Abbildungen und 3 Tabellen

Summary. Shortcomings of vocational training in rural areas - Results of a case study in the parish of Weeze

In rural areas the labour market can not employ a great variety of vocational qualifications, and the facilities for vocational training are much less diversified. Distance from urban agglomerations results in disadvantages which often cannot be offset by commuting, particularly not in the case of the 15-16 years old whose mobility is rather restricted. The lack of training facilities in rural areas is mainly due to the structure of industry which is dominated by firms of the consumer goods and basic industry sectors rather than by firms of the capital goods sector which has a greater demand for qualified labour, and which at the same time, offers more and better training facilities. The training facilities in rural areas offer only a very few occupational perspectives of duration to the trainees, since the demand for their skills is constantly decreasing due to stagnation and rationalization. Another disadvantage of rural areas is that the firms offering vocational training here are usually units of small or medium size whose training programmes do not conform to public standards. Apart from that training facilities such as workshops or technical colleges which could offset the shortcomings of the training programmes of the firms are missing.

There are no efficient centres in rural areas. Commerce and services, therefore, show only a low degree of specialization. The lack of training facilities in these sectors affects particularly the female population. The baby-boom of the 1960s, a rural more than an urban phenomenon, complying with a relatively low rate of secondary education in rural areas, leads now to a higher demand for apprenticeships without a commensurate rise in their supply.

Given that a highly differentiated supply of qualified labour is an important factor in the location of industries the disadvantages mentioned above influence the overall development of rural areas. This applies particularly to the capital goods industries which regional policy tries to settle in rural areas. Adequate training facilities such as technical training centres can be a more effective development factor than financial incentives to firms willing to locate in rural areas.

Thus the migration of young people, usually the more highly motivated, looking for training facilities in urban areas could be counteracted. Moreover, the existing labour force would acquire a higher lend of skill. Such factors could influence firms looking for a new location in a positive way. In the opinion of the author financial assistance to firms willing to settle in rural areas and educational policy have to be coordinated in such a way that the decline in numbers of the potentially most valuable resource of the rural areas, their young people, can be prevented.

Die Wirtschaftskraft einer Region wird nicht zuletzt von der verfügbaren Arbeitsleistung bestimmt. Determinanten der angebotenen Arbeitsleistung sind u.a. die Erwerbsquote und die Produktivität.

Auf dem Arbeitsmarkt stehen sich ein durch die demographische Entwicklung und das Bildungsverhalten strukturiertes Angebot von Arbeitsleistung und eine dem Differenzierungsgrad der Wirtschaft entsprechende Nachfrage nach Qualifikationen gegenüber. Auftretende Ungleichgewichte streben u.a. über die Arbeitslosigkeit, die Beschäftigung von Gastarbeitern oder die Veränderung der "stillen Reserve", die räumliche Mobilität und den Berufswechsel einen Ausgleich an.

Der Arbeitsmarkt einer bestimmten Bezugseinheit besteht aus mehreren Teilarbeitsmärkten, u.a. aus dem fachlichen und dem betrieblichen Teilarbeitsmarkt, aber auch aus dem für Auszubildende. Eine Erwerbsperson gehört mehreren dieser Teilarbeitsmärkte an. Unter geographischen Gesichtspunkten tritt die sich ändernde räumliche Konstellation von Angebot und Nachfrage mit den entsprechenden Ausgleichsbewegungen in den Vordergrund der Betrachtung. Die räumliche Abgrenzung des regionalen Arbeitsmarktes befindet sich dort, wo Angebot und Nachfrage der meisten Teilarbeitsmärkte annähernd zum Ausgleich kommen.[1]

Die berufliche Erstausbildung entscheidet weitgehend über den Einstieg einer Erwerbsperson in den Arbeitsmarkt und beeinflußt dadurch in erheblichem Maße ihren weiteren beruflichen Werdegang. Die Qualität einer Ausbildung macht sich in der Verwertbarkeit der erworbenen Kenntnisse auf dem Arbeitsmarkt bemerkbar, d.h. im Umfang und der Art der Einstiegsmöglichkeiten.

Die häufigste Form der beruflichen Qualifizierung ist die betriebliche Ausbildung im dualen System.[2] In den letzten Jahren nahmen fast 90% der Hauptschüler, über die Hälfte der Realschüler und die meisten Berufsfachschüler nach dem Schulabschluß eine Lehrstelle an, d.h. ca. 70% eines Jahrgangs sind bei ihrer Berufsausbildung auf den Ausbildungsstellenmarkt angewiesen (Berufsbildungsbericht 1978, S.67 ff.). Das Lehrstellenangebot ist jedoch direkt von den Beschäftigungsmöglichkeiten in einer Region, d.h. von ihrer Wirtschaftsstruktur abhängig. Determinanten des von den Betrieben bereitgestellten Ausbildungsplatzangebots sind deren Nachwuchsbedarf für qualifizierte Mitarbeiter, deren Auftragslage[3] und die konjunkturelle Entwicklung sowie die Eignung der Produktionsform für eine Ausbildung während des Arbeitsprozesses.

Die Möglichkeit, sich in einer betrieblichen Ausbildung hinreichend für den Arbeitsmarkt zu qualifizieren, hängt nicht nur von der Zahl und der Vielfalt der angebotenen Lehrstellen ab, sondern auch von der Qualität der Ausbildung, die durch die Wahl der Lehrinhalte und deren Vermittlung beeinflußt wird. Die Vielseitigkeit und der technische Entwicklungsstand eines Betriebes stecken den Rahmen der dort erlernbaren Kenntnisse und Fähigkeiten ab. Die Qualifikation des Ausbilders und der Mitarbeiter sowie der Organisationsgrad der betrieblichen Ausbildung (Ausbildungsplan, betriebsinterner Unterricht, Lehrwerkstätten) sind weitere entscheidende Größen für den Erfolg einer Ausbildung.

Eine allgemeine Beurteilung der betrieblichen Ausbildung im dualen System erlaubt folgende Aussagen:

1. Auszubildende in der Investitionsgüterindustrie (z.B. Elektronik, Maschinenbau) werden bei weitem besser ausgebildet, als in der Grundstoffindustrie und im Einzelhandel.

2. Die Qualität der Ausbildung hängt mit der Betriebsgröße zusammen; Großbetriebe bilden im allgemeinen gut, Mittelbetriebe schlecht und Kleinbetriebe teilweise gut aus.[4]

3. Die Auszubildenden in gewerblich-technischen Berufen sind durch die Berufswahl bereits erheblich stärker auf einen Berufsweg festgelegt als diejenigen in kaufmännischen und Dienstleistungsberufen. Eine Ausnahme bilden die Berufe im Bankwesen.

4. Die Palette möglicher Lehrberufe ist für Mädchen sehr viel kleiner als für Jungen, auch wenn Mädchen zunehmend in früher typischen Jungenberufen als Auszubildende zugelassen werden.

Die Einseitigkeit des Lehrstellenangebotes oder der Mangel an guten Ausbildungsstellen in einem Gebiet kann durch Pendeln in besser ausgestattete benachbarte Regionen ausgeglichen werden. Mit zunehmender Entfernung ländlicher Gemeinden von leistungsfähigen Zentren verliert diese Kompensationsmöglichkeit jedoch an Bedeutung, zumal die zumutbare Pendelentfernung für die 15 - 16jährigen noch gering ist. Die Möglich-

1) Utrechtse geogr. Stud. 5, 1977, S.16 ff.

2) Im Gegensatz zur schulischen Ausbildung erfordert die betriebliche Ausbildung eine frühe berufliche Festlegung in Auseinandersetzung mit dem Arbeitsmarkt. Die berufliche Ausbildung ist in folgenden Grundformen möglich:
   - betriebliche Lehre(2-3 Jahre) kombiniert mit der beruflichen Teilzeitschule (Berufsschule) im dualen System;
   - Berufsfachschule (1-2 Jahre), Berufsgrundschule (1 Jahr), beide meistens mit anschließender Lehre;
   - Besuch der beruflichen Teilzeitschule (2 Jahre) ohne Ausbildungsvertrag.

3) Bei 40% der Betriebe wird die Ausbildung von Nachwuchskräften von der Auftragslage abhängig gemacht. KÜHL, J. 1975, S.533.

4) Allerdings besteht auch eine Korrelation zwischen Betriebsgröße und Branche.

keiten für die berufliche Erstausbildung der Jugendlichen sind also auf das Angebot in der näheren Umgebung des Wohnorts beschränkt.

Generell hat sich die Lage auf dem Ausbildungsstellenmarkt in den letzten Jahren verschlechtert, weil einerseits die geburtenstarken Jahrgänge der 60er Jahre die Hauptschulen verlassen, andererseits das Lehrstellenangebot durch verschärfte Eignungsbestimmungen für Ausbildungsbetriebe, durch die konjunkturelle Entwicklung und durch strukturelle Veränderungen des Arbeitsprozesses (Rationalisierung) abgenommen hat. Die Ausbildungssituation im ländlichen Raum weist darüberhinaus zusätzliche Schwächen auf, die in seiner Wirtschafts- und Siedlungsstruktur sowie im Aufbau und im Bildungsverhalten seiner Bevölkerung begründet liegen. Im folgenden werden die einzelnen Probleme des ländlichen Raumes zunächst allgemein angesprochen und dann mit Ergebnissen einer Untersuchung in Weeze (R. HEMMERS, 1978) beispielhaft erläutert.

(1) Bei insgesamt geringer Industriedichte gehören die vorhandenen Betriebe häufiger der Konsumgüter- und der Grundstoffindustrie als der ausbildungsintensiveren Investitionsgüterindustrie an (Berufsbildungsbericht 1978, S.33). Wirtschaftliche Stagnation und zunehmende Rationalisierung in diesen Wirtschaftszweigen vermindern die Nachfrage auf dem Arbeitsmarkt nach den dort erworbenen Kenntnissen, die sehr stark branchengebunden und dadurch für einen Berufswechsel ungünstig sind.

Das Ausbildungsplatzangebot im Arbeitsamtsbezirk Krefeld spiegelt die problematische Branchenstruktur des ländlichen Raumes wider.

Tab. 1: Ausbildungsplatzchancen nach Berufsbereichen im Arbeitsamtsbezirk Krefeld 1978

Berufsbereich	schlecht	ausgeglichen	gut	Insgesamt abs.	%
I Gewinner v. Naturprodukten und Mineralien	-	1	1	2	1,4
II Hersteller und Aufbereiter von Grundstoffen	-	-	4	4	2,9
III Be- und Verarbeiter v. Grundstoffen	9	11	14	34	24,5
IVa Montage-, Wartungsberufe I	12	3	10	25	18,0
IVb Montage-, Wartungsberufe II	17	4	4	25	18,0
Va Person-/gemeinschaftsbezogene Dienstleistungsberufe	12	1	1	14	10,1
Vb Sachbezogene Dienstleistungsberufe	3	3	5	11	7,9
VIa Dienstleistungskaufleute	11	3	1	15	10,8
VIb Planungs-, Verwaltungsberufe	7	1	1	9	6,5
Insgesamt abs. %	71 51,1	27 19,4	41 29,5	139	100,0

Quelle: Zusammenstellung nach: Arbeitsamt Krefeld: Wie geht es weiter? Krefeld 1978. Es handelt sich um eine Abschätzung der Ausbildungsplatzchancen für die im Arbeitsamtsbezirk Krefeld erlernbaren Berufe von Seiten der Berufsberatung. Die absoluten Zahlen bezeichnen die Zahl der Lehrberufe in der jeweiligen Kategorie.

Die Ausbildungsplatzchancen sind in den Berufsbereichen gut oder zumindest ausgeglichen, die sich durch geringe Aufstiegschancen, vergleichsweise geringe Qualifikationsanforderungen und durch sinkende Nachfrage auszeichnen. Ausgenommen sind einige Montage- und Wartungsberufe sowie industrielle Fertigungsberufe in der Grundstoffverarbeitung.

Vergleicht man die allgemeinen Berufswünsche mit den Ausbildungsplatzchancen im Arbeitsamtsbezirk Krefeld, so zeigt sich, daß gerade in den beliebten Berufen nur geringe Realisierungsmöglichkeiten bestehen.

Von den in der Gemeinde Weeze ansässigen Industrie- und Gewerbebetrieben wurden 1978 52% der Arbeitsplätze in der Holzbe- und -verarbeitung angeboten, vorwiegend von einem größeren Betrieb; der Ausbildungsbeitrag dieses Betriebes ist gering, da er wenig qualifizierte Mitarbeiter benötigt.

Die beiden Betriebe der Elektrotechnik und Feinmechanik sind gegenwärtig für das Arbeitsplatzangebot in der Gemeinde sehr wichtig. Entsprechend der allgemeinen Entwicklung dieser Branchen haben sie jedoch ihren Personalbestand und ihr Lehrstellenangebot in den letzten Jahren reduziert. Rationalisierungen und Konkurrenz durch Produktionsstätten in "Billig-Lohn-Ländern" werden die Arbeitsplatzentwicklung vermutlich weiterhin negativ beeinflussen.

Die beiden Metallgießereien werden sich als Spezialbetriebe nicht stark ausdehnen können, obwohl sich durch die Nachfrage nach sakraler Kunst im benachbarten Wallfahrtsort Kevelaer und durch die häufigere Verwendung anderer Materialien im Baugewerbe gute Voraussetzungen für eine stabile Entwicklung bieten. Die Palette der möglichen Berufe wird durch ihre Existenz erweitert; die Anzahl der angebotenen Lehrstellen ist jedoch gering, da es sich um kleine Betriebe handelt.

Die Kiesbaggereien haben keine Bedeutung für den Ausbildungsstellenmarkt, da nur wenig Personal benötigt wird.

Gegenwärtig befindet sich das Druckereigewerbe in einem tiefgreifenden Strukturwandel, bei dem durch neue Verfahren nicht nur Arbeitsplätze fortfallen, sondern auch ein ganzer Berufsstand (Drucker und Setzer) umgeschult werden muß. Die Ausbildung in einem Betrieb, der noch nicht auf dem neuesten technischen Stand ist, führt zu einer schlechten Verwertbarkeit auf dem Arbeitsmarkt bzw. zur Notwendigkeit der Umschulung oder Weiterqualifikation. Die lokal in der Druckereibranche angebotenen Lehrstellen sind diesbezüglich problematisch.

(2) Regionale Schwerpunkte nur einer Industriebranche schränken die Wahlmöglichkeiten für Industrieberufe ein. Die Konzentration von Betrieben eines Produktionszweiges führt in der Regel durch die Spezialisierung zu einem differenzierteren Lehrstellenangebot in dieser Branche. Ein Produktionsschwerpunkt schränkt demnach nur dann die Wahlmöglichkeiten ein, wenn nicht zusätzlich andere Branchen am Ort vertreten sind.

Die Gemeinde Weeze ist seit Generationen durch die Holzindustrie geprägt. 1970 waren über 70% der in Weeze Beschäftigten in der Holzverarbeitung tätig.[5] Die Gemeinde wies noch 1971 eine für den ländlichen Raum beachtliche Industriedichte (= Industriebeschäftigte pro 1000 Einwohner) von 117 auf, die jedoch bis 1973 auf 91 zurückging. Erhebliche Personaleinsparungen im größten Betrieb[6], bei dem 1971 noch 58% der Industriebeschäftigten tätig waren, führten zu negativen Pendlersalden für die Gemeinde. Das Unternehmen meldete 1975 Konkurs an, so daß 1978 nur noch 11 Beschäftigte ausschließlich in der Grundstücks- und Wohnungsverwaltung des Betriebes tätig waren.

In der Gemeinde Weeze fiel die Konzentration der Arbeitsplätze in einer Branche mit der in einem Betrieb zusammen. Die in dieser Konstellation gelegene Gefahr für die Wirtschaftsentwicklung einer Gemeinde ist im Falle Weeze sehr deutlich geworden.

Für die Ausbildungssituation in Weeze spielte dieser Betrieb eine beachtliche Rolle. Er war der größte Ausbilder am Ort mit insgesamt 40 - 45 Auszubildenden im Fach Industriekaufmann und bot darüberhinaus für Betriebs- und Maschinenschlosser sowie Betriebselektriker ca. 6 - 10 Lehrstellen pro Jahr an. Durch den Konkurs mußten diese Auszubildenden ihre Lehrstellen wechseln. Viele Kinder von langjährigen Betriebsangehörigen absolvierten ihre Lehre in dieser Firma, weil der Vater bei der Lehrstellensuche behilflich war und eine gewisse Loyalität dem Unternehmen gegenüber bestand.

---

5) Standortuntersuchung und Entwicklungsplan für die Gemeinde Weeze, 1970, S.32.

6) Die Zahl der Beschäftigten sank von 1014 (1965) auf 523 (1973). (Gemeindeentwicklungsplan 1976, S.51 ff.).

(3) Industriebetriebe im ländlichen Raum sind häufig "verlängerte Werkbänke" von Stammbetrieben in Verdichtungsräumen. Diese Zweigbetriebe bieten nur wenige Lehrstellen im gewerblich-technischen Bereich an; Ausbildungsplätze für Verwaltungs- und kaufmännische Berufe sind nicht vorhanden, da die entsprechende Abteilung dem Stammbetrieb im Verdichtungsraum angegliedert ist.

Diese Problematik kann mit Beispielen aus Weeze nicht belegt werden.

(4) Im ländlichen Raum überwiegen Klein- und Mittelbetriebe, in denen die betriebliche Ausbildung selten den geltenden Ausbildungsbestimmungen entspricht. Überbetriebliche Lehrwerkstätten und berufliche Fachschulen, die die schlechtere Ausbildungsqualität ausgleichen könnten, fehlen in zumutbarer Nähe häufig.

In Weeze sind mit Ausnahme eines Lebensmittel-Großhandels (ca. 220 Beschäftigte) und eines Holzverarbeitungsbetriebes (ca. 90 Beschäftigte) nur Mittel- und Kleinbetriebe ansässig, vor allem kleine Gewerbebetriebe, Einzelhandelsgeschäfte und Handwerksbetriebe. Die Zahl der Auszubildenden ist im Handwerk - gemessen an der Gesamtzahl der Beschäftigten - außerordentlich groß.

Wichtige Indikatoren für die Qualität der Ausbildung in einem Betrieb sind der Organisationsgrad der Ausbildung sowie das Verhältnis der Anzahl der Meister und anderer Fachkräfte zu der Zahl der Auszubildenden. Abb.2 zeigt am Beispiel des Handwerks das Qualifikationsniveau der Lehrbetriebe in Weeze. Für das lokale Arbeitsplatzangebot sind die wenigen größeren Handwerksbetriebe mit mehr als 14 Beschäftigten wichtiger als die vielen kleinen Unternehmen.[7] Bei einer geringeren Ausbildungsintensität ist das Verhältnis von Meistern zu Auszubildenden ähnlich wie in den kleinen Betrieben, die Zahl der Fachkräfte ist jedoch sehr viel höher. Für das Lehrstellenangebot sind die kleinen Betriebe außerordentlich wichtig, allerdings können die meisten Absolventen nachher nicht im Betrieb als Fachkraft weiterbeschäftigt werden. Sie sind also auf einen Betriebswechsel angewiesen, wodurch die Qualität der Ausbildung besondere Bedeutung erhält. Dabei ist zu bedenken, daß Umfang und Verwertbarkeit der erlernten Kenntnisse sehr stark von der Art der Aufträge des Betriebes und den Fähigkeiten des Meisters abhängen.

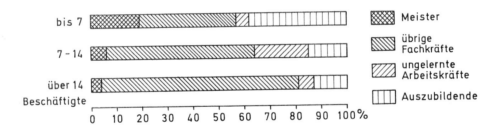

Abb. 1: Qualifikationsniveau der Beschäftigten in ausbildenden Handwerksbetrieben in Weeze nach Betriebsgrößenklassen (Quelle: Eigene Erhebungen, März 1978)

Eine für den ländlichen Raum charakteristische Betriebsform ist der Mischbetrieb von Handwerk und Einzelhandel; 32 (43%) der Handwerksbetriebe in Weeze gehören dieser Kategorie an. Sie zeichnen sich durch eine hohe Ausbildungsintensität aus, weil nicht nur in gewerblich-technischen, sondern auch in kaufmännischen Bereichen ausgebildet wird. Die Ausbildung weist jedoch besonders im kaufmännischen Bereich erhebliche Mängel auf, da die Ausbildungsbefugnis des Meisters i.d.R. in einem handwerklichen Beruf erworben wurde und er selten die Zeit findet, sich um die kaufmännische Ausbildung zu kümmern.

Die Supermärkte am Ort bieten nur Arbeitsplätze für ausgebildete Einzelhandelskaufleute an, die kleinen Betriebe hingegen fast nur Ausbildungsplätze.

---

7) Ca. 60% der Handwerksbetriebe hatten 1978 3 und weniger Beschäftigte.

Sowohl der Einzelhandel als auch das Handwerk bilden über ihren eigenen Bedarf an Fachkräften hinaus aus. Dementsprechend ist die Verwertbarkeit der hier erworbenen Qualifikationen auf dem Arbeitsmarkt von elementarer Bedeutung. Da die Ausbildung im Handel weniger fachspezifisch ist als im Handwerk, ist der Absolvent bei der Arbeitsplatzsuche nicht auf eine Branche angewiesen.

(5) Die niedrige Bevölkerungsdichte und die nur schwach entwickelte industrielle Produktion behindern die Entstehung leistungsfähiger Zentren. Dienstleistungen, Handel sowie planende und beratende Funktionen sind nur auf niederer Stufe entwickelt. Deshalb fehlen Ausbildungsplätze im gesamten tertiären Bereich, besonders für spezialisiertere Dienstleistungen (z.B. Rechtsanwalts- od.Steuergehilfin). Durch die große Nachfrage für derartige Berufe bei den Mädchen sind sie besonders betroffen.

Von den 19 Betrieben des Dienstleistungsbereichs in Weeze bilden lediglich vier (Ärzte, Architekten) aus. Die Gründe für die geringe Ausbildungsintensität im tertiären Sektor liegen im Überwiegen "niederer" Dienstleistungsarten, die keine besonderen Qualifikationen erfordern (Reinigung, Gaststätten, Taxi, Transport) sowie in der geringen Personalkapazität der Spezialbetriebe (Architekt, Steuerberater, Tierarzt). Die Gründe für die Ausbildungsabstinenz der meisten Dienstleistungsbetriebe sind struktureller Art und können als Indikator für den geringen Differenzierungsgrad eines Unterzentrums gedeutet werden. Es fehlen Betriebe, die für eine wirtschaftliche Entwicklung stimulierend wirken könnten. Attraktive und zukunftsweisende Berufe können nur erlernt und ausgeübt werden, wenn der Interessent bereit ist, zumindest zeitweise von Weeze wegzugehen. Wird in zumutbarer Pendelentfernung später ein adäquater Arbeitsplatz angeboten, kann er zurückkehren. Ist der Ausbildungsort jedoch auch als Wohnort attraktiv, wird er, falls nicht persönliche Bindungen oder besondere Präferenzen für Weeze bestehen, eher dort bleiben.

(6) Die ländliche Siedlungsstruktur und die unzureichende Versorgung durch den öffentlichen Nahverkehr schränken das Ausbildungsangebot in einem akzeptablen Raum - Zeit - Umkreis erheblich ein. Die 15 - 16 jährigen sind auf Verkehrsverbindungen wie Bus und Schiene stärker als die Erwachsenen angewiesen. Nach GANSER ist dadurch das Potential an Ausbildungsplätzen beinahe um den Faktor 10 geringer (GANSER K. 1977, S.812) als in den Verdichtungsräumen.

Mängel im öffentlichen Nahverkehr zeigen sich in der Gemeinde Weeze weniger in der geringen Häufigkeit von Verkehrsverbindungen als vielmehr in der einseitigen Nord-Süd-Richtung. In Ost-West-Richtung verkehren nur von Geldern aus einige Busse in Richtung Moers. Von Kleve führt eine Bahnlinie nach Duisburg. Entsprechend fließt der Hauptpendlerstrom nach Krefeld-Dormagen-Köln. Pendler nach Duisburg werden mit Werksbussen abgeholt oder fahren mit dem eigenen Personenwagen.

In Flächengemeinden wie Weeze sind die Außenbezirke sehr stark benachteiligt, denn sie werden nur selten oder gar nicht vom öffentlichen Nahverkehr bedient. Hier ist man auf den Pkw, das Kraftrad oder das Fahrrad angewiesen. Für die 15 - 16jährigen ist die Erreichbarkeit mit dem öffentlichen Nahverkehr eine wichtige Determinante für die Ausbildungsmöglichkeiten, da in diesem Alter noch keine Fahrerlaubnis besteht. Geht man von einer halben Stunde als zumutbare Pendelzeit aus, so wird das ohnehin geringe Ausbildungsstellenangebot zusätzlich stark eingeschränkt. Für Auszubildende aus dem Ortsteil Wemb z.B. nimmt der Weg in die Berufsschule nach Geldern ohnehin schon 60 Min. in Anspruch.

(7) Durch die geringere Vielseitigkeit des Arbeitsplatzangebotes im ländlichen Raum findet der Jugendliche hier wesentlich weniger berufliche Entfaltungsmöglichkeiten als sein Altersgenosse in der Stadt. Dem starken Einfluß der Familie kann er nur wenig entwickelte eigene Vorstellungen entgegenstellen, weil von ihm bei der vorhandenen Wirtschaftsstruktur nur eine sehr begrenzte Auswahl von Berufen zur Entscheidung herangezogen werden kann. Die lediglich über Medien, Broschüren oder Berufsberater kennengelernten Berufe haben weniger Realisierungschancen, besonders wenn eine Unterstützung durch die Familie fehlt. Bei manchen Jugendlichen führt die Verbundenheit mit dem Heimatort zum Verzicht auf eine gewünschte Ausbildung, wenn ein Fortzug oder eine weite Pendelentfernung in Kauf genommen werden muß.

In den 50er Jahren vergrößerte sich die Gemeinde Weeze durch die Aufnahme von Flüchtlingen, deren Anteil an der Gesamtbevölkerung von 10,3% (1950) auf 17,7% (1959) anstieg.[8] Die Flüchtlinge waren für die ländlich und handwerklich geprägte Gemeinde wichtige Innovationsträger. Sie übten zum Teil für dieses Gebiet fremde Tätigkeiten aus und waren im Vergleich zur ansässigen Bevölkerung weniger auf tradierte Erwerbsmöglichkeiten festgelegt.

Die Ausbildungsmöglichkeiten sind für die bildungsaktiven und mobilen Jugendlichen vielseitiger, weil sie einen größeren Aktionsradius haben und sich besser informieren, denn nur die bekannten Alternativen der Umwelt werden in die Berufsentscheidung einbezogen.[9]

Der Umfang "indirekter" Informationen durch das Wohnumfeld ist im ländlichen Raum geringer als im Verdichtungsraum. Dagegen trifft dies für die Zugänglichkeit der möglichen Informationsquellen nicht zu. Der Jugendliche auf dem Lande muß jedoch größere Anstrengungen zur Informationsbeschaffung leisten, um den gleichen Informationsstand zu erreichen wie der Jugendliche in der Stadt. Bei denjenigen jungen Menschen, die ohnehin eine geringe Motivation aufweisen, führen die Bedingungen im ländlichen Raum schnell zur Resignation. Dies ist einer der Gründe für den stärkeren Einfluß der Familie auf die Berufswahl des Einzelnen auf dem Lande. "So nehmen mit steigender Ortsgröße die Eigenentscheidungen für einen bestimmten Beruf zu und die Elterneinflüsse bei der Berufswahl der Kinder ab" (NOWEY, W. 1973, S.87).

(8) <u>Der Anteil der unter 20jährigen an der Gesamtbevölkerung ist höher</u> als in den Verdichtungsräumen. Zwar hat sich die Geburtenhäufigkeit inzwischen den städtischen Verhältnissen angeglichen, die hohe Geburtenrate der 60er Jahre wirkt sich aber erst jetzt für den Ausbildungsstellenmarkt aus.[10]

Zur Beurteilung der zukünftigen Nachfrage nach Ausbildungsplätzen in Weeze ist festzustellen, daß die Zahl der 15jährigen bis 1983 gleich hoch bleiben, danach langsam und ab 1987 sehr stark abnehmen wird (vgl. Tab.2).

Tab. 2: Entwicklung des Jahrganges der 15jährigen in Weeze, 1971-1990

1971	1972	1973	1974	1975	1976	1977	1978	1979	1980	1981	1982	1983	1984	1985	1986	1987	1988	1989	1990
140	155	168	181	174	179	159	182	177	174	161	160	176	144	128	114	117	79	71	68

Quelle: Zahlen für 1975-1977 aus den Verwaltungsberichten; die anderen Daten wurden aus den Altersangaben 1975 zurückverfolgt bzw. aus der Altersstruktur 1977 für die folgenden Jahre geschätzt.

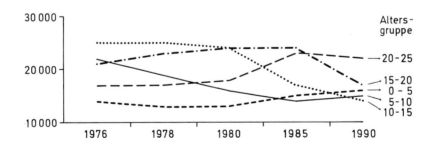

Abb. 2: Die Entwicklung der Altersgruppen bis 25 Jahre im Kreis Kleve 1976 - 1990 (Quelle: Regionalprognose NRW 1976-1990, S.34).

---

8) Standortuntersuchung und Entwicklungsplan für die Gemeinde Weeze, 1970, S.49.

9) Zwischen den objektiv gegebenen und den subjektiv wahrgenommenen (bekannten) Alternativen besteht die sogenannte informative Distanz des Aktors (LINNENKAMP, G. 1974, S.51/52).

10) Die hohe Geburtenrate, die früher ländlichen Gebieten eigen war, ist allmählich auf städtische Verhältnisse abgesunken, zum einen durch eine Änderung des generativen Verhaltens, zum anderen durch den Fortzug junger Familien oder Einzelpersonen, die erst in der Zielregion eine Familie gründen. So lag die Geburtenziffer in Weeze 1970 noch bei 14,9 (NRW: 12,8), war aber schon 1974 auf 8,2 (NRW: 9,0) abgesunken (Quelle: Gemeindeentwicklungsplan 1976 und Stat. Jahrbuch NRW 1975).

Die Zahl der zukünftig 15jährigen in Weeze entspricht der für das Kreisgebiet angenommenen Entwicklung. Die Prognose geht von einem Wanderungsverlust bei den 20 - 30jährigen sowie einem Wanderungsgewinn bei den jungen Familien mit Kindern aus. Die Jugendlichen sind z. Zt. ihrer Berufsausbildung also noch im Kreisgebiet wohnhaft und treten als Nachfrager auf dem Ausbildungsstellenmarkt auf.

(9) Durch die im Vergleich zu städtischen Gebieten immer noch niedrige Übergangsquote auf weiterführende Schulen sind mehr Haupt- und Realschulabgänger auf eine betriebliche Ausbildung angewiesen. Der Anteil der ländlichen Bevölkerung mit höherem oder mittlerem Bildungsabschluß ist niedriger als in der Stadt. Da die Eltern für ihre Kinder meist die nächst höhere Bildungsstufe anstreben, wird die Realschule häufiger besucht als das Gymnasium. Allerdings spielt gerade im ländlichen Raum die Nähe zu der jeweiligen Schulform eine große Rolle.

Als Nachfrager für die berufliche Ausbildung treten die Hauptschulabgänger, der größte Teil der Absolventen des 10. Schuljahres, und erfahrungsgemäß zwei Drittel der Realschüler auf. Dies sind etwa 70% des jeweiligen Jahrgangs. Wenn sich die Anteile der Hauptschüler auch verringert haben, so sind die absoluten Zahlen wegen der geburtenstarken Jahrgänge doch gestiegen. Die Entzugseffekte durch Übertritte auf das Gymnasium werden nicht wirkungsvoller werden, denn die Übergangsquote hat sich in den letzten Jahren bei 20% eingependelt. Es wird vielmehr damit gerechnet werden müssen, daß Abiturienten zunehmend direkt in die berufliche Ausbildung drängen und dadurch zusätzlich als Nachfrager auf dem Ausbildungsstellenmarkt auftreten.

Tab. 3: Verteilung der Schüler der Gemeinde Weeze nach Schularten pro Jahrgang in %

Jahr	pro Jahrgang				
	Haupt-schule	Abschluß 10.Schulj.	Real-schule	Gymnasium	Insges. abs.
1971	56,7	13,8	17,9	11,5	734
1972	53,8	13,3	20,2	12,6	763
1973	50,2	12,8	20,2	16,8	815
1974	43,9	19,8	19,9	16,4	788
1975	49,3	11,5	18,4	20,7	870
1976	50,9	12,6	16,6	19,9	921
1977	51,1	10,9	17,7	20,2	924

Quelle: Eigene Berechnungen auf der Grundlage der Verwaltungsberichte der Gemeinde Weeze 1971-1977.

Die skizzierten Mängel der betrieblichen Ausbildung beeinflussen die wirtschaftlichen Entwicklungsmöglichkeiten des ländlichen Raumes, weil ein breit gestreutes Angebot an qualifizierten Arbeitskräften ein wichtiger Standortfaktor für die Industrie ist. Dies trifft besonders für die Investitionsgüterindustrie zu, deren verstärkte Ansiedlung im ländlichen Raum regionalpolitisch wünschenswert wäre.

Das regionalpolitische Instrumentarium beschränkt sich bislang auf den Ausbau der technischen Infrastruktur und auf Investitionsanreize für Industriebetriebe. Als staatliche Vorleistungen könnten aber auch Einrichtungen zur beruflichen Ausbildung, z.B. überbetriebliche Lehrwerkstätten und leistungsfähige Berufsfachschulen die festgestellten Mängel in der betrieblichen Ausbildung ausgleichen. Der Abwanderung derjenigen Jugendlichen, deren Fortzug bildungs- und ausbildungsorientiert ist, könnte damit entgegengewirkt werden. Gleichzeitig würde das Qualifikationsniveau des vorhandenen Arbeitskräftepotentials gehoben werden und könnte als verbesserter Standortfaktor im ländlichen Raum in Betriebsentscheidungen einbezogen werden. Die begrenzten beruflichen Ausbildungsmöglichkeiten wirken sich entwicklungshemmend auf den ländlichen Raum aus, weil viele der bildungsaktiveren Jugendlichen mangels zufriedenstellender Ausbildungswege auf "mittlerer Ebene" weiterführende Schulen besuchen und daraufhin die Region "zwangsweise" verlassen.Die schwächer Motivierten geben sich schnell mit den örtlichen Gegebenheiten zufrieden und haben durch ihr Verhalten keine innovatorische Wirkung. Die mögliche Initiativgruppe wandert ab und verstärkt den durch die selektiven Wanderungsprozesse bedingten Abbau der Begabungen im ländlichen Raum (LINNENKAMP, G. 1974, S.44 f.). Koordinierte Maßnahmen der regionalen Wirtschaftsförderung und der Bildungspolitik könnten dieser "Verarmung" des wichtigsten Entwicklungspotentials des ländlichen Raumes entgegenwirken.

Literaturverzeichnis

ARBEITSAMT KREFELD: Wie geht es weiter? Krefeld 1978.

AUTORENKOLLEKTIV: Problemgroepen op de arbeidsmarkt. Utrechtse geogr. Stud., 5, 1977.

BUNDESMINISTER FÜR BILDUNG UND WISSENSCHAFT: Berufsbildungsbericht 1978.

GANSER, K. (1977): Regionalisierung von Maßnahmen der beruflichen Bildung. In: Informationen zur Raumentwicklung, 11, 807-822.

HEMMERS, R. (1978): Begrenzte berufliche Ausbildungsmöglichkeiten. Ein Entwicklungsnachteil für schwach strukturierte ländliche Räume? - Fallstudie Gemeinde Weeze am Niederrhein -. Diplomarbeit; unveröffentlichtes Manuskript. Geographische Institute, Universität Bonn.

KÖHL, J. (1975): Jugendarbeitslosigkeit, Bildungs- und Beschäftigungssystem. In: Gewerkschaftl. Monatshefte, 9, 526-537.

LINNENKAMP, G. (1974): Zur Integration von Bildungsplanung und Raumplanung. Hannover. Manuskriptdruck 1976.

NOWEY, W. (1973): Zwischen Schule und Beruf. München. Studien und Materialien des Staatsinstitutes für Bildungsplanung, Folge 4.

GEMEINDE WEEZE: Standortuntersuchung und Entwicklungsplan 1970.

GEMEINDE WEEZE: Gemeindeentwicklungsplan 1976.

Persistente Muster in der Agrarlandschaft des Baaler Bruchs, Gemeinde Weeze

Wilfried Krings

Mit 3 Abbildungen

Summary. Persistence of late-mediaeval land-use patterns in a reclaimed fen in Weeze, in the Lower Rhinelands

This paper deals with a section of the landscape situated on the eastern bank of the Maas River, immedi-
ately on the Dutch-German border. Fig.1 and 2 present the land-use patterns in 1892 and 1970 respectively.
The low lying central part is bordered by dikes and arranged in a regular, strikingly SSW-NNE-orientated
pattern. The pattern shown in fig.1 has been identified as dating from the early 14th century. It reflects
lowland reclamation methods that had spread from Flanders and Holland all over Europe. Former common lands
were divided into narrow plots. A so-called "wetering" was dug draining the overflow to the Maas River
(fig.3). Parts of the wastelands were reclaimed, while the remaining parts continued to be used for cut-
ting sods for manuring, and for pasturing sheep. Like many other similar projects this one, too, was ini-
tiated by the sovereign, the Count, later the Duke of Guelders. It formed a part of a larger comprehensive
project aiming at the political consolidation of the territory.

The more recent layout dates from the beginning of the 20th century. At this time it had become necessary
to adapt the agrarian landscape to new economic, social, and technical conditions. The remaining fen,
therefore, was transformed into arable land and grassland. A new drainage system was dug, and the ground
was cleared and broken up with the aid of steam ploughs. The old strip allotments had to make way for a
new pattern of rectangular fields. Nevertheless, the general large-scale orientation remained. The scheme
was organized by a local reclamation cooperative and it was highly subsidized by the Prussian state.

Though the overall appearance of the landscape has greatly changed, there is a remarkable continuity of
late-mediaeval land-use patterns. In view of its great historical value, the preservation of this pattern
ought to be considered.

Unter persistenten Mustern wollen wir solche Muster verstehen, die aus früheren Entwicklungsphasen der
Agrarlandschaft auf uns gekommen sind, die unter anderen sozialen, wirtschaftlichen und technischen Bedingungen als den heutigen entstanden sind und die die gegenwärtigen Muster mehr oder weniger stark
mitgeprägt haben (vgl. WIRTH 1979, S. 91 ff.). Die Muster ergeben sich aus der "Gruppe der Spuren, welche die menschliche Tätigkeit in der Landschaft hinterläßt" (SCHLÜTER 1906, zit. n. BARTELS 1968,
S. 131). Es kann sich dabei um Siedlungen und landwirtschaftliche Nutzflächen, aber auch um lineare
Elemente wie Straßen und Wege, Gräben, Hecken und Baumreihen handeln. Diese Elemente oder Spuren sind
im Gelände visuell wahrnehmbar. Weniger leicht läßt sich dagegen das Muster selbst erfassen, das sich
aus dem Zusammentreffen der Einzelelemente ergibt. Es ist meist nur aus der Vogelschau erkennbar. Man
wird daher mit Luftbildern arbeiten und sich ersatzweise mit großmaßstäbigen topographischen Karten be-
helfen. Um die Muster zu interpretieren, kann man, da sie in der Regel keine Singularitäten darstellen,
nach schon untersuchten Parallelen Ausschau halten. Darüber hinaus sind lokale Veröffentlichungen und
- soweit vorhanden bzw. zugänglich - Archivquellen zu befragen.

Auf die Kulturlandschaft altbesiedelter Räume wird gelegentlich die Palimpsest-Metapher angewendet
(vgl. HARD 1973, S. 163 f.). Ein Palimpsest ist eine Pergament-Handschrift, deren ursprünglicher Text
durch Auslaugen, Reiben mit einem Bimsstein oder Schaben mit einem Messer getilgt und durch einen neu-
en Text ersetzt worden ist. Im frühen Mittelalter, als Pergament knapp und teuer war, sind auf diese
Weise viele alte, z.T. heidnisch-antike Schriften behandelt worden. So wie es für diese Palimpseste

Abb. 1:
Ausschnitt aus der topographischen
Karte 1:25000, herausgegeben vom
Landesvermessungsamt Nordrhein-
Westfalen Neuaufnahme 1892

Mit Genehmigung des Landesvermessungsamtes
Nordrhein-Westfalen vom 2. 5. 1980,
Kontrollnummer D 6748, vervielfältigt durch das
Institut für Wirtschaftsgeographie der Universität Bonn

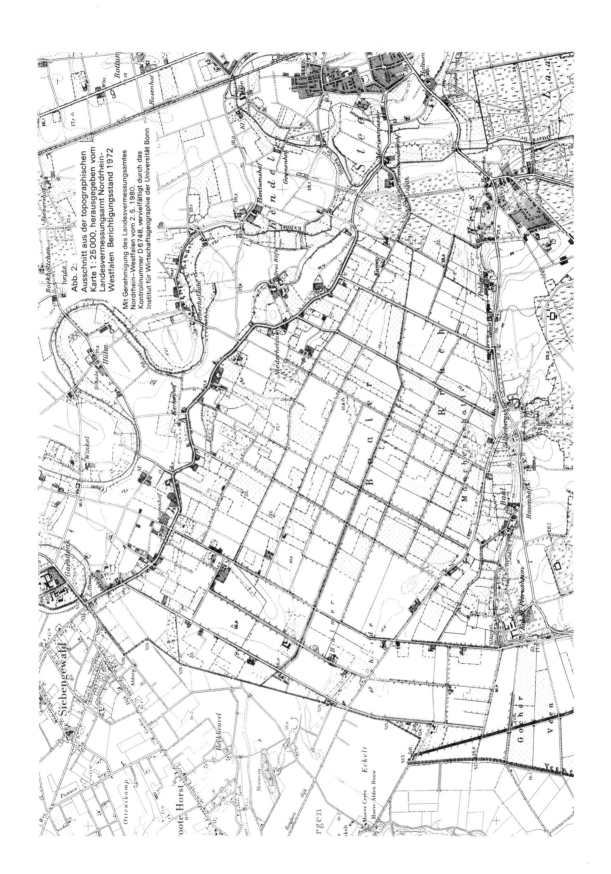

Abb. 2:
Ausschnitt aus der topographischen
Karte 1:25 000, herausgegeben vom
Landesvermessungsamt Nordrhein-
Westfalen Berichtigungsstand 1972

Mit Genehmigung des Landesvermessungsamtes
Nordrhein-Westfalen vom 2. 5. 1980.
Kontrollnummer D 6748, vervielfältigt durch das
Institut für Wirtschaftsgeographie der Universität Bonn

Verfahren gibt, mit denen der ursprüngliche Text wieder lesbar gemacht werden kann, so ist es auch möglich, in der heutigen Kulturlandschaft persistente Elemente zu ermitteln und durch sie ältere Zustände zu rekonstruieren. Dabei hat man es im allgemeinen leichter als bei der Palimpsest-Forschung, denn ältere kulturlandschaftliche Muster sind nicht unbedingt immer gänzlich getilgt worden; einzelne Elemente wurden weiterverwendet, umgenutzt oder blieben einfach unberührt. Oder um im Bild zu bleiben: Einzelne Buchstaben, Wörter oder ganze Sätze der alten Schrift wurden in den neuen Text übernommen.

Weshalb ältere Zustände nur selektiv verändert worden sind, kann verschiedene Gründe haben. Es ist möglich, daß Teilelemente noch brauchbar waren, für neue Zwecke inwertgesetzt werden konnten, daß bei anderen Elementen der Aufwand zu groß gewesen wäre,sie zu beseitigen, und man sich mit ihrem Fortbestehen wohl oder übel abfinden mußte. Es kann auch sein, daß bestimmte Elemente bewußt erhalten wurden, weil man ihnen über ihre praktische Verwertbarkeit hinaus einen ideellen Wert beimaß. Auf jeden Fall reichen so Teilelemente früherer kulturlandschaftlicher Muster in die Gegenwart hinein, in der sie willkommen oder unwillkommen sein mögen, in der sie vielfach aber auch in der Umweltwahrnehmung der Menschen nicht mehr existieren. So werden etwa alte Kirchen und Burgen als geschichtliche Phänomene wahrgenommen und bewertet, viel weniger oder gar nicht Feldwege, Entwässerungsgräben und Nutzungsgrenzen, die unter Umständen wesentlich älter sind.

Am Beispiel eines relativ kleinen Ausschnitts aus der Agrarlandschaft des Niederrheins möchten wir zeigen, was herauskommen kann, wenn man versucht,wenigstens etwas in das Erscheinungsbild einzudringen. Es ist ein Erscheinungsbild, das dem flüchtigen Betrachter gemeinhin wenig Aufmerksamkeit abringt, wie überhaupt die niederrheinische Tiefebene, die so eben gar nicht ist, zu denjenigen Landschaften gehört, die sich dem massiven visuellen Reizen ausgesetzten Zeitgenossen nicht gerade leicht erschließen.

Das Baaler oder Weezer Bruch ist ein knapp 645 ha großes, in einer Höhe um 18 m gelegenes Gebiet im Westteil der Gemeinde Weeze. Geomorphologisch gesehen liegt es im Zuge jener breiten Stromrinne, die der Rhein zur Zeit des weitesten Gletschervorstoßes nach Südwesten, d.h. auf dem Höhepunkt der Saale-Eiszeit, geschaffen hat und die heute von der Niers und der Kendel benutzt wird. Nach Süden stößt das Baaler Bruch in einer markanten Geländestufe an die Hees, den nördlichen, inselartigen Ausläufer der jüngeren Hauptterrasse zwischen Maas und Rhein in einer Höhe um 30 m über N.N. Entlang des Geländeabfalls zum Baaler Bruch verläuft die Straße von Weeze nach Well an der Maas; an dieser Straße liegt die Bauerschaft Baal mit der ehemaligen zweiklassigen Volksschule, die 1971 als "Außenstelle" der Universität Bonn "in Betrieb genommen" wurde und seitdem eine Vielzahl von Studentengruppen beherbergt hat.

Nach Norden grenzt das Bruch an die Kendel, die in großen, engen Windungen (9 Stück auf 15 km) die Niers von Weeze bis Hommersum begleitet. Von Osten nach Westen verbreitert sich das Bruch; es setzt sich jenseits der Gemeindegrenze Weeze-Goch unter der Bezeichnung Hülmer Heide fort und reicht auch noch über die Landesgrenze auf niederländisches Gebiet (Leege Heide, von nl. 'laag', niedrig), wo es dann bald auf den wenige Kilometer breiten Flußdünenstreifen stößt, der das östliche Maasufer begleitet (Afferder Heide). Ein kleiner Bach, die Eckelsche Beek, durchbricht den Dünenstreifen und gewährleistet einen natürlichen Abfluß in die Maas. Da die Einmündung bei Afferden bei ca. 12 m über N.N. liegt, beträgt der Höhenunterschied gegenüber dem Baaler Bruch maximal 5 - 6 m.

Über die bodenmäßige Beschaffenheit geben schon die Namen Bruch und Heide Aufschluß. Das Erscheinungsbild stimmt jedoch mit diesen Namen nicht überein: Weiden und Äcker wechseln sich ab; Pappelreihen, einzelnstehende Schattenbäume auf den Weiden und kleine Waldungen ergeben eine "halboffene" Landschaft. Die geradlinige Ausrichtung der Wege, Baumreihen und Entwässerungsgräben verleiht dem Gebiet ein einheitliches, schematisch und relativ einförmig wirkendes Aussehen. Das läßt darauf schließen, daß hier ein Bruch- und Heideareal in jüngerer Zeit in Kultur genommen worden ist. Nichts deutet auf den ersten Blick darauf hin, daß dieses agrarlandschaftliche Muster, das als typisch für den Niederrhein gelten könnte, persistente Elemente aus älterer Zeit enthält.

Um einen Ansatzpunkt für unsere Untersuchung zu bekommen, ziehen wir die TK 1:25000 heran, die gedruckt erstmals für 1892 vorliegt (Abb.1), und vergleichen den damaligen Zustand mit dem heutigen (Abb.2).

Abb.1 zeigt, daß das Gebiet 1892 zum größten Teil noch Bruch war, das kaum durch Wege erschlossen war. In ungefähr SO-NW-Richtung führte ein schnurgerader 'Leit-Graben' als Vorfluter durch das Bruch. Er entwässerte in Richtung Maas bzw. ganz im Osten in entgegengesetzter Richtung auf den Ottersgraben und die Niers zu (Wasserscheide südlich des Hofs Kawey). Es fällt auf, daß sich nur am Nordrand Acker- und Buschkomplexe an das Bruch anschlossen und daß die Wege, Gräben und Nutzungsgrenzen auf eine bestimmte Richtung - ungefähr SSW-NNO - eingeregelt sind. Geht man danach, so ist die genaue Begrenzung im Süden der Fuß der Hees bzw. weiter westlich der Weg bzw. Damm, der oberhalb des Namens Baal vorbei nach NW führt. Er trägt den (in der TK nicht enthaltenen) Namen Baaler Deich. Nach Norden hin bildet die Straße von Weeze nach Gaesdonk die Grenze, jenseits derer die Kendel-Schleifen und die von ihnen umschlossenen, überschwemmungsfreien Ackerkomplexe (Donken) liegen. Die Straße verläuft merkwürdig gewunden. Im Gelände erscheint sie streckenweise als Damm. Der Name, Hülmer Deich, ist auf der TK eingetragen. An diesem Deich aufgereiht, in unregelmäßigen Abständen, liegen Höfe (Kerkenhof, Boyenhof) und Katen, deren Namen nicht verzeichnet sind. Anhand der Tranchot-Karte von 1802/04 läßt sich folgende - unvollständige - Namenliste aufstellen (von O nach W): Der Trompsche Hof, Brabender Kath, Pleesen Kath, Jan de best Kath, Bessels Kath, Schadden Kath, De Wilts Kath, Spulhof Kath, Beesels Kath, De best Kath, Verbeesten Guht, Holtmanns Kath, Hollen Kath, Kerkenhof, Vogtshof, Klosterhof bei Gaesdonk. Danach handelte es sich überwiegend um Katen.

Im Süden, entlang der Weeze-Weller (Baaler) Straße und des Baaler Deichs sind auf der Tranchot-Karte genannt (von O nach W): die Höfe Kleine und Große Polder und die Bauerschaft Baal mit dem Silberbergshof, Dillenhof, Brülmanshof, Haasenhof, der Armen Kath, Hoogen Kath und Kruisberg Kath. Die beiden letztgenannten Katstellen sind in Abb.1 nicht mehr vorhanden. Die Anordnung der Nutzflächen war eine andere als am Hülmer Deich, insofern die Ackerkomplexe nicht im Bruch, sondern auf der Terrassenplatte der Hees lagen, die im übrigen weitgehend aufgeforstet war (mit Nadelholz). Zwischen dem Feldland und dem durch schematische Schneisensysteme erschlossenen Forstareal waren Heide- und Buschflächen eingeschoben, die - wie der Vergleich mit der Tranchot-Karte zeigt - Überreste der Hees Heide, einer Allmende, waren. Das Bruch zeigt nur an zwei Stellen Spuren einer individuellen Nutzung; und zwar bei den Höfen Polder (feuchte Weide) und bei Baal in der durch parallele Wege und Gräben erschlossenen Mönchenschall.

Das Innere des Bruchs wurde offensichtlich als Allmende genutzt, und zwar besonders von Norden her: Einige Wege, die am Hülmer Deich begannen, liefen in den Heideflächen nördlich des Leitgrabens aus. Südlich des Leitgrabens weisen die Signaturen das Gelände als feuchter aus. In einem zeitgenössischen Bericht heißt es: "Das Baalerbruch ... brachte fast gar keine Erträge, da das Wasser in ihm fast überall bis zur Bodenoberfläche stand. Auf dem größten Teil des Bruches wuchsen nur Heidekraut, Gagel (myrica gale), verkrüppelte Kiefern und Sträucher" (VAN DOORNICK 1913, S.2 f.). Der Boden ist an gleicher Stelle als "grauer bis graubrauner, meist tonarmer Sand mit wechselndem Humusgehalt" beschrieben, der von der Moorversuchsstation in Bremen zu den "anmoorigen oder schwach anmoorigen Bildungen geringerer Qualität" gerechnet werde. Heute spricht man von Gleyböden. Für die stellenweise starke Vernässung ist Druckwasser verantwortlich, das sich im Schotterkörper der Hees auf einem höheren, undurchlässigen Horizont sammelt und nordwärts in das Bruch abfließt (INGENIEURBÜRO SCHULZ 1974, S.18).

Für die Allmend-Hypothese lassen sich eindeutige Belege beibringen. Das ist nicht verwunderlich, denn die gemeinschaftliche Nutzung führte allgemein immer wieder zu Streitigkeiten, die dann aktenkundig wurden. In unserem Fall hat es im 16. Jh. solche Auseinandersetzungen gegeben (vgl. FERBER 1860, S.136 ff. für den Bereich Afferder Heide/Leege Heide). Eine Zeugenerklärung vom 27.7.1554 (Stadtarchiv Kalkar, P 26) besagt, daß bereits vor 40 Jahren, d.h. soweit wie sich alle, die im Kirchspiel von Weeze geboren und aufgezogen worden waren, zurückerinnern konnten, folgende Regelung bestand: Wenn die Nachbarschaft (burschap) von Helsum oder einige andere Nachbarn ihre Schafe im Weezer Bruch über den Leitgraben (leigraeff) und den breiten 'sijpenn' (Bezeichnung für einen Wasserlauf?, d. Verf.) hätten treiben lassen, dann hätten die Nachbarn von Weeze die Schafe immer einsperren (schutten) lassen. Die Schafe mußten dann von den Eigentümern ausgelöst werden.

Während der Teil nördlich des Leitgrabens von den Helsumern zur Schaftrift genutzt werden durfte, stand den Weezern der südlich gelegene Teil zur Verfügung. Die Baaler durften, wie am 25.4.1551 vor dem Gericht in Weeze festgestellt wurde (SCHOLTEN 1906, S.86), ihre Schafe in der südlichen Hülmer Heide und im Gocher

Veen weiden.

Da der Leitgraben um 1550 schon bestand, haben wir nun zu klären, wann und von wem er angelegt worden ist. Es ist bekannt, daß die Zeit zwischen der Mitte des 14. und des 16.Jh. im allgemeinen für die Entwicklung der Kulturlandschaft vorwiegend Rückschritte gebracht hat (spätmittelalterliche Agrardepression oder Wüstungsperiode). Wir müssen in die Zeit vorher, die Ausbauperiode des Hochmittelalters, zurückgehen, um auf intensive landeskulturelle Aktivitäten zu stoßen. Gegen Ende dieser Periode hatte der Ausbau Gebiete mit geringeren Böden oder in größerer Abgelegenheit erreicht. Er kann in individuellen, ungelenkten Urbarmachungen bestanden haben. Wo es sich aber wie in unserem Fall um Niederungsgebiete handelte, deren Erschließung wasserbautechnische Maßnahmen erfordert, da ist mit obrigkeitlicher Lenkung zu rechnen. Dies wiederum muß sich in amtlichen Dokumenten niedergeschlagen haben.

In den von ILGEN (1921) herausgegebenen "Quellen zur inneren Geschichte der rheinischen Territorien: Hztm. Kleve" findet sich eine 1346 ausgestellte Urkunde (II, Nr.66), die unsere Aufmerksamkeit verdient, weil in ihr drei Leitgräben erwähnt sind, deren Lagebezeichnung auf die Weezer Gegend hinweist. Der auf mittelniederländisch abgefaßte Text verwendet allerdings nicht den Begriff Leitgraben, sondern einen Fachausdruck, nämlich Wetering.

Der Text lautet in der Übersetzung:

"Hinsichtlich der Schläge, die unser (Landes-)Herr, unser Vater, dem Gott gnädig sein möge, hat schlagen (einteilen) und von unserem geschworenen Landmesser Johann Werdelieven vermessen lassen und die gelegen sind zwischen dem Twistederfeld und dem 'Vliederzale', das die 'Sevengewand' (Siebengewald) genannt wird, und auf der Allmende an beiden Seiten der Niers und mit solchen Grenzmarkierungen, wie sie zwischen Herrn Jakob van Mierlar, Herrn Schenk van Nydegghen und Wilhelm van Baerle gezogen sind, geben wir, Reinald, durch Gottes Gnade Herzog von Geldern, Graf von Zutphen, allen Leuten mit dieser Urkunde folgendes bekannt:

(1.) Wir geloben allen denjenigen, die die vorgenannten Schläge aus der Allmende inne haben oder noch erhalten werden und fernerhin Herrn Dietrich van der Straten für das, was ihm (an Grund und Boden) zugeteilt worden ist, daß sie damit ihren Lebensunterhalt bestreiten und das Erbrecht daran haben sollen.

(2.) Fernerhin werden wir die Wetering, die oberhalb von 'Wymme' (Wemb) beginnt und in den Ottersgraben mündet, die Wetering, die vom 'Mulraetschen' Deich in die Maas führt sowie die Wetering von 'Wymmerdycke' (Wemberdyk), die unterhalb der oben erwähnten (Grenzmarkierungen der) Herren verlaufen soll, bis in die Maas frei halten und sie auf einer Breite von 24 Fuß zugänglich halten lassen für alle diejenigen, denen sie schaden könnten. Das soll auch gelten für alle Gräben und Weteringen, die denjenigen (Kolonisten), die zusätzlich noch angesetzt werden, als nützlich und gut dünken.

(3.) Fernerhin wollen wir, daß unser Amtmann von Goch jedes Jahr auf St. Walburgisabend (30. April) sieben gute Leute wählen soll, die an den Schlägen begütert sind und daß er sie schwören lassen soll nach dem Rate der Mehrheit, die dazu gehören, daß sie diese Weteringen alle 14 Tage inspizieren ('schouwen', d.h. die Wasserschau abhalten) und - falls notwendig - mit unserem Amtmann Instandsetzungsarbeiten durchführen. Dafür soll er (der Amtmann) dann von denen, die von Rechts wegen die Arbeiten hätten vornehmen müssen, zweimal soviel Geld nehmen, wie es ihn kostet.

(4.) Ferner sollen diejenigen, die nebeneinander liegen, ihren Trenngraben in gleicher Weise abgelten und graben und kein Wasser durch ihn fluten lassen, das von außerhalb des Amtes Goch anfallen könnte.

Alle diese vorgenannten Punkte geloben wir in guter Treue fest und beständig zu halten. Das gilt für uns selbst und auch für die Erben unserer ganzen Herrlichkeit und unseres ganzen Rechtes, das wir jetzt an den obengenannten Schlägen und Höfen ('erve') besitzen oder hiernach bekommen mögen und unter Einschluß eines jeden Hofs und Schlags der guten Leute, der ihm (dem Recht) wie oben erwähnt unterstellt ist.

Zur Bekräftigung und zur Sicherheit haben wir unser Siegel an diese Urkunde hängen lassen. Verhandelt und ausgestellt zu Zutphen im Jahre unseres Herrn 1346, am Donnerstag nach dem Großen Fastelabend (2. März 1346)".

Aussteller dieser Urkunde ist Herzog Reinald III. von Geldern, der von 1343 bis 1361 regierte. Sein Vater, der Urheber der angesprochenen Parzellierung, ist Reinald II. Er hatte 1318 in jugendlichem Alter seinen Vorgänger und Vater Reinald I. "kaltgestellt" und war selbst 1343 "infolge eines Falles vom Stuhl" gestorben. Die drei genannten "Herren" sind Angehörige der geldrischen Ritterschaft, die im Umkreis des betroffenen Gebiets begütert waren. Wilhelm 'van Baerle' trägt seinen Namen nach dem Ort Baarlo, sw von Venlo auf dem linken Maasufer (DE L'ESCAILLE 1896-97). Die Herren 'van Mierlar' hatten ihren Stammsitz in dem Ort Meerlo (östlich Venray, gleichfalls auf dem linken Maasufer). Sie besäßen rechts der Maas einen Teil von Well und einen Teil von Afferden mit der Burg Bleijenbeek (JANSSEN 1912, S.237, 241). Den Schenk van Nydegghen gehörte ein anderer Teil von Afferden mit der gleichnamigen Burg.

Von Dietrich van der Straten ist u.a. bekannt, daß er 1330 Amtmann von Goch war (SCHOLTEN 1899, Nr. 159). Das Geschlecht, dem er angehörte, stammte aus Flandern; es ist in Weeze zuerst 1297 belegt, als ein Gerhard und ein Johann unter den Gerichtsleuten genannt sind (HÖVELMANN 1973, S.104). Dietrich könnte ein Sohn Johanns sein, wofür folgender Sachverhalt spricht: Johann wurde 1326 mit verschiedenen Zutphener Lehen belehnt, darunter einigen Höfen bei Hassum (HÖVELMANN a.a.O.). Ebendort erhielt Dietrich 1335 vier Höfe, die bis dahin Lehen gewesen waren, als freies Eigen (SCHOLTEN, S.117). Dietrich und sein Sohn Johann wurden 1351 mit dem Haus Kalbeck (nördlich von Weeze an der Niers, heute Wüstung) belehnt (SCHOLTEN, S.139, vgl. HÖVELMANN, S.104).Johann hatte einen Bruder, Heinrich, den HÖVELMANN (S.108) für Burg Wissen (an der Niers südlich von Weeze), ein Lehen des Propstes von Xanten, als Besitzer nachweisen konnte.

Daß Dietrich einen eigens erwähnten, aber seiner Lage nach nicht näher bezeichneten Flächenanteil erhalten hatte, weist ihn als den Organisator oder, um den Fachbegriff zu verwenden, den Lokator des Kolonisationsprojekts aus, auf das sich die Urkunde bezieht.

Über den Landmesser Johann Werdelieven war nichts in Erfahrung zu bringen.Die Untersuchung von HARMSEN (1958/9) reicht nicht weit genug zurück.

Als nächstes sind die erwähnten Lokalitäten zu identifizieren. Mit 'Twistedervelde' ist das Feldland des Ortes Twisteden gemeint. Bei dem 'Vliederzale' ergibt sich aus der Formulierung, daß es sich um das Gebiet von Siebengewald (Gem. Bergen, westlich von Gaesdonk) handelt. Eine Geländeskizze von 1552 enthält dort eine Hofstelle 'Die Flyrsaell'. Der Name ist offenbar später in Flieraij ('raij', Rodung) verändert worden. Unter den Lehngütern in Afferden befand sich 'ein Drittel vom sogenannten Flyray auch het Holland genannt' (FERBER 1860, S.6). Die Luftlinienentfernung Twistederfeld - Flieraij beträgt rund 12 km.

Von den genannten Deichen bezeichnet 'Wemberdyk' heute eine Häusergruppe an der Straße von Twisteden nach Wemb, die das Wember Bruch - zwischen dem Twistederfeld und der Hees gelegen - an seiner schmalsten Stelle durchquert. Es liegt also auf der Hand, unter 'Wymmerdycke' richtiger den Straßenabschnitt im Bereich des Bruchs zu verstehen. Folgt man der (heute gut ausgebauten) Straße über Wemb hinaus nach Norden, so stößt man bei der Lokalität Heeserhaus (heute Gaststätte Wessels) auf einen geradlinigen, dammartigen Schotterweg. Er bildet die östliche Begrenzung des Baaler Bruchs und führt auf die Kendel zu, quert diese und setzt sich in Richtung Goch fort. Der Name Mulraet kommt heute in der Nähe dieses Deichs nicht mehr vor. Allerdings befindet sich hier ein Hof Marienwasser. Der merkwürdige, aber im Hinblick auf das nahe Bruch verständliche Name ist - neben einem Gebäudeteil - das letzte Überbleibsel eines Klosters Marienwasser (Maria Ad Aquas), das 1461 gegründet und im Zuge der Säkularisierung zu Beginn des 19. Jh. aufgehoben worden war. Das Hauptstaatsarchiv Düsseldorf besitzt ein Kopiar dieses Klosters. Darin sind Einkünfte erwähnt 'van den plaetsen ende fondament daert closter opsteet alss met namen den hoff inden Mulrade'. Der fragliche Dammweg ist damit eindeutig als der Mulraetsche Deich identifiziert.

Beide Deiche liegen im Zuge eines Verkehrsweges, der auf der historisch-geographischen Karte von BUYX (1878) als "alte Landstraße von Nimwegen nach Aachen" bezeichnet ist. Es handelt sich um eine Fernverbindung parallel zur Maas. GORISSEN (1956, S.61) sieht in ihr den wichtigsten mittelalterlichen Landverkehrsweg des Niederrheins. Er sei von den Landesherren von Geldern vielfach bei Reisen ins Oberquartier (Hauptstadt Roermond) benutzt worden. Der in Wemb fortlebende Name Alte Jülicher Straße weist darauf hin, daß es eine Abzweigung nach Jülich gab, die vor allem in der kurzen Zeit wichtig gewesen sein dürfte, als Geldern von Herzögen aus dem Haus Jülich regiert wurde (1371-1423). Die Trasse wurde im 18./19. Jh. zwischen Geldern und Goch soweit nach Osten verschoben, daß sie durch Kevelaer, Wissen und Weeze führte, Orte, die inzwischen eine gewisse Bedeutung erlangt hatten. Die aufgegebene alte Trasse persistierte streckenweise in bedeutungslosen Lokalwegen.

Von den beiden Deichen gingen die drei Leitgräben oder Weteringen aus. Der vom Wemberdyk kommende Graben, auf neueren Karten Spanische Ley genannt, bildete seit 1473 einen Abschnitt der Territorialgrenze von Kleve und Geldern. Der Name muß während der Zeit aufgekommen sein, als das Oberquartier Geldern ein Bestandteil der Spanischen Niederlande war (1543-1578, 1587-1703). Die 'weteringe van den Mulraetschen dijcke in die Maese' ist der Leitgraben durch das Baaler Bruch und die Hülmer Heide. Beide Leitgräben laufen jenseits der Grenze, östlich von Burg Bleijenbeek, zusammen und stoßen dann auf die erwähnte Eckelsche Beek. Diese Situation ist der Geländeskizze von 1552 zu entnehmen. Der dritte Leitgraben interessiert in diesem Zusammenhang nicht. Er mündet als Ottersgraben nördlich von Weeze in die Niers.

Das Kolonisationsprojekt im Gebiet von Weeze, die auf Geheiß Reinalds II. von Geldern vorgenommene Allmendteilung, war Bestandteil einer systematischen raumwirksamen Territorialpolitik. Reinald setzte damit fort, was schon seine Vorgänger Otto II. und Reinald I. eingeleitet hatten. Er verfolgte eine Art Doppelstrategie, indem er einerseits des Städtewesen förderte, andererseits aber auch auf eine intensivere wirtschaftliche Erschließung und Besiedlung des platten Landes hinwirkte, da sonst die Ernährung der wachsenden Stadtbevölkerung nicht gewährleistet gewesen wäre. Ein gängiges "Förderungsmittel" war, die Rechtsstellung und Rechtssicherheit der Landbevölkerung zu verbessern. 1328 verlieh Reinald den Bewohnern 'des Landes an der Niers aufwärts und an beiden Seiten der Maas' Landrechte (NETTESHEIM 1963, S.31). Die Allmendteilung an der unteren Niers wird man im Zusammenhang damit sehen müssen. Entsprechende Maßnahmen zur Inwertsetzung extensiv genutzter Flächen sind in allen Niederungsgebieten des Territoriums nachgewiesen, so z.B. bei Nijmegen (GORISSEN 1956, S.37 ff. u. Karte 13). Leider fehlt m.W. eine entsprechende kartographische Umsetzung der bekannten Belege, aus der sich das ganze Ausmaß ablesen ließe.

Wie Geldern so haben auch die Nachbarterritorien Kleve und Köln Niederungskolonisation betrieben (PETRI 1972; JANSSEN 1973). Die dabei angewendeten Verfahren und Techniken waren als Neuerungen aus dem flandrischen und holländisch-utrechtischen Raum übernommen worden. Sie sind auch weit über den Niederrhein hinaus verbreitet worden und finden sich an der Unterweser (FLIEDNER 1970) und Unterelbe, in Ostengland, in Frankreich (PETRI 1974), ferner auch in Ostmitteleuropa (Weichsel-Nogat-Delta).

Ob im Fall des Baaler Bruchs die Kolonisten aus dem Westen zugewandert sind oder ob eine nachwachsende Generation aus den Althöfen die Arbeiten durchgeführt hat, müßte eigens untersucht werden. Die Frage läßt sich möglicherweise anhand einer in wenigstens zwei Fassungen überlieferten "Landrolle" aus dem 14. Jh. klären, in der die Namen der Siedler verzeichnet sind. Insgesamt hat eine große Zahl von Siedlern ('Broekers') Holland und den weiteren niederländischen Raum verlassen, was die Folge einer Übervölkerung war, wie die Forschung aufgrund bestimmter Indikatoren plausibel machen konnte (vgl. ABEL 1971, S.198). Immerhin stammte das Geschlecht van der Straten, das den Lokator stellte, aus Flandern und wird von daher über das notwendige "Know-how" verfügt haben.

Den Ablauf des Kolonisationsprojekts hat man sich folgendermaßen vorzustellen: Zu einem nicht genannten Zeitpunkt hat Reinald II. einen Landmesser damit beauftragt, die Bruch- und Heidegebiete im Umkreis der Hees, die der Rechtsstellung nach 'gemeinte', d.h. Allmende, waren, zu vermessen und zu parzellieren. Der Fachausdruck dafür ist 'slaghe schlaen', wörtlich Schläge schlagen. Das Mittelniederländische Wörterbuch bringt dafür eine Vielzahl von Belegen (VERWIJS u. VERDAM 7, Sp. 1189-1190, Zfr.19). Diese Schläge oder Parzellen sind dann in Erbzinsbesitz an Kolonisten ausgegeben worden. Aus der Formulierung der Urkunde ist zu vermuten, daß zum Zeitpunkt ihrer Ausstellung noch nicht alle Schläge einen Besitzer gefunden hatten.

Den Lokator Dietrich van der Straten stattete der Landesherr zur Entlohnung mit gesonderten Flächen aus. Analog zu den von FLIEDNER (1970, S.40 ff., 56) vorgefundenen Verhältnissen wären diese Flächen an einer der beiden Seiten des "verhufschlagten" Bereichs zu erwarten. In unserem Fall müssen sie am Ostrand gelegen haben, auch wenn wir das noch nicht konkret beweisen können.

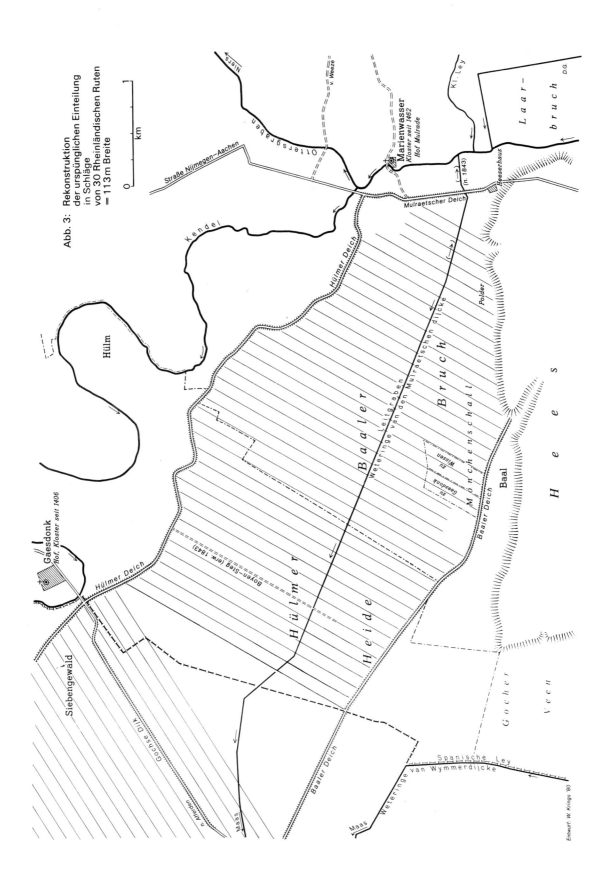

109

Abb. 3: Rekonstruktion der ursprünglichen Einteilung in Schläge von 30 Rheinländischen Ruten = 113 m Breite

0 ___ km

Niers

v. Weeze

Kl. Ley

Laar-bruch

D.G.

Ottersgraben

Straße Nijmegen–Aachen

Marienwasser
Kloster seit 1462
Hof Mulrade

(n. 1843)

Heeserhaus

Mulraetscher Deich

Kendel

Hülmer Deich

Hülm

Baaler

Leitgraben

Weteringe van den Mulraetschen dijcke

Bruch

Mönchenschadl

Polder

zu
Wissen

zu
Gaesdonk

Baal

H e e s

H e e s

Gaesdonk
Hof, Kloster seit 1406

Hülmer Deich

Boyen–Sieg (erw. 1843)

Hülmer

Heide

Baaler Deich

Siebengewald

Gochse Dijk

n. Afferden

Gocher

Veen

Baaler Deich

Maas

Spanische Ley

Weteringe van Wymmerdijcke

Maas

Entwurf: W. Krings '80

Zur Entwässerung sind Vorfluter, die Weteringen, gegraben worden. Zu deren Beaufsichtigung und Unterhaltung wurde eine aus sieben jährlich wechselnden Vertretern der Kolonisten bestehende sogenannte Wasserschau eingerichtet, so wie in überschwemmungsgefährdeten und durch Deiche gesicherten Gebieten Deichschauen zustande kamen.

Was wir auf Abb.1 im Baaler Bruch und in der Hülmer Heide als Muster erkennen, sind also Spuren einer schematischen Einteilung in langgestreckte, streifenförmige Parzellen. Auf verschiedenen Karten aus dem 19. Jh. steht an der Stelle der Hülmer Heide "Die langen Schläge".

Die schmalstreifige Parzellierung war die optimale Form, wo es darum ging, gemeinschaftliche Anlagen (Deiche, Leitgräben) zu schaffen und zu unterhalten. Je schmaler die Parzelle war, desto niedriger war die Belastung für den einzelnen Anlieger (FLIEDNER 1970, S.102). Die Parzellengrenzen selbst sind natürlich in topographischen Karten nicht enthalten, wohl aber Wege, Gräben, Hecken, Zäune oder Bewuchsgrenzen, die den Parzellengrenzen folgen.

Die Parzellierung muß auf Katasterkarten wiederzufinden sein. Das Amt Goch kam über Kleve im 17. Jh. an Brandenburg-Preußen. Unter preußischer Herrschaft wurde zu Beginn des 18. Jh. eine Katasterreform durchgeführt (KETTER 1929). Dabei wurden gemeindeweise Fluratlanten mit Inselkarten im Maßstab von ca. 1 : 2000 angelegt. Für die Gemeinde Weeze (alte Gemeinden Weeze, Wissen und Kalbeck) sind die Karten aus dem Jahr 1732 erhalten. Diese Quelle bestätigt, daß die Parzellierung nicht nur an den Rändern vorhanden war, sondern durchging und daß die Parzellen unterschiedliche Besitzer hatten. Die Art der Nutzung (kollektiv) stimmte daher nicht mit der besitzmäßigen Situation (Individualbesitz) überein.

Das Besitzgefüge läßt sich mit Hilfe der Quelle exakt rekonstruieren, doch würde das über die hier gewählte Thematik hinausführen. Wichtig wäre dagegen, die Parzellierung auf die ihr zugrunde liegende Vermessungstechnik zu untersuchen, um dadurch die innere Logik des Streifenmusters zu klären.

Zunächst fällt auf, daß die streifenförmigen Parzellen (Schläge) unterschiedlich breit und lang waren und entsprechend verschiedene Flächeninhalte besaßen. Nun war im 13./14. Jh. die sogenannte Breitenmessung üblich, bei der entlang einer Grundlinie nur die Breite der Parzellen, nicht aber deren Länge gemessen bzw. festgelegt wurde, so daß sich unterschiedliche Flächen ergeben konnten (vgl. HÖMBERG 1974, S.215 ff.). Aus niederländischen Untersuchungen vergleichbarer Niederungsgebiete (SLICHER VAN BATH 1976, S.169; HORSTEN u. VAN DER LINDEN 1977; vgl. FOCKEMA ANDREAE 1932) ist bekannt, daß die übliche Maßeinheit eine Strecke von 30 Rijnlandsche roeden (rheinländische Ruten à 3,767 m), d.s. 113 m, war. Um zu überprüfen, ob diese Einheit auch im Baaler Bruch verwendet worden ist, haben wir ein Transparentblatt mit einer schematischen Einteilung in Streifen von 30 Ruten Breite versehen und mit der umgezeichneten Katasterkarte bzw. hier mit der TK (Abb.1) zur Deckung gebracht. Dieses Experiment bestätigte die Hypothese im Grundsätzlichen. Es läßt sich leicht nachvollziehen, wobei wie gesagt Wege, Gräben usw. als Orientierung dienen müssen.

Ganz im Westen bei Gaesdonk wechseln die Schläge die Orientierung und verlaufen mehr in SW-NO-Richtung (Abb.3). Auf diese Weise bleibt ein dreieckiges Areal unparzelliert, an dessen NW-Seite, d.h. zu dem Siedlungsgebiet von Siebengewald hin, die Tranchot-Karte einen Dammweg zeigt; über diesen lief die Verbindung von Goch über Gaesdonk nach der Burg Bleijenbeek und dem Dorf Afferden an der Maas. Das Alter des Damms war nicht zu ermitteln, doch besteht eine auffällige Übereinstimmung mit jenen Grenzdämmen oder "Sietwenjen", die FLIEDNER (1970, S.46 f.) erwähnt.

Ganz im Osten, wo sich das Bruch spitzwinklig auf Heeserhaus zu verengt, bricht die Schlageinteilung ab. Insgesamt zählt man 40 parallele theoretische "Urparzellen", davon 14 in der Hülmer Heide und 26 im Baaler Bruch. Bei gleicher Breite waren sie unterschiedlich tief, maximal etwa 3000 m, oder bis zum Leitgraben gemessen 1800 m. Als übliche "Betriebsgröße" galt die Hufe, die 16 Morgen oder 9600 Quadratruten groß war. Bei einer Standardbreite von 30 Ruten mußte dann die Tiefe 320 Ruten oder 1205 m betragen. Die Mehrzahl der Schläge enthielt demnach zwei Hufen; nur im östlichen Teil des Bruchs waren sie so kurz, daß es nur für eine Hufe reichte. Insgesamt wird man mit etwa 70 Hufen rechnen können. Die durchgesehenen Quellen sprechen allerdings immer nur von Schlägen bzw. Bruchschlägen.

Die unterschiedliche Breite der Parzellen bei der Aufnahme von 1732 spricht nicht gegen die Richtigkeit der obigen Feststellung, denn im Laufe von vier Jahrhunderten muß es Teilungen und Zusammenlegungen gegeben haben. Zwar können wir das noch nicht belegen, weil es nicht möglich war, die einschlägigen Quellen auf diese spezielle Frage hin zu durchforschen, doch steht fest, daß Bruchschläge in den Grundstücksverkehr einbezogen worden sind. Das Repertorium von Wissen verzeichnet beispielsweise eine Urkunde vom 5.2.1452, mit der dem Kloster Gaesdonk ein Besitztum in Baal mit drei verschieden großen Bruchschlägen übertragen wurde. Das Kloster hat nach Ausweis seines Repertoriums noch mehr Schläge erworben, so am 14.12.1473 einen Bruchschlag zwischen Polder und Baal.

Näher eingehen müssen wir noch auf die Mönchenschall. Nach Abb.1 reichten dort Wege und Gräben rund 1200 bis 1400 m weit in das Bruch hinein. Bei SCHOLTEN (1906, S.81) ist erwähnt, daß Gaesdonk in Baal eine Reihe von Liegenschaften erworben hatte, aus denen nach und nach vier Höfe entstanden seien, darunter die in Abb.1 eingetragenen Höfe Silberbergshof (benannt nach den gleichfalls eingetragenen Gruben auf sogenannten Silbersand) und Hasenhof. Als gemeinsame Weide hätten die vier Höfe die Schalde oder Schall gehabt. Von dieser gehörte aber nur ein Teil dem Kloster, der übrige zu Wissen. Beide Teile waren durch einen Wallgraben voneinander geschieden, der auf Abb.1 als einfacher Graben erkennbar ist. Aus dem 17. Jh. ist ein Streit über die Nutzung des Strauchholzes zu beiden Seiten des Wallgrabens überliefert (SCHOLTEN 1906, S.86). Wir haben hier den Fall, daß ein Teil des Bruchs zur individuellen Weidenutzung ausgeschieden und durch Einfriedung der Allmende entzogen worden ist.

Die Mönchenschall zeigt auch, daß die Schläge von den Rändern her und nicht - was auch vorkommt (vgl. Uedemerbruch) - von dem Leitgraben aus in Kultur genommen worden sind. Am meisten war am nördlichen Rand, vom Hülmer Deich aus, kultiviert. Die dort liegenden Katen und Gehöfte sind mit Sicherheit erst nach der Teilung des Bruchs entstanden. Dagegen sind die Höfe in den zungenförmigen Mäanderbögen der Kendel, den Donken, durch die heim-Endungen (Hülm, Boegum, Helsum) als älter ausgewiesen (RÜTTEN u. STEEGER 1932). Sie wären dann im frühen 14. Jh. um die Siedlungsreihe entlang des Hülmer Deichs (heute Nieder-Helsum) erweitert worden. Der Deich selbst zeichnet wahrscheinlich die Grenze zwischen dem Althofland und der Allmende des Bruchs nach, was auch den nicht geradlinigen Verlauf erklären würde. Wenn diese Annahme richtig ist, würde also eine agrarrechtliche Grenze in dem Deich persistieren. Vergleichbare Fälle sind der Siedlungsforschung jedenfalls bekannt (vgl. BORN 1977, S.43). Wasserbautechnisch gesehen hatte der Hülmer Deich die Funktion, zu verhindern, daß von außen Oberflächenwasser in das Bruch eindrang. Das Gleiche gilt für die anderen Deiche.

Daß das Baaler Bruch und ebenso die Hülmer Heide zu Beginn des 20. Jh. nur zum kleineren Teil wirklich individuell in Kultur genommen waren, könnte so interpretiert werden, daß das Ziel des Projekts nicht erreicht wurde. Eine mögliche Erklärung wäre, daß um die Mitte des 14. Jh. der Nutzungsdruck auf längere Zeit nachließ. Auch dürften die innenpolitischen Entwicklungen in Geldern und schließlich der Übergang des Amtes Goch an Kleve (1473) hemmend gewirkt haben. Auch in späterer Zeit trat, da das Gebiet wiederholt von kriegerischen Auseinandersetzungen betroffen wurde, keine entscheidende Besserung ein. Wo dann im 17./ 18. Jh. am Niederrhein wieder größere Kultivierungen festzustellen sind, betrafen sie nicht die Niederungen, sondern grundwasserferne, trockene Heide- und Buschgebiete wie z.B. die Gocher Heide oder die Hees (KRINGS 1976, S.46).

Eine andere mögliche Erklärung wäre, daß die Kolonisten an bestimmten natürlichen Eigenschaften des Geländes scheiterten. Einen vergleichbaren Fall, auf den diese Erklärung zuzutreffen scheint, führt FLIEDNER (1970, S.40) aus dem holländischen Kolonisationsgebiet bei Bremen an (Trupe mit den streifenförmig parzellierten, aber unkultiviert gebliebenen Truper Blänken).

Treffender erscheint jedoch eine dritte Erklärung, die von betriebswirtschaftlichen Überlegungen ausgeht. Nimmt man einmal an, daß das Wirtschaftsziel die Selbstversorgung war, so würde das bedeuten, daß die "Betriebsfläche" für eine Vielzahl von Nutzungen herangezogen werden mußte. Der Ackeranteil war von der Menge des verfügbaren Düngers abhängig. Für die übliche Plaggendüngung waren aber Heideflächen und Schafherden notwendig. Daher konnte auf entsprechende Flächen nicht verzichtet werden und bestand eine enge Relation zwischen Dauerackerland und Heide. Das gilt besonders für die kleineren Bauernstellen und Katen, während die größeren Höfe in der Nähe der Maas auch den teuren Mergel verwenden konnten, der per Schiff aus der Gegend von Maastricht herangeführt wurde. Ein "Mergelkai" ist z.B. für Belfeld südlich Venlo schon für das Ende des 14. Jh. bezeugt (vgl. KRINGS 1976, S.17).

Wo die "Betriebsflächen" sich über ein bodenmäßig homogenes Areal erstreckten, wie es bei den Bauernstellen entlang des Hülmer Deichs der Fall war, ergab sich auf den Streifen ein Intensitätsabfall von den Gehöften bzw. Katen am Deich nach außen: Acker, Grünland in Form von Dauerweiden und Heubenden, Holzung und zuletzt Heide, die zum Plaggenstechen genutzt wurde. Die einzelnen Nutzflächen eines jeden Streifens waren in Kämpe gelegt, d.h. eingefriedigt, nur das Heidestück nicht, da es zur Beweidung durch die gemeinschaftliche Schafherde offen bleiben mußte. Dieses Nutzungsmuster ist auf Abb.1 gut zu erkennen.

Bei der Siedlungsreihe am Südrand des Bruchs war die Situation eine andere, weil hier unterschiedliche natürliche Potentiale aneinanderstoßen. Dies erhöht, wie RUPPERT (1968, S.175) an einem vergleichbaren Beispiel aus dem Erdinger Moos nordöstlich von München darlegt, die "effektive Reaktionsweite" der Bodenbewirtschafter, indem es ihnen gestattet, die einzelnen Nutzungen auf die natürlichen Bedingungen abzustimmen. In unserem Fall ist eine klare Sortierung festzustellen: Das Ackerland lag auf dem trockenen Heesrand, die Weiden auf dem feuchten Bruchgrund. Solange auf der Hees noch Heide zur Urbarmachung verfügbar war, bestand keine Veranlassung, Teile des Bruchs in Ackerland umzuwandeln, was einen ungleich höheren Aufwand erfordert hätte. Selbst für die extensive Schaftrift scheinen günstigere Flächen vorhanden gewesen zu sein, so daß das südliche Bruch - wie oben erwähnt - den Weezern überlassen werden konnte.

Als zu Beginn des 20. Jh. die noch nicht kultivierten Teile des Baaler Bruchs und der Hülmer Heide urbar gemacht werden sollten, mußte vorab eine Umlegung (Flurbereinigung) des stark zersplitterten Individualbesitzes durchgeführt werden. Die langen schmalen Streifen entsprachen nicht den Gepflogenheiten der Zeit. Längst hatten sich, wo ebene Flächen gegeben waren, aufgrund verbesserter Vermessungsverfahren und veränderter Techniken der Bodenbearbeitung kurzstreifige und blockförmige Einteilungsmuster durchgesetzt. Damit stellt sich die Frage, wie mit der alten Langstreifeneinteilung verfahren wurde. Abb.2 zeigt, daß die charakteristische Einregelung auf eine bestimmte Himmelsrichtung erhalten geblieben ist. Anhand einer Katasterkarte von 1910, die in schwarz die alte Parzellierung und in rot die Neueinteilung, dazu in blau die Gräben und in braun die neuen Wege enthält, ist es möglich, Übereinstimmungen und Diskrepanzen genau abzulesen.

Das Ergebnis ist:

1. Der mittelalterliche Leitgraben ist durch einen neuen Vorfluter ersetzt worden, der weiter nördlich, aber wie der alte am Mulraetschen Deich beginnt und der nach einer Strecke von 1500 m jedoch wieder auf die Trasse des alten Leitgrabens einschwenkt und diese dann weiterbenutzt.

2. Die neuen Wege weichen geringfügig von der Schlagrichtung ab.

3. Die neue Parzellierung bildet ein wesentlich weiträumigeres Muster, doch wurden einzelne alte Parzellengrenzen, z.T. mit leichter Winkelabweichung, übernommen.

4. Die bereits kultivierten Randbereiche des Bruches blieben unangetastet.

Das neue Muster paralleler Wege in wechselnden Abständen geht auf die Technik der Urbarmachung zurück. Zunächst wurde das Gelände schrittweise gerodet und von Wurzelwerk befreit, um ein Tiefpflügen zu ermöglichen. Dieses erfolgte mit Hilfe von fahrbaren Dampfmaschinen (Lokomobilen) nach dem Ein- oder Zweimaschinensystem. Bei letzterem wurden zwei Lokomobile in einem bestimmten Abstand voneinander aufgestellt, und zwischen ihnen wurde ein Balancierpflug hin- und hergezogen. Um die schweren Maschinen in das Bruch hineinfahren zu können, mußten zuvor Knüppeldämme angelegt werden, aus denen dann später die Wege hervorgingen.

Die nachfolgende Darstellung veranschaulicht den Vorgang.

Mit den Arbeiten wurde ein Spezialunternehmen, die Firma F. Ottomeyer, Steinheim i. Westf., beauftragt, die sie im Sommer 1911 durchführte.

Die "Dampfbodenkultur" ist in der Rheinprovinz zuerst 1904 in der Wankumer Heide (Kreis Geldern) angewendet worden (MAHR 1904). Die Erfindung stammte aus England. In Deutschland ist ein Dampfpflug erstmals 1865 auf einer Ausstellung in Köln vorgeführt worden (BROCKHAUS 4. Bd. 1894). Die Firma Ottomeyer verwendete Dampfpflüge von 1888 an. Der neue Betriebszweig weitete sich so stark aus, daß er 1920 verselbständigt wurde (FESTSCHRIFT F.O. 1966).

Im Verlauf der Melioration des Baaler Bruchs ist das charakteristische, wenn auch vollständig nur auf Katasterkarten sichtbare Muster einerseits zwar weitgehend verloren gegangen, andererseits aber in weitmaschigerer Form durch die Anlage von Wegen, die Einzäunung der Weiden usw., also dingliche Elemente, erst im Gelände wahrnehmbar geworden. Auch die verschiedenartige Inkulturnahme des Bruchs als Ackerland, Weide oder Wald hat dazu beigetragen. Wir können daher auch dann mit vollem Recht von der Persistenz eines dem Mittelalter entstammenden Musters sprechen, wenn wir den unverändert erhaltenen Rahmen der Deiche außer Betracht lassen.

Die Melioration, mit der das heutige Muster geschaffen wurde, war Bestandteil einer umfassenden landeskulturellen Bewegung (vgl. BOHTE 1976, Kap.3). Preußen hatte schon bald nach der Inbesitznahme des linken Rheinufers versucht, auf die Landeskultur Einfluß zu nehmen. Meliorationsgenossenschaften kamen im linksrheinischen Teil des Regierungsbezirks Düsseldorf erst nach der Mitte des 19. Jh. zustande; insgesamt waren es fünf, darunter die Niers- und Nordkanalgenossenschaft (1856) und die Straelener Veengenossenschaft (1860). Zwar gelang die Entwässerung, aber die sich damit ergebenden Möglichkeiten konnten nicht genutzt werden. Genossenschaftlich wurden nämlich nur die Hauptgräben angelegt, während die Nebengräben, die Wirtschaftswege und die eigentliche Kultivierung (Umbruch, Düngung, Erst-Einsaat) individuell bewältigt werden mußten. Die Betroffenen waren damit technisch und finanziell überfordert, und das Interesse an weiteren Unternehmungen ließ so stark nach, daß von 1867 bis 1896 nur noch eine weitere Genossenschaft hinzukam (MAHR 1907, S.5). Zwischenzeitlich hatte aber der preußische Staat die Förderung des Meliorationswesens der Provinz übertragen (1875). Neue Impulse waren dringend notwendig, weil einerseits die Einfuhr billigen Getreides aus den Vereinigten Staaten (über Rotterdam per Schiff rheinaufwärts), andererseits die wachsende Industriebevölkerung (Ruhrgebiet!) der rheinischen Landwirtschaft besondere Anpassungsleistungen abverlangten.

Die Meliorationsaktivitäten in Weeze gehören in eine zweite Gründungsphase, in der wesentlich verbesserte Voraussetzungen bestanden. So konnte man sich nunmehr auf die Erfahrungen der Moorversuchsstation der Königlich Preußischen Centralmoorkommission in Bremen stützen, und es gab hohe staatliche Subventionen. Die 1907 gegründete "Genossenschaft zur Melioration des Schwarz-, Laar- und Baaler Bruches" (mit Sitz in Kevelaer), die ein Gebiet von 1651 ha umfaßte, bekam 60% der Aufwendungen vom Staat und von der Provinz erstattet (VAN DOORNICK 1913, S.8). 1913 wurde auch eine "Genossenschaft zur Melioration der Hülmer Heide" gegründet. Dort hatte aber schon vorher (und früher als im Baaler Bruch) die Urbarmachung begonnen. Sie ging von dem St. Petrusheim aus, einem Gutsbetrieb, der 1902 vom Rheinischen Verein für katholische Arbeiterkolonien an der äußersten NW-Ecke der Hees angelegt worden war und der noch heute der Nichtseßhaftenfürsorge dient.

Durch die geglückte Melioration erlebte die Siedlungsachse Heeserhaus - Baal - St. Petrusheim einen deutlichen Aufschwung. Er schlug sich in dem Ausbau der Weeze-Weller Straße und der Errichtung jener Schule nieder, die rund 65 Jahre später für die Abhaltung geographischer und anderer Geländepraktika umgerüstet werden sollte.

Das neue Muster, das zu Beginn unseres Jahrhunderts in die persistierenden Elemente des ursprünglichen, spätmittelalterlichen Musters eingepaßt worden ist, hat sich bis heute ohne wesentliche Veränderungen erhalten. Die wirtschaftlich-technische Entwicklung ist währenddessen weitergegangen. In einem wasserwirtschaftlichen Bericht (INGENIEURBÜRO SCHULZ 1974), der in Zusammenhang mit der Ende 1972 für die Gemeinde Weeze eingeleiteten Flurbereinigung steht, heißt es, im südlichen Baaler Bruch hätten die Flächen, bedingt durch das enge Wege- und Gewässernetz, "völlig unzureichende Bewirtschaftungsgröße". Im Norden des Bruchs und in der Hülmer Heide habe das Nebengewässernetz dagegen eine "normale Dichte" (S.18). Die Böden müßten dringend besser entwässert werden. Es ist daher zu erwarten, daß über kurz oder lang weitgehende Veränderungen an dem historischen Muster vorgenommen werden. Bei der Planung sollten die zuständigen Stellen auf jeden Fall sorgfältig prüfen, ob es nicht ratsam ist, wenigstens die Grundelemente des Musters zu erhalten, das, wenn man es zu lesen versteht, Zeugnis ablegt von zwei wichtigen Phasen der Agrarlandschaftsgeschichte Nordwesteuropas.

Quellen und Literatur

ABEL, W. (1971): Landwirtschaft 900-1350/1350-1500. In: Handbuch der deutschen Wirtschafts- und Sozialgeschichte, hrsg. v. H. AUBIN u. W. ZORN, Bd.1, Stuttgart.

BARTELS, D. (1968): Zur wissenschaftstheoretischen Grundlegung einer Geographie des Menschen. Wiesbaden (Geogr.Zs. Beih./Erdkundl. Wissen, 19).

BOHTE, H.-G. (1976): Landeskultur in Deutschland. Entwicklung, Ergebnisse und Aufgaben in mehr als 250 Jahren. Hamburg (Berichte über Landwirtschaft, 193. Sonderheft).

BRANDON, P.F. u. R.MILLMAN(Hrsg.): Historic Landscapes: Identification, Recording and Management. Edited Proceedings of a one-day conference held at the Department of Geography, Polytechnic of North London, March 11th, 1978, o.O.o.J. (Occasional Paper of the Department of Geography, Polytechnic of North London).

BROCKHAUS (1894): Art. "Dampfbodenkultur" in: Brockhaus' Konversations-Lexikon, 4. Bd., 14. Aufl., 719 f. u. Tafel.

DE KLERK, A.P. (1977): Historische Geografie en ruilverkaveling. Enkele overwegingen ter bescherming van het Eemnesser kultuurlandschap. In: Geogr. Tijdschr. K.N.A.G., 11, 434-447.

DE L'ESCAILLE, H.: La Seigneurie de Baarloo. In: Publ. de la Soc. hist. et arch. dans le Limbourg 33, 1896-97, 215-473.

(FERBER, H.)(1860): Geschichte der Familie Schenk von Nydeggen .... Köln u. Neuß.

Festschrift der Firma F. OTTOMEYER, Steinheim, zum 100. Geburtstag 1866-1966.

FLIEDNER, D. (1970): Die Kulturlandschaft der Hamme-Wümme-Niederung. Gestalt und Entwicklung des Siedlungsraumes nördlich von Bremen. Göttingen(Göttinger Geogr. Abh. 55).

FOCKEMA ANDREAE, S.J. (1932): De Rijnlandsche Roede. Geschiedenis eener oud-nederlandsche landmaat. In: Tijdschr. K.N.A.G., XLIX, 635-657.

GORISSEN, F. (1956): Nimwegen. Kleve (Niederrhein. Städteatlas, II. Reihe, 1.H.).

HARD, G. (1973): Die Geographie. Eine wissenschaftstheoretische Einführung. Berlin-New York (Slg. Göschen 9001).

HARMSEN, Th.W. (1958-59): De landmeetkunde in het gebied van de tegenwoordige Nederlandse Provincie Limburg voor 1794. In: Publ. de la Soc. hist. et arch. dans le Limbourg,94-95, 353 ff.

HÖMBERG, A. (1974): Die nordische Streifenflur (1935). In: H.-J. NITZ (Hrsg.): Historisch-genetische Siedlungsforschung. Darmstadt (Wege der Forschung CCC), 212-221. Wiederabdruck.

HORSTEN, F.H. u.H. VAN DER LINDEN (1977): Grondeigenaars, grondgebruikers en percelering in Kattenbroek. In: Geogr. Tijdschr. K.N.A.G., 11, 388-398.

HÖVELMANN, G. (1973): Kalbeck und Wissen. Historische Erläuterungen zu einigen Zeichnungen des Cornelis Pronck. In: Geldrischer Heimatkalender 1973, 102-111.

INGENIEURBÜRO SCHULZ (1974): Flurbereinigung Weeze, Wasserwirtschaftlicher Bericht. Maschinenschriftl.Mskr. Nordhorn.

JANSSEN, M.J. (1912): Geschiedkundige aantekeningen over de heeren van Meerloo. In: Publ. de la Soc. hist. et arch. dans le Limbourg, 48, 235-281.

JANSSEN, W. (1973): Klevische Beschwerden gegen Kurköln von 1335/36. In: Rheinische Vierteljahrsblätter 37, 141-151.

JENTJENS, H.(1926): Die Meliorationen des Kreises Geldern und ihre volkswirtschaftliche Bedeutung. Landw. Diss. Bonn-Poppelsdorf. Geldern.

KETTER, K. (1929): Der Versuch einer Katasterreform in Cleve. Bonn. (Rhein.Archiv 9).

KRINGS, W. (1976): Wertung und Umwertung von Allmenden im Rhein-Maas-Gebiet vom Spätmittelalter bis zur Mitte des 19. Jahrhunderts. Assen/Amsterdam (Maaslandse Monografieën 20).

MAHR (1904): Die Melioration der Niederung an der spanischen Ley. In: Geldernsche Zeitung v. 6.5.1904.

MAHR: Bericht über die Melioration der Wankumer Heide im Kreise Geldern, Regierungsbezirk Düsseldorf. o.O.o.J. (1907).

NETTESHEIM, F. (1963): Geschichte der Stadt und des Amtes Geldern. Kevelaer (Neudruck d. 1. Aufl. 1863).

PETRI, F. (1972): Die Holländersiedlungen am Klevischen Niederrhein und ihr Platz in der Geschichte der niederländisch-niederrheinischen Kulturbeziehungen. In: Festschrift M. Zender. Bonn, 1117-1129.

PETRI, F. (1974): Entstehung und Verbreitung der niederländischen Marschenkolonisation in Europa (mit Ausnahme der Ostsiedlung). In: Vorträge u. Forschungen, hrsg. v. Konstanzer Arbeitskreis für mittelalterliche Geschichte, XVIII, 695-754.

RUPPERT, K. (1968): Die gruppentypische Reaktionsweite - Gedanken zu einer sozialgeographischen Arbeitshypothese. In: Münchner Studien zur Sozial- und Wirtschaftsgeographie, 4, 171-176.

RÜTTEN, F. u. A.STEEGER(1932): Die heim-Siedlungen der Kendellandschaft zwischen Weeze und Gennep. Anhang zu: Studien zur Siedlungsgeschichte des Niederrheinischen Tieflandes. In: Rheinische Vierteljahrsblätter, 2, 288-291.

SCHMITZ, A. (1970): Geschichte der Stadt Goch. Nachdruck d. maschinenschriftl. Mskr. v. 1942. Goch.

SCHOLTEN, R. (1899): Das Cistercienserinnenkloster Grafenthal oder Vallis Comitis zu Asperden. Kleve.

SCHOLTEN, R. (1906): Gaesdonck. Geschichte des Klosters der regulierten Chorherren, des Hülfspriesterseminars oder Priesterhauses und des Collegium Augustinianum bis 1873. Münster.

SIEBERS, B. (1973): Vorgeschichte und das Werden des heutigen Gutes 'Marienwasser'. Unveröffentl. Mskr. Gemeindearchiv Weeze.

SLICHER VAN BATH, B. (1976): De agrarische geschiedenis van West-Europa (500-1850). Utrecht/Antwerpen (Aula-boeken 565). 3. Aufl.

Statut für die Genossenschaft zur Melioration des Schwarz-, Laar- und Baaler Bruches zu Kevelaer im Kreise Geldern. Gegeben Homburg v.d.H., den 18.4.1907. Geldern o.J.

VAN DOORNICK, L. (1913): Bericht des Genossenschaftsvorstehers Lambert van Doornick über die Arbeiten der Genossenschaft zur Melioration des Schwarz-, Laar- und Baaler-Bruches, erstattet in der Generalversammlung am 12. Dezember 1913. Kevelaer o.J.

VAN WINTER, J.M. (1953): Vlaams en Hollands recht bij de kolonisatie van Duitsland in de 12[e] en 13[e] eeuw. In: Tijdschr. voor rechtsgeschiedenis, 21, 205-224.

WIRTH, E. (1979): Theoretische Geographie. Grundzüge einer Theoretischen Kulturgeographie. Stuttgart (Teubner Studienbücher Geographie).

Karten

Tranchot-Karte 1 : 25000 (Kartenaufnahme der Rheinlande durch Tranchot und v. Müffling 1803-1820) Bl. 8
      Gennep (aufgen. 1804/05), 9 Goch (1802/04), 13 Boxmeer (1804/05), 14 Weeze (1802/04).

TK 1 : 25000 Uraufnahme des Preußischen Topographischen Bureaus, Bande VII, Bl. 5 (= 4302, aufgen. u. gez.
      1843); Bl. 6 (=4303, aufgen. u. gez. 1843).

TK 1 : 25000 Bl. 2424 (4302) Goch u. 2425 (4303) Üdem. Königl. Preuß. Landes-Aufnahme, 1892, hrsg. 1893
      u. 1894 (1. Aufl.).

TK 1 : 25000 Bl. 4302 Goch u. 4303 Uedem. Landesvermessungsamt Nordrhein-Westfalen, 12. Aufl. 1970 u. 7.
      Aufl. 1970.

Skizze des östlichen Maasufers bei Afferden - Gaesdonk 1552 (?). Beschriftung auf der Rückseite: Ad oculum
      demonstratio der palingen tuschen dem Nederampte Goch ind der herlicheit Afferden, wo die
      van alders gehalden, ind gemende up der syden des Nederampts bes an den verdrag, die gemacht
      is Anno 1552 22. Novembris. - Nota das diese Paling verendert vermog des verdrags de Anno
      53. HStAD Kleve-Mark XXI 332, fol. 360. Handgez. u. kolorierte Geländeskizze als Beilage zu
      Prozeßstücken über Grenzstreitigkeiten. Vgl. dazu F. DE DAINVILLE: Cartes et contestations
      au XVe siêcle. In: Imago Mundi, 24, 1970, 99-121. Dort ist für derartige Skizzen der Begriff
      'Tibêriades' nachgewiesen.

KLEVISCHES KATASTER, Gemeinde Weeze 1732. HStAD Ktn. VII B 14.

BUYX, M.: Antiquarische Charte der Umgegend von Geldern, entworfen nach Oertlichen und Urkundlichen Ermit-
      telungen in dem Jahre 1878. Maßstab 1 : 37500. Nachdruck o.O.o.J.

Umlegungskarte Baaler Bruch 1910. 'Handzeichnung nach den Katasterkarten von Liegenschaften der Fluren L
      und M verschiedener Eigentümer, die anderweitig aufgelassen werden sollen. Geldern: Königl.
      Katasteramt, ausgefertigt den 15.2.1910'. M. 1 : 2500. Gemeindearchiv Weeze.

Für schriftliche oder mündliche Auskünfte danke ich den Herren W. Brauers†(Weeze), J.A.M. van der Loo
(Rotterdam), H. Venhoven (Weeze-Baal), Dr. W. Herborn (Bonn) sowie den Firmen F. Ottomeyer (Steinheim)
und O. Ottomeyer (Detmold).

Entwicklung und Struktur des niederrheinischen Gartenbaus

Hans Böhm

Mit 2 Abbildungen und 11 Tabellen

Summary. Development and structure of market gardening in the Lower Rhine Valley

The agrarian structure of the counties in the north-western part of North-Rhine-Westphalia is characterized by a high percentage of small farm units. After World War I most of the smaller holdings specialized
in the cultivation of vegetables according to dutch concepts. At first the innovations were not taken over
by the agricultural enterprises. Tradesmen, small businessmen and private citizens of the small town of
Straelen were primarily interested in the innovations from their neighbours in Holland. A fruit and vegetable association was founded by them in 1910. The members obligated themselves to sell all surplus produce through the association. The association has tried to instigate the innovation of market-gardening in
smaller holdings since 1913. The original markets were the expanding urban areas on Rhine and Ruhr. A cooperative sales organization and a horticultural school were responsible for the rapid diffusion of horti-
culture.

The success of these steps since WWI can be illustrated by the turn-over made during the auctions in
Straelen. In 1914 the auctioning of vegetables with a value of 0,15 million marks took place and already
in 1917 the value had increased to 3,2 million marks.

Today the Federal Republic of Germany's greatest concentration of market gardens under glass is located in
the region of the former county of Geldern. The horticulturally used areas of this district expanded between the years 1914 and 1976 from a size of 20 ha to 1400 ha. Since World War II the holdings have
changed the production lines from vegetable cultivation to that of flowers and ornamental plants. These
holdings compensated their small size through intensive underglass cultivation. The horticultural holdings
of Lüllingen (Abb.2) have specialized in the cultivation of heather and azaleas, more than 16% of the
heather plants produced in the Federal Republic of Germany are grown here (1961).

Today there is a clear regional differentiation with respect to the combination of agriculture and horti-
culture. In the areas surrounding Düsseldorf there are just as many agricultural holdings engaged in gardening as horticultural ones. To the north of Düsseldorf and Viersen market gardening is dominant amongst
the holdings engaged in the field of horticulture.Tab.5 shows, that the horticultural holdings in the former counties of Kleve, Rees, Geldern and Moers predominantly produce cut flowers and potted flowering
plants (heather, azalea, poinsettia, begonia). The horticultural holdings close to the consumer markets
fulfill more and more trade and service functions, whereas more distant holdings produce cut flowers and
potted plants to be delivered to the above retailers.

Since 1978 the energy costs have risen tremendously and therefore it no longer seems lucrative to increase under glass cultivation. It is only possible to attain an increase in income through an expansion
of the open air cultivation.

Agrarstrukturelle Entwicklung unter dem Einfluß des Gartenbaus

Die agrarstrukturelle Entwicklung am Niederrhein wurde während der letzten 50 Jahre wie in anderen Teilen Deutschlands durch einen Rückgang von Klein- und Mittelbetrieben und eine Konzentration der verbleibenden landwirtschaftlichen Fläche bei Großbetrieben gekennzeichnet. Im Gegensatz jedoch zu anderen deutschen Agrarlandschaften konnte die gesamte landwirtschaftliche Nutzfläche der Altkreise Kleve und Geldern noch bis in die 30er Jahre dieses Jahrhunderts durch Kultivierung von Heide- und Bruchflächen ausgedehnt werden (vgl. PANHUYSEN 1961). In der benachbarten niederländischen Provinz Limburg wurde die Entwicklung durch einen ähnlichen Agrarflächenzuwachs bestimmt. Diese Maßnahmen verhinderten zwar zunächst beiderseits der Staatsgrenze einen größeren Schwund landwirtschaftlicher Betriebe, da die Flächen sowohl zur Aufstok- kung bestehender als auch zur Ansiedlung neuer Betriebe verwendet wurden, sie schufen aber auch die Vor- aussetzung für den Erhalt vieler Betriebe in der aus heutiger Sicht problematischen Größenklasse von 5 bis 20 ha LN. Diese Betriebe griffen aber recht früh Neuerungen auf, die eine marktgerechte Betriebsumstellung ermöglichten und nicht zuletzt für die heute vergleichsweise günstige Agrarstruktur dieses Raumes verant- wortlich sind. So waren in den Kreisen Geldern und Kleve 1971 über 75% der Betriebe aus der Sicht der Be- triebsleiter "Haupterwerbsbetriebe", während sich im gesamten Land NRW weniger als 60% in diese Gruppe einstuften (vgl. Tab.1). Besonders hervorzuheben ist der außerordentlich hohe "Haupterwerbsanteil" der niederrheinischen Kreise bei den Betrieben mit weniger als 10 ha LF. Die im Vergleich zu anderen Landes- teilen relativ günstige Situation der niederrheinischen Landwirtschaft zeigt sich auch in dem Standardbe- triebseinkommen[1], das 1971 im Kreis Geldern mit 2.124 DM je ha LF erheblich über dem Landesdurchschnitt

Tab. 1: Sozialökonomische Betriebstypen 1971

Verwaltungs-bezirk		Landwirtschaftliche Betriebe in der Hand natürlicher Personen, deren betriebliches Einkommen[2]					
		größer ist als das außerbetriebliche			kleiner ist als das außerbetriebliche		
		< 10ha LF	10-20ha LF	> 20ha LF	< 10ha LF	10-20ha LF	> 20ha LF
Geldern	%	36,7	24,9	25,1	11,6	1,2	0,5
Kleve	%	22,4	25,6	26,8	23,2	1,4	0,6
NRW	%	18,0	19,8	21,0	37,2	3,1	0,9

Quelle: Beitr. z. Statistik NRW, H. 320

von 1.357 DM je ha LF lag. Für mehr als 1/3 aller Betriebe der Kreise Geldern und Kleve wurde ein Be- triebseinkommen von über 30.000 DM errechnet, während auf diese Betriebseinkommensgruppe im Land NRW nur 16,8% aller Betriebe entfielen (Tab.2). Diese Zahlen verdeutlichen einerseits den recht großen Wirt- schaftserfolg vieler niederrheinischer Landwirte, andererseits resultieren sie aber auch aus dem geringen Anteil einkommensschwacher Betriebe in dieser Region. Sie treten stark zurück, weil am Niederrhein früh- zeitig eine Spezialisierung bzw. Differenzierung der Betriebe eingeleitet wurde. Ausgelöst wurden die Be- triebsumstellungen um die Jahrhundertwende durch die Diffusion des Gemüsebaues aus dem Raum Venlo in die niederrheinischen Nachbargemeinden.

1) Das Standardbetriebseinkommen wurde erstmals anläßlich der Landwirtschaftszählung 1971 aus den Stan- darddeckungsbeiträgen für die Betriebe abgeleitet. Es ist nur ein grobes Vergleichsmaß und ermöglicht keinen direkten Schluß auf die Höhe der Familieneinkommen (vgl. BEITRAG ZUR STATISTIK NRW, H. 305, S. 27).

2) Selbsteinschätzung anläßlich der Landwirtschaftszählung 1971.

Tab. 2: Standardbetriebseinkommen 1971 - Anteil der Betriebe in den Einkommensklassen

Betriebseinkommen (T) DM/Betrieb	Geldern %	Kleve %	NRW %
unter 10 000	26,7	35,5	55,1
10 000 - 15 000	8,3	6,5	7,6
15 000 - 20 000	9,8	8,0	8,4
20 000 - 30 000	19,6	16,6	12,1
30 000 und mehr	35,6	33,4	16,8

Quelle: Beitr. z. Statistik NRW, H. 305

Innovation und Diffusion des Gartenbaus

Bereits im letzten Drittel des 19. Jahrhunderts wurde Grobgemüse in größeren Mengen von Venlo aus in den wachsenden Städten des Ruhrgebietes sowie in den rheinischen Großstädten abgesetzt. Der Gemüseanbau war hier in einer für die damaligen Verhältnisse recht großen Marktferne nur aufgrund der hohen Frachttragfähigkeit der erzeugten Produkte und durch eine Beschränkung auf transportfähige Gemüsearten rentabel[3]. Die steigende Nachfrage an Rhein und Ruhr und die mit dem Eisenbahnbau verbesserte Verkehrsanbindung der Absatzmärkte führte um die Jahrhundertwende in der niederländischen Provinz Limburg zu einer Umstellung von der Grob- auf die Feingemüseproduktion und vom Freiland- auf den Treibgemüseanbau. Die Diffusion dieser Neuerungen über die Staatsgrenzen hinweg wurde durch gute Betriebserfolge einiger Innovatoren und ein sehr früh aus Privatinitiative entstandenes Schulungswesen und Vermarktungssystem ermöglicht.

Auf deutscher Seite wurden diese Neuerungen zunächst nicht von den landwirtschaftlichen Betrieben übernommen. Es waren vielmehr Handwerker, Kaufleute und sonstige Bürger der Kleinstadt Straelen, die an den Neuerungen aus der niederländischen Nachbargemeinde interessiert waren (PANHUYSEN 1961). Um die Anbaumethoden kennenzulernen und den Gemüseanbau zu verbreiten, gründeten sie 1910 einen Obst- und Gartenbauverein als einen Zusammenschluß von Hobbygärtnern. Die Mitglieder verpflichteten sich, Gemüse anzubauen und Überschüsse nur über den Verein zu vermarkten. Bereits 1913 warb der Verein mit einer Flugblattaktion für die Einführung des Erwerbsgemüsebaues vor allem in den kleinbäuerlichen Betrieben und führte 1914 mit großem Erfolg die erste Gemüseversteigerung nach dem holländischen Veilingsystem in Deutschland durch. Damit war eine genossenschaftliche Vermarktungsform gefunden, die die Adoption des Gemüsebaues wesentlich beschleunigte und viele kleinbäuerliche Betriebe zur Übernahme des Erwerbsgemüsebaues ermutigte.

Wesentlichen Anteil an dieser Entwicklung hatten die beiden Initiatoren[4], Kaplan Jansen und Kaufmann H. Tenhaeff. Auf ihr Betreiben wurde 1910 in Straelen ein 10 ha großes Versuchsfeld angelegt, das sie von einem Venloer Gemüsebauer bewirtschaften ließen. Die für eine Übernahme notwendigen theoretischen und praktischen Kenntnisse sollten darüberhinaus in einer Gemüsebauschule in Form von Winterkursen nach holländischem Vorbild vermittelt werden. Dieser Plan ließ sich allerdings erst Ende des 1. Weltkrieges verwirklichen. 1926 wurde diese Pionierarbeit von der Landwirtschaftskammer Rheinland anerkannt und übernommen.

Die diesen agrarischen Neuerungen gegenüber große Aufnahmebereitschaft, die sich vor und nach dem Ersten Weltkrieg im Raum Geldern überall nachweisen läßt, kann folgendermaßen erklärt werden:

1. Durch die verwandschaftlichen Kontakte zwischen der deutschen und der niederländischen Bevölkerung wurden die Erfolge der niederländischen Gemüsebauern im Grenzbereich rasch bekannt.

---

3) Vgl. hierzu GLASER 1967, S. 105 ff.

4) Die Initiativleistung von Einzelpersonen ist bei Einführung von Sonderkulturen ein häufig zu beobachtendes Phänomen (vgl. auch S. 118 und KALTENHÄUSER 1955 oder MEFFERT 1968).

2. Die wirtschaftliche Notlage der landwirtschaftlichen Klein- und Mittelbetriebe war durch eine Steigerung der Arbeitsintensität zu mildern bzw. zu überwinden. Gemeinden mit einer mittel- bis großbetrieblichen Struktur bildeten daher am Niederrhein bis in die 30er Jahre eine deutliche Diffusionsbarriere.

3. Das gesellschaftliche Leben der niederrheinischen Gemeinden vollzog sich in einer Vielzahl von Vereinen. Durch die Gründung eines Obst- und Gartenbauvereins war daher in Straelen ein konformes sozial-räumliches Kommunikationssystem gefunden, das die Übernahme des Gartenbaues beschleunigte. Im Altkreis Geldern bestanden 1914 bereits 12 Obst- und Gartenbauvereine.

Vergleicht man diese Entwicklung mit der Ausbreitung von Sonderkulturen im Rhein-Main-Gebiet, die ca. 50 Jahre später stattfand (KULS u. TISOWSKI 1961, MEFFERT 1968), so zeigen sich neben einigen formalen Übereinstimmungen doch grundsätzliche Unterschiede. Die Trägergruppe, die am Niederrhein den Gemüsebau zuerst übernahm, war hauptberuflich außerhalb der Landwirtschaft beschäftigt und insofern mit den Freizeitlandwirten des Rhein-Main-Gebietes vergleichbar. Aufgrund ihrer weitgehenden ökonomischen Unabhängigkeit von der Landwirtschaft konnten sowohl die Feierabendgärtner des Gelderlandes als auch die Freizeitlandwirte des Rhein-Main-Gebietes neue Kulturen ohne großes unternehmerisches Risiko übernehmen und die Rentabilität des Anbaus demonstrieren. Im Rhein-Main-Gebiet bildete diese Trägergruppe aber das Endglied einer Entwicklungsreihe vom Kleinbauern über den Arbeiterbauern zum Industriearbeiter bzw. Angestellten oder Beamten. Am Niederrhein hingegen gehörte die Trägergruppe zur kleinstädtischen Mittel- und Oberschicht, die durch ihre Innovationsbereitschaft vielen klein- und mittelbäuerlichen Betrieben den Übergang zum hauptberuflichen Erwerbsgartenbau ermöglichte.

Die seit dem Ersten Weltkrieg im Bereich des Gemüsebaus erzielten Erfolge lassen sich wohl am besten durch die Umsätze der Versteigerung in Straelen belegen. 1914 wurde hier Gemüse im Wert von 0,15 Mill. Mark und drei Jahre später bereits im Wert von 3,2 Mill. Mark umgesetzt. Nach dem Zweiten Weltkrieg stieg der Umsatz bei Gemüse in Straelen von 4,2 Mill. DM im Jahr 1950 auf 16,6 Mill. DM im Jahr 1971. Im gleichen Zeitraum entwickelte sich der Altkreis Geldern zum konzentriertesten Anbaugebiet[5] mit der größten Unterglasfläche der BRD.

Ansätze zur Spezialisierung der Gartenbaubetriebe

Die Entwicklung des Gartenbaus am Niederrhein wäre unzureichend skizziert, würde nicht noch auf den Spargelanbau in Walbeck und die Gärtnersiedlung Lüllingen (Abb.1 + 2) verwiesen. 1924 begann Major a.D. Dr. Klein-Walbeck mit dem Spargelanbau auf Ländereien seines Rittergutes in Walbeck. Wenige Jahre später konnte er bereits 55 Kleinbauern, Handwerker und Arbeiter zu einer Spargelgenossenschaft zusammenschließen, die zu Beginn des Zweiten Weltkrieges bereits 300 Mitglieder umfaßte und eine produktive Spargelfläche von ca. 100 ha bewirtschaftete (OPPENBERG 1968). Anders als der Gemüsebau, der praktisch auf allen Böden betrieben werden konnte, war der Spargelanbau auf die sandigen Böden im Bereich der deutsch-niederländischen Grenze beschränkt. Die Übernahme dieser Kultur war daher zunächst von der innerbetrieblichen Verfügbarkeit anbauwürdiger Flächen abhängig. Im Vergleich zum Gemüsebau wurde die Aufnahme dieser Kultur aber auch noch durch die sehr hohen Investitionskosten erschwert, die zudem erst nach 3 bis 4 Jahren eine Rendite einbringen konnten. Es waren daher vorwiegend hauptberuflich außerhalb der Landwirtschaft beschäftigte Personen, die auf zunächst kleinen Flächen Spargelkulturen anlegten. Ein großer Teil der Gesamtproduktion wurde sehr bald während der Spargelsaison über das ortsansässige Gastgewerbe abgesetzt.

Eine weitere Spezialisierung innerhalb des niederrheinischen Gartenbaus ging von der Gärtnersiedlung Lüllingen (Abb.2) aus. Sie wurde im Jahr 1928 nach den Vorschriften des Reichssiedlungsgesetzes von 1919 auf einer 30 ha großen, gerodeten Niederwaldfläche am Niers-Maas-Kanal angelegt. Ausgewiesen wurden hier 17 Siedlerstellen mit einer arrondierten Fläche von je 1,75 ha[6]. Nach den Vorschlägen von H. Tenhaeff sollten hier nachgeborene Bauernsöhne und Siedler aus anderen Teilen Deutschlands intensiven Gemüsebau be-

---

5) Die Grundfläche der Gartengewächse stieg von ca. 20 ha im Jahr 1914 über 835 ha im Jahr 1957 auf 1400 ha im Jahr 1976.

6) Nach dem Zweiten Weltkrieg wurde ein vergleichbares Objekt auf niederländischer Seite errichtet. Das Gartenbaudorf Wellerlooi mit 25 Stellen.

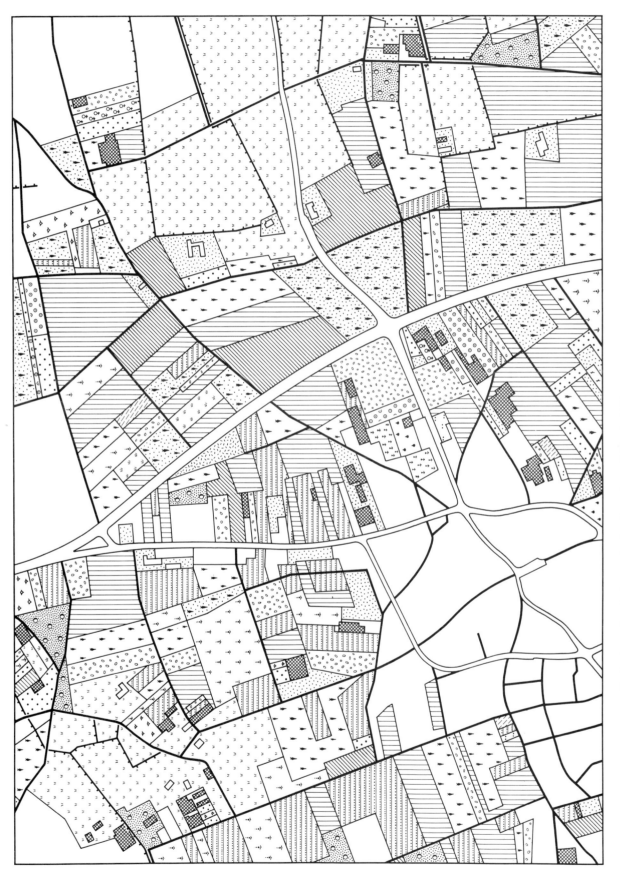

Karte 1 a   Landnutzung in der Gemarkung Walbeck 1973
(Aufnahme: Geländepraktikum Sept. 1973 unter Leitung von H. Böhm und H.D. Laux)

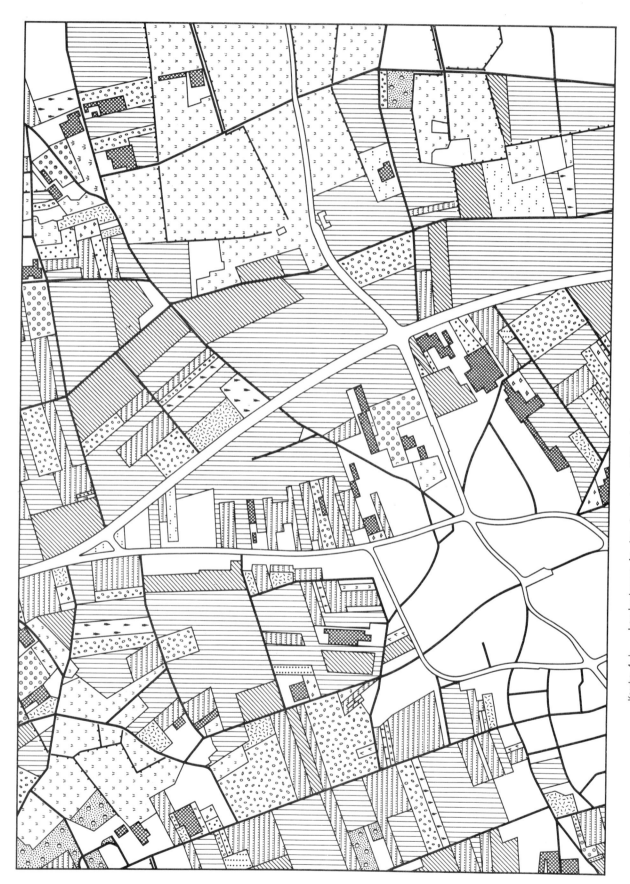

Karte 1 b   Landnutzung in der Gemarkung Walbeck 1980
(Aufnahme: Geländepraktikum Mai 1980 unter Leitung von C. Abs und G. Aymans)

Karte 2 a   Landnutzung in der Gemarkung Lüllingen 1973
             (Aufnahme: Geländepraktikum Sept. 1973 unter Leitung von H. Böhm und H.D. Laux)

Karte 2 b   Landnutzung in der Gemarkung Lüllingen 1980
             (Aufnahme: Geländepraktikum Mai 1980 unter Leitung von C. Abs und G. Aymans)

▭	Wald	▦	Gewächshäuser
▭	Weide	▭	Erika
▭	Wiese	▭	Gladiolen
▥	Getreide	▭	Veronika
▭	Rüben	▭	Azaleen
▭	Stoppelrüben	▭	Gemüsegärten u. Anzuchtflächen
▭	Kartoffeln	▭	Brache bzw. unbestellt
▭	Lupinen	▭	Chrysanthemen
▭	Ryegras	▭	Tannenbäume etc.
▨	Mais		
▨	Raps		
▭	Kohl, Kohlrabi etc.		
▭	Salat		
▥	Bohnen, Erbsen		
▭	Gurken		
▭	Lauch, Sellerie, Zwiebeln u. Dill		
▭	Spargel		

treiben. Daher wurden die Siedlerstellen mit einem kleinen Pflanzenanzuchthaus (100 m^2), einem kleinen Fensterblock (300 m^2) und mit etwa 100 Frühbeetfenstern ausgestattet (MÜLLER 1979). Nach anfänglichen Schwierigkeiten und Rückschlägen wurde mit wachsendem Erfolg Frischgemüse angebaut[7]. Nach dem Zweiten Weltkrieg stellten sich fast alle Betriebe in Verbindung mit einer Erweiterung der heizbaren Gewächshausfläche auf durchschnittlich 1.500 m^2 auf den Schnittblumenanbau um[8]. In den Folgejahren wurde die Schnittblumenkultur auch von vielen Gemüsebaubetrieben der Nachbargemeinden übernommen. Das Hauptabsatzgebiet war der Nahbereich, d.h. die Städte und Gemeinden in einem Umkreis von ca. 60 km. Nachdem 1951 in Kevelaer eine Absatzorganisation für Topfpflanzen (Azalerika) gegründet wurde, spezialisierten sich die Lüllinger Gärtner ganz auf Topfpflanzenkulturen - Azaleen und Eriken. In Verbindung mit einer guten Marktanalyse und einer gezielten Produktwerbung war diese Umstellung für alle Betriebe äußerst erfolgreich. Nach der Gartenbauerhebung von 1961 wurde im Raum Geldern fast 9% der bundesdeutschen Azaleen-Rohware erzeugt (RAHNER 1966). Die Azaleen-Treiberei wurde allerdings von anderen Betrieben, meist außerhalb des Raumes Geldern, übernommen und zwar vorwiegend von kleineren Gärtnereien in der Nähe der Verbraucherzentren. Hinsichtlich der Erzeugung von Eriken nahm der Raum Geldern/Kleve bereits 1961 eine Spitzenstellung mit 16,1% der bundesdeutschen Produktion ein (RAHNER 1966). Heute verfügen die Lüllinger Gartenbaubetriebe im Durchschnitt über 1,5 - 2,0 ha Betriebs- und ca. 5.000 m^2 Gewächshausfläche. Sie produzieren jährlich je Betrieb ca. 180.000 Eriken und 50.000 Azaleen (MÜLLER 1979). Bei der Absatzgenossenschaft stiegen die Umsätze für Eriken von 6,6 Mill. DM im Jahr 1971 auf 14,0 Mill. DM im Jahr 1977 und im gleichen Zeitraum bei Azaleen von 1,5 auf 3,1 Mill. DM. An dieser Umsatzsteigerung waren Lüllinger Gartenbaubetriebe zwar zu einem großen Teil, aber doch nicht ausschließlich beteiligt. Andere Gemüsebaubetriebe - vielfach Betriebe mit geringer Freiflächenausstattung und relativ großer Gewächshausfläche - nahmen zwischen 1951 und 1953 Schnittblumen (Nelken und/oder Chrysanthemen, Freesien) oder Topfpflanzen (Azaleen, Anthurien) als Ergänzungskultur in ihr Anbauprogramm auf und erreichten dadurch eine mit dem Gemüsebau vergleichbare Arbeitsproduktivität bei einer erheblichen Steigerung der Flächenproduktivität.

Aus diesen Anfängen entwickelte sich eine horizontale und z. T. auch vertikale Spezialisierung einzelner Betriebe, deren Richtung von den Fähigkeiten bzw. Erfolgen der Betriebsleiter, der gartenbaulichen Beratung und von der innerbetrieblichen Flächen- und Arbeitskraftauslastung abhängig war; eine Spezialisierung, die aber nirgendwo so einheitlich verlief wie in Lüllingen.

Die Aufnahme von Schnitt- und/oder Topfblumen in das Anbauprogramm der Gemüsebaubetriebe war u.a. eine Reaktion auf Wettbewerbsverzerrungen, die sich im Vergleich zu holländischen Produkten auf dem Frischgemüsemarkt zu Beginn der 50er Jahre bemerkbar machten. Wichtige Produktionsmittel, vor allem Kohle, Öl, Gas und Pflanzenschutzmittel waren in den Niederlanden wesentlich billiger als in Deutschland. Hinzu kam, daß in den Niederlanden für Fremdarbeitskräfte bis in die 60er Jahre erheblich niedrigere Stundenlöhne zu zahlen waren. Die wachsende Nachfrage nach Blumen und Zierpflanzen auf dem deutschen Markt und die hohen Gewinnspannen in dieser Sparte ermöglichten eine rasche Amortisation der z. T. nicht unerheblichen Investitionskosten. Begünstigend wirkte sich aus, daß eine vergleichbare Betriebsumstellung auf niederländischer Seite aufgrund von Anbaubeschränkungen erst zu Beginn der 60er Jahre möglich wurde. Die nachbarschaftliche Konkurrenz war also während der Umstellungszeit für ca. 10 Jahre gering.

Der niederrheinische Gartenbau Anfang der 70er Jahre

Materialgrundlage

Zur Beschreibung des niederrheinischen Gartenbaues steht ein sehr umfangreiches Datenmaterial zur Verfügung, das regional jedoch nur wenig gegliedert und aufgrund unterschiedlicher Erhebungskriterien schwer vergleichbar ist. Da nicht alle Strukturmerkmale des Gartenbaus, die erläutert werden sollen, durch eine einzige Datenquelle belegbar sind, sei kurz auf die verschiedenartigen Erhebungskriterien hingewiesen.

---

7) Vor allem Kopfsalat, Kohlrabi, Blumenkohl, Tomaten, Gurken und Bohnen.
8) Nelken, Chrysanthemen, Gerbera und Euphorbien.

Die Landwirtschaftszählung von 1971 erfaßt alle Betriebe mit 1 ha und mehr land-, forst- und fischerei-wirtschaftlich genutzter Fläche, sowie diejenigen Betriebe mit weniger als 1 ha landwirtschaftlich ge-nutzter Fläche, bei denen eine jährliche Marktproduktion von 4000 DM und mehr vorliegt oder aufgrund be-stimmter Indikatoren zu erwarten ist. Für den gartenbaulichen Bereich sind diese Kriterien erfüllt, wenn der Betrieb entweder 30 Ar Freilandgemüsefläche, 10 Ar Blumen- und Zierpflanzenfläche, 50 Ar Obstbaufläche, 20 Ar Baumschulfläche bewirtschaftet oder über Unterglasflächen verfügt, die zu Erwerbszwecken bestellt werden. Durch das Kriterium der Mindestmarktproduktion von 4000 DM/Jahr ist der Erhebungsbereich der Land-wirtschaftszählung von 1971 gegenüber demjenigen der Zählung von 1961 ausgedehnt worden. Es dürften daher 1971 mehr Nebenerwerbs- und vor allem Gartenbaubetriebe bei der Grund- bzw. Vollerhebung erfaßt worden sein als bei der Zählung von 1961, bei der alle Betriebe mit mehr als 0,5 ha Betriebsfläche als Grundgesamtheit ausgewiesen sind. Alle spezielleren, den Gartenbau betreffenden Merkmale, werden durch die Gartenbauerhe-bung 1972/73 ausgewiesen. Sie ist im Rahmen der Landwirtschaftszählung als Nacherhebung für alle Betriebe, die Gartenbauerzeugnisse für den Markt produzieren, durchgeführt worden. Landwirtschaftliche Betriebe, die Gartengewächse ausschließlich für den Eigenbedarf anbauen, werden zwar in der Landwirtschaftsgrunderhe-bung, die gleichzeitig Bodennutzungserhebung ist, mit ihren Obst-, Gemüse- und Zierpflanzenflächen ausge-wiesen, sie fallen aber nicht in den Rahmen der Gartenbauerhebung. Daher ist überall dort, wo in großem Umfang Gemüse zur Eigenversorgung auf dem Ackerland angebaut wird, in der Bodennutzungserhebung eine grö-ßere Gemüsebaufläche als in der Gartenbauerhebung ermittelt worden. Umgekehrt kann aber auch die Garten-bauerhebung eine größere Fläche für Gartengewächse nachweisen als die Bodennutzungserhebung, da bei letz-terer nur Hauptfrüchte, bei ersterer hingegen sämtliche Produkte, die während eines Jahres angebaut wer-den, mit ihren Flächen erfaßt sind (Tab.3).

Tab. 3: Gemüseflächen nach der Bodennutzungserhebung 1972 und
der Gartenbauerhebung 1972/73

Gebiet Stadt/ Landkreis	Bodennutzungserhebung in ha	Gartenbauerhebung in ha
Krefeld St.	339	282
Mönchenglad-bach St.	85	72
Rheydt St.	20	17
Dinslaken	9	39
Mettmann	35	23
Geldern	943	863
Grevenbroich	1578	1521
Kempen-Krefeld	1078	1046
Kleve	193	207
Moers	107	108
Rees	80	55
Rhein-Wupper	133	132

Quellen: Beiträge zur Statistik NRW, H.305 und H.320

Neben diesen amtlichen Zählungen sind 1971/72 und 1976/77 von der Landwirtschaftskammer Rheinland[9] Gar-tenbauerhebungen auf freiwilliger Basis durchgeführt worden. Die hier erhobenen Merkmale ergänzen die amt-lichen Erhebungen vorzüglich. Die Zählungen der Landwirtschaftskammer haben aber den Nachteil, daß Neben-erwerbsbetriebe nur unzureichend erfaßt sind.

9) Vgl. DIETZE, H; MILLER, J. u. VICKERMANN, E. (1975) und AUST, D.; DIETZE, H. u. MILLER, J. (1979).

Aus der Zusammenstellung in Tab.4 ist zu entnehmen, daß diese Unterschiede nicht unerheblich sind, und daß bis auf eine Ausnahme die Grundgesamtheiten der Strukturerhebungen kleiner sind.

Tab. 4: Betriebe mit Anbau von Gartengewächsen nach der Gartenbauerhebung und der Strukturerhebung Gartenbau der Landwirtschaftskammer

Gebiet Stadt/ Landkreis	Gartenbauerhebung 1972/73 Zahl d. Betriebe	Strukturerhebung 1971/72 Zahl d. Betriebe
Krefeld St.	154	142
Mönchengladb. St.	86	83
Rheydt St.	27	47
Dinslaken	65	54
Mettmann	258	122
Geldern	1036	989
Grevenbroich	669	606
Kempen-Krefeld	698	589
Kleve	236	230
Moers	316	252
Rees	211	203
Rhein-Wupper	215	208

Quellen: Beiträge zur Statistik NRW, H.320 und DIETZE u.a. (1975)

Betriebsformen im niederrheinischen Gartenbau

Für die gegenwärtige Situation des niederrheinischen Gartenbaus ist einerseits eine wachsende Spezialisierung der Betriebe mit Hauptproduktionsrichtung Gartenbau (50% der Erlöse stammen aus dem Verkauf von Gartengewächsen) und andererseits eine Zunahme jener landwirtschaftlicher Betriebe kennzeichnend, die Gemüsekulturen in ihr Anbauprogramm übernehmen. Diese Übernahme des Gemüsebaues (z.B. Blumenkohl) in die Rotation auf dem Ackerland erfolgt keineswegs kontinuierlich. Sie wird vielmehr stark von der produktspezifischen Marktlage des Vorjahres und durch das Zustandekommen von Anbauverträgen mit der Konservenindustrie beeinflußt. Auf kleinem Raum kann daher die Zahl der Betriebe mit Anbau von Gartengewächsen von Jahr zu Jahr größeren Schwankungen unterlegen sein.

Aufgrund der Landwirtschaftszählung bzw. der Gartenbauerhebung und der Strukturerhebungen der Landwirtschaftskammer zeigt sich, daß die Zahl der landwirtschaftlichen Betriebe mit Anbau von Gartengewächsen in Relation zu den reinen Gartenbaubetrieben in den nordrheinischen Stadtkreisen recht gering ist.[10]

Dies liegt nicht nur an der ohnehin geringeren Zahl größerer landwirtschaftlicher Betriebe in der Umgebung wachsender Städte, sondern auch an einer Spezialisierung der stadtnahen Landwirtschaft. In den Landkreisen östlich und westlich von Düsseldorf ist das Verhältnis von Gartenbaubetrieben und landwirtschaftlichen Betrieben mit Gartenbau nahezu ausgeglichen. Es ist jener Bereich, für den der Feldgemüsebau bereits seit Jahrzehnten charakteristisch ist. Nördlich der Linie Düsseldorf-Viersen dominieren dann die reinen Gartenbaubetriebe unter den Betrieben, die Gartengewächse für den Verkauf anbauen. Diese in groben Zügen aufgezeigte regionale Differenzierung ist u.a. eine Folge der zeitlich und räumlich unterschiedlichen Betriebsgrößenentwicklung.

---

10) Soweit entsprechende Daten für die kreisfreien Städte vorliegen, gilt diese Feststellung auch für diese Städte.

Tab. 5: Betriebe mit Anbau von Gartengewächsen zum Verkauf nach Hauptproduktionssparten (HPS) 1972/73

Gebiet	Anteil an der Gesamtzahl klassifizierter Betriebe				Zahl der klassif. Betriebe	Zahl der Be-triebe mit Anbau von Gartengewäch-sen insges.	% der klas-sif.Betriebe an Betrieben insges.
	HPS Obst	HPS Gemüse	HPS Zier-pflanzen	HPS Baumschulen			
Dinslaken	39,0	10,2	49,2	1,6	59	65	90,8
Mettmann	51,0	8,9	30,8	9,3	247	258	95,7
Geldern	1,4	44,5	51,9	2,2	842	1036	81,3
Grevenbroich	2,8	67,3	28,2	1,7	636	669	95,1
Kempen-Krefeld	5,0	63,4	29,7	1,9	664	698	95,1
Kleve	8,2	16,7	73,2	1,9	209	236	88,6
Moers	11,1	24,2	61,6	3,1	289	316	91,5
Rees	7,2	21,0	66,7	5,1	195	211	92,4
Rhein-Wupper	28,3	27,3	39,4	5,0	198	215	92,1

Quelle: Beiträge zur Statistik NRW H.320. Bemerkung: Ein Betrieb wird hier einer Hauptproduktionssparte (HPS) zugeordnet, wenn auf diese Sparte 70% und mehr der Verkaufserlöse aus dem Gartenbau ent-fallen.

Betrachtet man die Betriebe nach ihrem Umsatzschwerpunkt im Bereich der gartenbaulichen Produktion, so zeigt sich aufgrund der Gartenbauerhebung 1972/73, daß in den Landkreisen des Reg.-Bez. Düsseldorf mit Ausnahme der Altkreise Kleve und Geldern, über 90% aller Betriebe mit Anbau von Gartengewächsen einen eindeutigen Umsatzschwerpunkt in einer der Gartenbausparten besitzen. Die rechtsrheinischen Kreise Mett-mann, Rhein-Wupper und Dinslaken werden nach der Zusammenstellung in Tabelle 5 von Betrieben mit Haupt-produktionsrichtung Obstbau, die Altkreise Grevenbroich, Kempen-Krefeld und Geldern durch Betriebe mit Gemüsebau und die Altkreise Kleve, Rees, Moers und Geldern durch Betriebe mit dem wohlstandsorientierten Blumen- und Zierpflanzenanbau bestimmt. Die regionale Differenzierung der gartenbaulichen Betriebsformen im Reg. Bez. Düsseldorf läßt sich anhand dieser Daten der Gartenbauerhebung von 1972/73 nur unzureichend beschreiben, da hier als Gliederungskriterium die betrieblichen Verkaufserlöse aus dem Gartenbau verwendet werden, die ihrerseits gemessen am gesamten Betriebseinkommen von völlig untergeordneter Bedeutung sein können. Dies gilt vor allem für jene landwirtschaftlichen Betriebe, die im Hinblick auf eine Betriebsum-stellung oder zur Ergänzung ihrer Produktion einen gartenbaulichen Betriebszweig übernommen haben. Der extrem hohe Anteil von Betrieben der Obstbausparte (51%) im Altkreis Mettmann ist nur auf diese Weise zu erklären. Der Weg vom Landwirt zum Obstbauern, der im Krefeld-Viersener und weiter südlich im Meckenheimer Raum von vielen Landwirten beschritten wurde, ist im Altkreis Mettmann erst in Anfängen erkennbar.

Zur Dokumentation regionaler Unterschiede der gartenbaulichen Produktion sind die Daten der Landwirt-schaftskammer geeigneter, da hier der Anteil der Sparten am Gesamtumsatz der Betriebe als Ordnungskrite-rium benutzt wird (Tab.6). Mit Ausnahme der Altkreise Grevenbroich und Kempen-Krefeld treten nunmehr in allen Gebietseinheiten die Betriebe mit einem Umsatzschwerpunkt im Blumen- und Zierpflanzenanbau in den Vordergrund. Betriebe dieser Sparte haben in den letzten Jahren vor allem in den Altkreisen Geldern und Kleve an Bedeutung gewonnen, während hier die Zahl der reinen Gemüsebaubetriebe rückläufig ist. Konstant geblieben oder sogar noch angewachsen ist die Zahl der Blumen- und Zierpflanzenbetriebe auch in den Stadt-regionen an Rhein und Ruhr. Diese Betriebe haben sich jedoch verstärkt auf die Bedürfnisse der Endver-braucher umgestellt, d.h. sie wurden zu Endverkaufs- bzw. Handels- und Dienstleistungsbetrieben, während die Betriebe im Raum Viersen, Geldern und Kleve überwiegend Rohware (z.B. Azalleen) produzieren bzw. auf die Nachfrage des Zwischenhandels angewiesen sind.

Tab. 6: Gartenbaubetriebe nach Sparten - Strukturerhebung Gartenbau 1971/72 -

Gebiet	Sparten (Umsatz >50% in einer Sparte)						
	Obstbau %	Gemüsebau %	Zierpfl. anbau %	Baumschulen %	Garten-Landschafts-bau %	Friedh. Gärtnerei %	Gemischt-betriebe[1] %
Krefeld St.	2,1	29,6	44,4	2,1	2,1	0,7	19,0
Mönchengladb.St.	-	12,1	45,8	1,2	1,2	2,4	37,3
Rheydt St.	-	17,0	38,3	6,4	6,4	12,8	19,1
Dinslaken	5,6	3,7	63,0	11,1	3,7	1,8	11,1
Mettmann	2,4	4,1	50,0	10,7	10,7	4,1	18,0
Geldern	0,1	33,5	46,3	1,1	0,2	-	18,8
Grevenbroich	0,7	24,7	26,2	2,0	1,2	0,8	44,4
Kempen-Krefeld	4,1	26,8	27,6	1,9	0,7	0,7	38,2
Kleve	1,3	11,7	67,0	2,2	1,3	0,9	15,6
Moers	1,6	8,7	66,6	1,2	4,4	4,0	13,5
Rees	3,4	9,8	66,5	2,0	1,5	2,0	14,8
Rhein-Wupper	4,8	24,5	32,2	2,9	2,4	2,4	30,8

1) Aus keiner Sparte Umsatz > 50%

Quelle: DIETZE u.a. (1975)

Betriebsgrößen- und Flächenentwicklung

Die Entwicklungsmöglichkeiten vieler Gartenbaubetriebe werden in Zukunft noch mehr von der Verfügbarkeit
geeigneter Nutzflächen bestimmt sein als in der Vergangenheit, da die hohen Lohnkosten in der einzelbe-
trieblichen Kalkulation nur in wenigen Fällen durch eine Reduzierung der Zahl der Arbeitskräfte aufgefangen werden können. Der seit Mitte der 60er Jahre von vielen Betrieben beschrittene Weg einer Vergrößerung der Grundfläche der Gartengewächse (GG) bei Konstanthalten der Betriebsfläche durch die Errichtung
von Gewächshäusern ist bei den extrem gestiegenen Energiekosten kaum noch möglich. Auswege aus dieser Situation scheint es z.Zt. nur durch eine Reduzierung des Anbaues auf Kulturen mit hohem Umsatz pro Flächen-
einheit (z.B. Chrysanthemen statt Gurken) oder auf Kulturen mit hoher Arbeitsproduktivität (z.B. Kohlrabi)
zu geben, wenn nicht an eine Vergrößerung der Betriebsfläche gedacht werden kann. Ein Flächenzukauf ist
aber am Niederrhein bei den gegenwärtigen Preisen für landwirtschaftlichen Grund und Boden nicht realisierbar. Es bleibt also nur der Weg über die Zupacht. Nach den Erhebungen der Landwirtschaftskammer Rheinland betrug die Nettopachtfläche der Gartenbaubetriebe 1971 im Reg.-Bez. Düsseldorf 33%, d.h. ca. 67% der
Betriebsfläche waren Eigentumsfläche, 19% verpachtete Flächen und 52% gepachtete Flächen (PETERS 1975).
Der Zwang zur Flächenverpachtung ergibt sich meist aus einer zu starken Besitzzersplitterung, die eine
rentable Bewirtschaftung nicht zuläßt. Eine vom Pachtlandmarkt unabhängige Flächenarrondierung läßt sich
in diesen Fällen nur über sehr kostenaufwendige Flurbereinigungen erreichen, die allerdings in Gartenbau-
gebieten auf sehr großen Widerstand der Eigentümer stoßen können. Eine derartige Maßnahme wurde 1973 in
der Gemarkung Walbeck abgeschlossen.

Das Pachtlandangebot hat sich seit Mitte der 60er Jahre in den niederrheinischen Kreisen in dem Maße erhöht, in dem Zuerwerbs- bzw. Nebenerwerbsbetriebe ihre Flächen reduziert bzw. die Bewirtschaftung der Flächen völlig eingestellt haben. Diese Wirtschaftsflächen kommen den Gartenbaubetrieben allerdings nur zu
einem geringen Teil zugute, da die Nachfrage seitens landwirtschaftlicher Betriebe mit mehr als 20 ha LF
außerordentlich groß ist. So hat sich z.B. im Altkreis Geldern die Zahl der Betriebe zwischen 2o und 25 ha
LF im Zeitraum von 1971 bis 1973 um 21 verringert, während die Zahl der Betriebe in der Größenklasse von
25 bis 30 ha LF gleichzeitig um 25 zugenommen hat. Wenigstens ein Teil der Gartenbaubetriebe Nordrheins
dürfte aber noch über nicht gartenbaulich genutzte "Reserveflächen" verfügen. Dies legt die Zusammenstel-

lung in Tabelle 7 nahe. Gegenübergestellt sind hier die Klassifikation der Gartenbaubetriebe nach ihrer Betriebsfläche (BF) und nach der Grundfläche der Gartengewächse (GG). Das Ausmaß der Verschiedenheit beider Häufigkeitsverteilungen beschreibt der Verschiedenheitsindex ($I_v = 1/2 \sum |x_i - y_i|$). Er nimmt dann geringe Werte an, wenn sich nur geringe Abweichungen aufgrund der unterschiedlichen Bezugsflächen ergeben, also eine weitgehende Identität von Betriebsfläche und der Grundfläche der Gartengewächse vorliegt, wie z.B. im Altkreis Mettmann, den Städten Rheydt und Krefeld. Hohe Werte zeigen hingegen eine große Ungleichheit der Häufigkeitsverteilungen an. Sie besteht in den Altkreisen Grevenbroich, Geldern und Kempen-Krefeld. Hierfür sind vor allem die Gemischtbetriebe verantwortlich. Außerdem setzen sich die Gartenbaubetriebe in diesen Kreisen weit stärker als in anderen Gebieten aus zwei betriebswirtschaftlich völlig unterschiedlich zu bewertenden Gruppen zusammen: den ehemals landwirtschaftlichen Betrieben mit Flächen von mehr als 10 ha LF, die den Anbau von flächenintensiven Gemüsearten übernommen haben und den mit großen Unterglasflächen ausgestatteten Gemüse- und Schnittblumenbetrieben, von denen letztere zu rund 75% eine GG von weniger als 1 ha bewirtschaften. In den genannten Kreisen sind nach der Gartenbauerhebung von

Tab. 7: Betriebsgrößen im Gartenbau - nach der Betriebsfläche (BF) und der Grundfläche der Gartengewächse (GG) in ha 1971/72
Angaben in % aller Gartenbaubetriebe[1]

Gebiet	unter 2 ha BF	GG	2 ha - 10 ha BF	GG	über 10 ha BF	GG	I_v
Krefeld St.	52,1	61,3	26,8	33,8	21,1	4,9	23,3
Mönchengladbach St.	59,0	72,3	13,2	25,3	27,8	2,4	30,2
Rheydt St.	70,2	74,5	21,3	25,5	8,5	-	19,3
Dinslaken	70,4	88,8	20,3	11,2	9,3	-	27,8
Mettmann	71,4	79,5	18,0	14,0	10,6	6,5	15,5
Geldern	59,6	90,4	30,5	8,9	9,9	0,7	30,8
Grevenbroich	27,6	44,9	26,5	47,3	45,9	7,8	38,1
Kempen-Krefeld	40,3	60,6	25,5	35,9	34,2	3,5	30,7
Kleve	62,2	85,6	31,3	12,2	6,5	2,2	29,9
Moers	75,8	92,0	19,5	6,8	4,7	1,2	26,2
Rees	70,5	88,6	18,2	8,9	11,3	2,5	28,1
Rhein-Wupp.	46,6	71,2	30,3	26,0	23,1	2,8	30,4
Sparten							
Zierpflanzenbau	81,6	94,5	17,4	5,1	1,0	0,4	25,9
Gemüsebau	38,8	56,9	49,6	39,6	10,6	3,5	18,1
Gemischtbetriebe	24,8	57,9	20,4	37,7	54,8	4,4	51,5

1) Die Betriebsgrößen sind hier von ursprünglich 9 Klassen auf 3 Klassen zusammengefaßt worden. Der Verschiedenheitsindex wurde auf der Basis von 9 Klassen berechnet.
Quelle: DIETZE u.a. (1975)

1972/73 20% der Unterglasflächen und sogar 28,8% der gesamten Gewächshausfläche Nordrhein-Westfalens konzentriert. 15% der Unterglasfläche Nordrhein-Westfalens und 17% der Gewächshausfläche Nordrhein-Westfalens entfallen davon allein auf den Altkreis Geldern. 1976 bestanden nach den Erhebungen der Landwirtschaftskammer in Nordrhein 687 ha Gewächshausfläche. Von dieser Fläche wurden ca. 25% erst nach 1970 errichtet und zwar in der Mehrzahl zwischen 1971 und 1973, d.h. in diesen Jahren wurde die heizbare Hochglasfläche jährlich um ca. 40 ha vergrößert. Aus diesen Zahlen spricht eine außerordentlich hohe Investitionsbereitschaft, die sich allerdings bei den extrem gestiegenen Energiekosten kaum fortsetzen dürfte.

Für den gesamten niederrheinischen Raum mit Ausnahme des Altkreises Geldern ist typisch, daß die Gemüseanbauflächen seit der Nachkriegszeit (1955) zurückgegangen sind und zwar sowohl durch Betriebsaufgaben und
Verkauf der Flächen als Bauland als auch durch Umwandlung der Nutzung zum Zweck des Blumen- und Zierpflan-
zenanbaus.

Tab. 8: Gemüseanbauflächen 1955 - 1972 (in ha)

Gebiet	1955	1961	1972
Krefeld St.	448	436	339
Mönchengladbach	91	88	85
Rheydt St.	57	50	20
Dinslaken	9	20	9
Mettmann	122	103	35
Geldern	942	1038	943
Grevenbroich	2108	1663	1578
Kempen-Krefeld	1451	1353	1078
Kleve	254	122	193
Moers	214	155	107
Rees	94	86	80
Rhein-Wupper	219	189	133

Quellen: Beiträge zur Statistik von NRW, H.60, 149, 305

Anbauflächen und ihre Nutzung

Der Rückgang der Gemüsebauflächen nach 1955 ist auch eine Folge veränderter Ernährungsgewohnheiten. Die
Nachfrage nach Grobgemüse, das am Niederrhein besonders von bäuerlichen Betrieben angebaut wurde, vermin-
derte sich seit 1950 zugunsten des Feingemüses. Dies konnte recht preisgünstig in einer ausgezeichneten
Qualität und in großen Mengen importiert werden. Der Wandel der Verzehrgewohnheiten und die gestiegenen
Qualitätsansprüche der Verbraucher zwangen die deutschen Betriebe nicht nur zu einer horizontalen Spezia-
lisierung auf eine Sparte, sondern auch zu einer Spezialisierung innerhalb der Sparten. Bei der Beschränkung auf einzelne Gemüsearten bzw. Schnitt- oder Topfblumen waren sowohl die regionale Marktnachfrage als
auch vor allem beim Freilandanbau die optimale Anpassung an lokalklimatische Bedingungen entscheidend.
Da die Gemüseerntefläche im Altkreis Geldern seit 1955 annähernd konstant geblieben ist, lassen sich die
Veränderungen, die für die Nutzung der Gemüsefläche am Niederrhein typisch sind, hier am besten nachweisen (Tab.9). Als ein sehr grobes Maß für die Spezialisierung des Anbaus auf wenige Gemüsearten kann die
Zahl der Produkte dienen, die mehr als 5% der Erntefläche in den Kreisen beanspruchen. Diese Zahl ist im
Altkreis Geldern von 8 im Jahr 1938 (NICOLAISEN 1955) über 7 im Jahr 1955, 5 im Jahr 1961 auf 4 im Jahr
1972 gesunken. In den Nachbarkreisen konzentrierte sich der Anbau 1972 z.T. nur auf 3 Gemüsearten mit
mehr als 5% Anteil an der Gemüseerntefläche. Waren es im Altkreis Geldern Gurken, Spargel und Salat, die
im Jahr 1938 (NICOLAISEN 1955) am häufigsten angebaut wurden, so waren es 1972 Salat, Blumenkohl und
Kohlrabi. 1938 beanspruchten die drei wichtigsten Gemüsearten 34,2% der Gemüsebaufläche, 1972 waren es
bereits 71,4%. Der Gurkenanbau, der 1938 noch ca. 15% der Gemüsebauflächen einnahm, ist heute im Altkreis Geldern bedeutungslos. Auf der anderen Seite ist die Salatfläche von ca. 9% im Jahr 1938 auf über
38% im Jahr 1972 angestiegen. Blumenkohl und Kohlrabi, die 1972 mit zu den verbreitetsten Gemüsearten
gehörten, befanden sich 1938 nicht einmal unter den ersten 10. Die durch diese Zahlen belegte Spezialisierung ist gleichzeitig ein Hinweis auf einen Wechsel vom Freiland- auf den Treibgemüsebau.

Neben den Gurken sind im Vergleich zur Vorkriegszeit bzw. den Anbauverhältnissen im Jahr 1955 Spinat,
Tomaten, Frischerbsen und Zwiebeln aus dem Anbauprogramm der meisten Betriebe verschwunden. Es sind Gemüsearten, die am Niederrhein heute nicht mehr rentabel in der erforderlichen Qualität und Quantität

produziert werden können. Der starke Rückgang des Spargelanbaus auf 25 ha im Jahr 1972 ist z.T. auf die Flurbereinigung im wichtigsten Spargelanbaugebiet des Kreises zurückzuführen. Mißt man auch hier die Verschiedenartigkeit der Flächenanteile der einzelnen Gemüsearten mit Hilfe des Index I_v, so ergibt sich für den Vergleich zwischen 1955 und 1961 ein Wert von $I_v=17,2$ und beim Vergleich von 1961 mit 1972 wird $I_v=23,1$. Am unähnlichsten sind die Anbauverhältnisse von 1972 und 1955 ($I_v=35,6$).

Tab. 9: Gemüseanbauflächen und Erträge im Altkreis Geldern 1955, 1961, 1972 (Freilanderträge)

Gemüseart	1955		1961		1972		1971/72
	Fläche %	Ertrag dz/ha	Fläche %	Ertrag dz/ha	Fläche %	Ertrag dz/ha	Ertrag BRD dz/ha
Salat, Endivien	17,9	152,1	28,4	184,4	38,3	166,5	158,9
Blumenkohl	17,4	207,0	22,4	168,2	20,9	228,4	211,7
Gurken	11,8	154,0	6,5	114,8	0,1	101,0	151,6
Spargel	9,9	20,7	7,8	31,3	2,7	31,4	37,9
Spinat	5,9	118,6	4,9	118,0	0,2	116,0	133,8
Kohlrabi	5,2	199,7	8,0	191,9	12,2	194,4	201,3
Grüne Pflückbohnen	5,1	99,8	3,0	89,4	7,5	107,5	95,0
Dicke Bohnen	4,2	113,1	3,7	122,9	1,9	128,9	140,6
Möhren	3,5	222,6	3,3	220,8	1,0	219,4	284,4
Tomaten	2,3	282,3	0,3	304,9	-	-	294,9
Rotkohl	2,2	221,1	2,6	273,3	3,0	348,5	348,9
Weißkohl	2,1	224,9	2,4	290,7	3,5	377,6	464,1
Frischerbsen	2,1	74,5	0,4	84,7	0,2	43,1	39,8
Porree	1,8	173,7	1,2	191,8	3,2	209,9	217,7
Wirsing	1,4	192,0	1,7	243,9	3,1	266,6	248,8
Zwiebeln	1,1	259,3	0,5	192,2	0,1	175,0	200,0
Gemüseerntefläche in ha	936		1038		942		

Quellen: Beiträge zur Statistik NRW, H.60, 149, 305.

Die für den Raum Geldern skizzierte Spezialisierung auf wenige Gemüsearten betrifft in ähnlicher Weise den südlich angrenzenden Raum Krefeld-Grevenbroich. Allerdings haben sich die Betriebe hier auf den Anbau von Weißkohl, Blumenkohl, Wirsing, Sellerie, Porree, Möhren und Dicke Bohnen konzentriert. Im nördlich gelegenen Altkreis Kleve wurden dagegen 1972 über 70% der Gemüsebaufläche mit grünen Pflückbohnen bestellt. Die Mehrzahl der Betriebe des linksniederrheinischen Raumes ist hinsichtlich des Absatzes der Erzeugnisse auf die Versteigerungen in Straelen angewiesen. In den Altkreisen Moers und Kleve wird allerdings von etwa 10-15% aller Gartenbaubetriebe auf Wochenmärkten direkt an den Verbraucher vermarktet.

Mit dem Gemüsebau wird in vielen niederrheinischen Gartenbaubetrieben der Schnittblumenanbau verbunden und zwar derart, daß das Gemüse (Salat-Kohlrabi) die Hauptkultur und die Schnittblumen (Chrysanthemen) die Nachkultur in den Gewächshäusern bilden. Bei der Mehrzahl der Gartenbaubetriebe im Raum Kleve-Geldern-Krefeld ist jedoch eine Spezialisierung in Richtung auf den Topf- oder Schnittblumenanbau eingetreten (vgl. S.125). Die vergleichende Beschreibung dieser Produktionsrichtungen bereitet insofern Schwierigkeiten, als bei den Gartenbauzählungen Topf- und Ballenpflanzen in Mengeneinheiten, der Schnittblumenanbau aber in Flächeneinheiten angegeben wird.

In den Altkreisen Kleve und Geldern ist mehr als 1/4 der nordrhein-westfälischen Schnittblumenanbaufläche unter Glas konzentriert. Der Hauptanteil mit ca. 135 ha entfällt auch hier wieder auf den Altkreis Geldern. Die größten Flächen beanspruchen Rosen und Nelken, deren Anbaufläche etwas mehr als 30% der entsprechenden Kulturfläche aller Landkreise Nordrhein-Westfalens beträgt. Die Bedeutung dieses Anbaus wird deutlich, wenn man berücksichtigt, daß im Altkreis Geldern 1961 15% der Nelkenproduktion der Bundesrepublik Deutschland konzentriert waren (RAHNER 1966). Diese Flächen wurden im Raum Geldern zwischen 1961 und 1972 um ca. 1 ha verringert, in den übrigen Teilen des Landes Nordrhein-Westfalen gleichzeitig jedoch um ca. 30 ha vergrößert. Für Schnittrosen ist zwischen 1961 und 1972 ein wesentlich stärkerer Flächenzuwachs

Tab. 10: Anbau von Blumen zum Schnitt (unter Glas oder Folie) 1972 in den Altkreisen Kleve und Geldern

Blumenart	% an Anbaufläche des Kreises		% an der artspezifischen Anbaufläche der Landkreise in NRW	
	Geldern	Kleve	Geldern	Kleve
Tulpen	4,1	6,3	16,3	4,6
Narzissen	0,5	1,7	8,0	5,0
Freesien	11,1	6,0	46,2	4,6
Rosen	18,1	7,9	29,8	2,4
Nelken	18,1	22,4	25,1	5,8
Chrysanthemen groß	16,3	10,7	23,7	2,9
Chrysanthemen klein	8,8	6,5	16,6	2,3
Gerbera	2,6	7,8	28,7	16,0
Orchideen	6,5	3,6	55,0	5,6
Schnittgrün	1,3	2,3	10,6	3,4
Treibgehölze	0,2	2,0	10,0	20,3
Übrige Zierpflanzen	12,3	22,8	33,3	11,4

Quelle: Beiträge zur Statistik NRW, H.305

in Nordrhein-Westfalen (ca. 80 ha) festzustellen. Mehr als 1/4 dieser Fläche bewirtschaften Gartenbaubetriebe des Altkreises Geldern. Damit hat sich der Anbauschwerpunkt, der 1961 innerhalb Nordrhein-Westfalens noch im Altkreis Rees lag,bis 1972 in den Raum Geldern verlagert. Fast eine Monopolstellung nimmt der Raum Kleve-Geldern im Freesien- und Orchideenanbau mit 51% bzw. 61% der Erzeugerfläche in Nordrhein-Westfalen ein. War schon 1961 der Altkreis Geldern nicht nur innerhalb Nordrhein-Westfalens sondern auch innerhalb der Bundesrepublik eines der wichtigsten Freesien- und Orchideenanbaugebiete, so hat sich diese Stellung bis 1972 erhalten, da allein 60% des Anbauflächenzuwachses dieser Schnittblumen auf den Altkreis Geldern entfallen.

Ähnliches dürfte auch für den Anbau von Gerbera gelten[11], deren Kultur 1972 in beiden Kreisen nur einen geringen Teil der Schnittblumenfläche unter Glas beanspruchte, diese kleinen Flächen aber schon mehr als 40% der vergleichbaren Anbaufläche in Nordrhein-Westfalen ausmachten.

Für die Erzeugung von Schnittblumen unter Glas ist charakteristisch, daß einige Arten nur in wenigen Anbaugebieten und dort in großen Mengen kultiviert werden. Hierzu gehören Rosen, Nelken, Freesien und Gerbera. Andere Arten werden hingegen nur in kleinen Mengen und an vielen dispersen Standorten angebaut. Dieser Unterschied ergibt sich auch bei den Topf- und Ballenpflanzen. Eriken und Azaleen sind typische Kulturen von Erzeugerschwerpunkten. Hortensien, Alpenveilchen und Balkonpflanzen sind hingegen Beispiele für die breite Palette jener Topfpflanzen, die an vielen Standorten in Verbrauchernähe, meistens auch von kleinen Betrieben (< 0,5 ha Betriebsfläche) angebaut werden. Da diese Betriebe vor allem in Stadtkreisen liegen, wird im folgenden als Bezugsgröße die Stückproduktion aller Landkreise Nordrhein-Westfalens herangezogen (Tab.11).

Für die Altkreise Geldern und Kleve ergibt sich beim Anbau von Zierpflanzen unter Glas ein deutliches Übergewicht durch die Produktion von Erica gracilis und der Azaleen-Rohware. 1972 entfiel fast 95% der Erikengesamterzeugung aller Landkreise Nordrhein-Westfalens auf die beiden niederrheinischen Kreise. Mit

---

11) Vergleichszahlen zu 1961 fehlen hier leider.

Tab. 11: Erzeugung von Topf- und Ballenpflanzen (unter Glas oder Folie) 1972 in den Altkreisen Kleve und Geldern

Blumenart	% an Anbaumenge des Kreises		% an der artspezifischen Anbaumenge in Landkreisen von NRW	
	Geldern	Kleve	Geldern	Kleve
Fertigware				
Erica gracilis	75,1	30,9	84,9	8,4
Azaleen	7,0	13,5	26,9	12,5
Tulpen	5,6	1,6	8,7	0,6
Cyclamen	1,9	3,4	6,3	2,7
Poinsettien	1,2	2,4	7,8	3,7
Begonien	1,2	2,4	10,7	5,1
Pelargonien	0,8	5,2	2,1	3,1
Chrysanthemen	0,8	0,2	6,8	0,3
Hyazinthen	0,6	2,8	5,2	5,5
Sonstige Topfpflanzen	3,5	27,0	4,2	8,0
Halbfertigware				
Erica gracilis	57,3	23,8	60,4	22,2
Azaleen	22,0	35,4	20,0	28,4
Cyclamen	3,3	17,6	5,6	26,2
Poinsettien	2,1	2,0	8,3	7,1
Begonien	-	0,2	-	1,3
Pelargonien	-	1,0	-	2,9
Chrysanthemen	-	0,0	-	0,3
Sonstige Topfpflanzen	5,4	5,2	15,3	12,9
Jungpflanzen				
Erica gracilis	90,9	57,2	91,5	6,9
Azaleen	4,8	18,7	51,9	24,5
Cyclamen	0,7	2,3	10,7	4,3
Poinsettien	0,0	0,1	0,0	0,0
Pelargonien	1,1	0,3	3,6	0,1
Sonstige Topfpflanzen	1,9	6,2	10,2	4,1

Quelle: Beiträge zur Statistik NRW, H.305

nicht ganz so hohen Anteilen an der Gesamtproduktion ist dieses Gebiet auch als Erzeugungsschwerpunkt für Azaleen ausgewiesen. Die Rohware nahm 1972 ebenso wie 1961 eine hervorragende Stellung im Gesamtanbau ein. Mengenmäßig mit ihr vergleichbar ist jedoch 1972 die Erzeugung blühender Azaleen. Dies zeigt, daß die Betriebe auch bei Azaleen die Erzeugung von Fertigware übernommen haben, die 1961 noch vorwiegend von kleineren Gärtnereien in den Agglomerationsräumen der Bundesrepublik betrieben wurde (RAHNER 1966). Die übrige Topf- und Ballenpflanzenproduktion fällt mengenmäßig kaum ins Gewicht. In Relation zur Gesamterzeugung in den Landkreisen Nordrhein-Westfalens erweist sich der niederrheinische Raum aber auch als ein Haupterzeugungsgebiet für Weihnachtssterne (Poinsettien) und Begonien.

Entwicklungstendenzen und Probleme des niederrheinischen Gartenbaus

Es wurde bereits darauf hingewiesen, daß die starke Expansion des Zierpflanzenanbaues am Niederrhein eine Folge von Wettbewerbsverzerrungen auf dem internationalen Gemüsemarkt war. Dieser Wettbewerb hat sich in den letzten Jahren z.T. noch verschärft, da neue Erzeugergebiete in peripheren Lagen mit wesentlich geringeren Produktionskosten belastet sind. Ertragssteigerungen, die aufgrund des Vergleichs mit bundesrepublikanischen Durchschnittswerten möglich erscheinen (Tab.9), können die Arbeitsproduktivität auch nur geringfügig erhöhen. Die von PETERS (1975) in niederrheinischen Gartenbaubetrieben aufgenommenen Arbeitsgrundrisse zeigen eine extreme Belastung der Familienarbeitskräfte vor allem während der Erntezeiten. Derartige Arbeitsspitzen lassen sich im Freilandanbau durch den Einsatz von Vollerntemaschinen brechen, aber auch nur dort, wo ein großflächiger Anbau (z.B. bei Pflückbohnen) erfolgen kann. Die gegenwärtige Betriebsgrößenstruktur der niederrheinischen Gartenbaubetriebe eröffnet eine solche Lösung aber nur wenigen Betrieben. Die Masse der Betriebe könnte einen Ausweg in der Vergrößerung der gartenbaulichen Nutzfläche oder in der Hinzuziehung nicht ständig beschäftigter familienfremder Arbeitskräfte sehen. Der letzte Weg scheitert in der Regel am Angebot ausreichend qualifizierter Arbeitskräfte. Ein Zukauf von teuren Wirtschaftsflächen läßt die Bodennutzungskosten übermäßig anwachsen, so daß auch durch diese Maßnahme das Arbeitseinkommen nicht gesteigert, sondern nur verringert werden kann,wie die Modellrechnungen von PETERS (1975) gezeigt haben. Eine optimale Ausnutzung der vorhandenen Arbeitskräfte und eine Reduzierung der Arbeitsspitzen ist offenbar nur durch eine Erweiterung der Unterglasproduktionsfläche möglich. Diesen Weg haben sehr viele niederrheinische Gartenbaubetriebe während der letzten Jahre eingeschlagen, wobei überwiegend moderne Rollhäuser errichtet wurden. Bereits 1961 verfügten die Gartenbaubetriebe der Altkreise Geldern und Kleve über 1/5 der Rollhausfläche der Bundesrepublik. Auf die hohen Zuwachsraten der Hochglasflächen während der Jahre 1971-73 wurde bereits hingewiesen (S.130). Die enorme Investitionsleistung der niederrheinischen Betriebe ist nur durch die Zuschüsse der öffentlichen Hand möglich gewesen. Die Strukturerhebung 1971/72 der Landwirtschaftskammer zeigt, daß unter den Gartenbaubetrieben des Reg. Bez. Düsseldorf vorwiegend Betriebe der Zierpflanzensparte Zinsverbilligungen, Zinsfreistellungen oder Investitionsbeihilfen für den Neubau und die Modernisierung der Gewächshäuser in Anspruch genommen haben. Die Investitionsbereitschaft in dieser Sparte ist im Vergleich zu anderen Sparten nicht nur durch die hohen Gewinnerwartungen in diesem Bereich zu erklären. Es kommt hinzu, daß die Zierpflanzengärtner zu über 50% unter 45 Jahre alt sind und überwiegend einen qualifizierten Berufsabschluß als Meister oder Gehilfe besitzen[12].

Durch einen Anstieg der für den Unterglasanbau spezifischen Kosten (Gewächshauspreis, Energiepreis) können die Standarddeckungsbeiträge und damit die Betriebseinkommen sehr schnell zurückgehen, wenn nicht eine Verschiebung im Anbauumfang der einzelnen Kulturen vorgenommen wird. Sehr empfindlich gegenüber einer Verteuerung der Gewächshauspreise ist die Salat- und die Rettichkultur, während sich Gurken, Kohlrabi und Radies dieser Kostensteigerung gegenüber als weit weniger empfindlich erweisen. Mit Ausnahme der Kohlrabi sind aber letztere einschließlich der Rettichkultur gegenüber einer Steigerung der Energiekosten äußerst empfindlich (PETERS 1975). Die einzelnen Kostensteigerungen müssen bei einer gut kalkulierenden Betriebsführung zu einer Verschiebung im Anbauumfang der einzelnen Kulturen führen. Ohne eine genaue Buchführung und eine ständige Erfolgskontrolle wird auch eine Steigerung der Absatzpreise langfristig das Familieneinkommen nicht sichern können. Selbst bei einer Umstellung auf weniger energiekostenempfindliche Gemüse- oder Zierpflanzenkulturen wird die Unterglasproduktion gegenüber dem Freilandanbau nicht unbedingt konkurrenzfähig bleiben. D.h. unter den derzeitigen Bedingungen ist es betriebswirtschaftlich wenig sinnvoll, die Unterglasfläche im Gemüse- und Zierpflanzenanbau zu erweitern. Eine Steigerung der Arbeitseinkommen scheint letztlich nur durch eine Erweiterung der Freilandfläche realisierbar zu sein.

---

12) Vgl. AUST u.a. (1979)

Literaturverzeichnis

AUST, D. (1979): Problembereiche und Lösungsansätze im nordrheinischen Gemüsebau. In: Gartenbauliche Versuchsberichte 1979, 18, Bonn, 159-162

AUST, D., H.DIETZE u. J.MILLER .(1979): Die Struktur des nordrheinischen Gartenbaus. Strukturerhebung Gartenbau Nordrhein 1976. Schriften der Landwirtschaftskammer Rheinland, 42, Bonn.

DIETZE, H., J.MILLER u. E.VICKERMANN (1975): Wichtige Strukturmerkmale des nordrheinischen Gartenbaues. (Freiwillige Gartenbauerhebung Nordrhein 1971/72). Schriften der Landwirtschaftskammer Rheinland, 24, Bonn.

GLASER, G. (1967): Der Sonderkulturanbau zu beiden Seiten des nördlichen Oberrheins zwischen Karlsruhe und Worms. Heidelberger Geographische Schriften, 18, Heidelberg.

JAEGER, G. (1969): Die Vermarktung von Obst und Gemüse an nordrheinischen Erzeugerversteigerungen und Möglichkeiten der Verbesserung. Forschung und Beratung, Reihe B, 17, Hiltrup.

KALTENHÄUSER, J. (1955): Taunusrandstädte im Frankfurter Raum. Rhein-Mainische Forschungen, 43, Frankfurt.

KULS, W. u. K.TISOWSKI (1961): Standortfragen einiger Spezialkulturen im Rhein-Maingebiet. In: KULS, W. (Hrsg.): Geographische Studien aus dem Rhein-Mainischen Raum. Rhein-Mainische Forschungen, 50, Frankfurt, 9-29.

MEFFERT, E. (1968): Die Innovation ausgewählter Sonderkulturen im Rhein-Mainischen Raum in ihrer Beziehung zur Agrar- und Sozialstruktur. Rhein-Mainische Forschungen, 64, Frankfurt.

MÜLLER, H. (1979): Wo die Eriken blühen ... 50 Jahre Gärtnersiedlung Lüllingen. In: Gartenbauliche Versuchsberichte 1979, 18, Bonn, 301-305.

NICOLAISEN, W., H.D. HARTMANN u. W. GRUMBLAT (1955): Die Gemüseanbaugebiete der Bundesrepublik. Landwirtschaft-Angewandte Wissenschaft. Sonderheft Gartenbau, 9, Hiltrup.

OPPENBERG, G. (1968): Walbeck, Freiherrlichkeit und Gemeinde. Weeze.

PANHUYSEN, H. (1961): Die Entwicklung der Agrarlandschaft im Raum Straelen seit 1800 unter besonderer Berücksichtigung des Gemüse- und Blumenanbaus. Arbeiten zur Rheinischen Landeskunde, 15, Bonn.

PETERS, H.W. (1975): Betriebswirtschaftliche Probleme von nordrheinischen Intensiv-Gemüsebauunternehmen. Diss. Bonn.

RAHNER, M. (1965): Standorte der Zierpflanzenerzeugung in der Bundesrepublik Deutschland. Auswertung der Gartenbauerhebung 1961, Diss. Hannover. München/Basel/Wien 1966.

REINKEN, G. (1964): Entwicklung und Wandlung gartenbaulicher Produktion im Grenzgebiet der niederrheinischen Tiefebene. In: Forschungs- und Sitzungsberichte der Akademie für Raumforschung und Landesplanung, 27, Hannover, 71-96.

WUNRAM, F. (1974): Strukturwandel verändert die rheinische Landwirtschaft. Ergebnisse und Analyse der sozialökonomischen Betriebserhebung 1973. Schriftenreihe der Landwirtschaftskammer Rheinland, 21, Bonn.

BEITRÄGE ZUR STATISTIK DES LANDES NORDRHEIN-WESTFALEN, 60, 149, 247, 296, 305, 320, 402 und Sonderreihe: VZ 1961, H. 3b sowie Landwirtschaftszählung 1971, H.1.

Goch - Nierswalde

Entwicklungsskizze der landwirtschaftlichen Siedlerstellen in einer
Siedlung der Nachkriegszeit

Christoph Abs

Mit 2 Abbildungen, 1 Tabelle und 2 Karten

Summary. Goch-Nierswalde. The development of a post-war agricultural settlement

The government of North Rhine-Westfalia decided in 1949 to establish two new villages on clearings in the
Reichswald south of Kleve. These were to serve as new homes for farmers who had been evicted or had fled
from their original homes in Eastern Germany by the end of World War II. Rheinisches Heim, a non-profit
making development agency was commissioned to carry out this project which led to the founding of the two
villages of Nierswalde and Reichswalde in 1950. The development agency set up 5 types of homesteads of
different size:

> Farms (full-time units) with 15 hectares of land
> Small Holdings (full-time units) with 7.5 hectares of land
> Gardeners' Holdings (full-time units) with 3.75 hectares of land
> Small Holdings (part-time units) with 0.25 - 1.5 hectares of land
> Homesteads (non-agricultural units) with 0.10 hectares of land

The first three of the five types of homesteads mentioned were to be managed as self-supporting, full-time
agricultural units. This study follows up the development of these agricultural units up to the year 1979.
In 1950, 22 farms (average size 14.6 ha), 14 small holdings (average size 7.7 ha), and 30 gardeners' holdings (average size 3.8 ha) were established. From 1950 to 1979 quite a few changes, both with regard to
the number and to the size of these units, can be observed of the 22 farms 18 were still worked as full-
time units, their average size now being 18.7 ha. Of the 14 small holdings only 8 survived as full-time
units with an average size of 15.7 ha. By renting the land from farmers who had given up to work it, the
remaining small holders were able to increase the size of their farms considerably. This is rather typical
for the development of farm-size in Germany in general, and for the development of small holdings in particular.

The 30 gardeners' holdings developed along somewhat different lines. In 1979 Nierswalde had 32 of such
holdings with an average size of 2.9 ha. The increase in the number of these holdings is due to the divid-
ing up of larger holdings. The gardeners' holdings are small in size, but rather large as far as capital
investment is concerned. They produce vegetables and ornamental plants in greenhouses, and this still
guarantees a family income.

On the whole, the development of the agricultural holdings founded in Nierswalde in 1950 corresponds to
the development of agriculture in Germany during the period 1950-1979.

Nach Ende des Zweiten Weltkrieges bestand im Westen Deutschlands die Notwendigkeit, für eine große Zahl von
Heimatvertriebenen aus den deutschen Ostgebieten Wohnungen und Arbeitsplätze zu schaffen. Viele dieser Ver-
triebenen hatten in ihrer alten Heimat auf dem Lande gelebt und dort als selbständige Bauern, Pächter oder
Landarbeiter gearbeitet. Daher entstand bei den damals verantwortlichen Politikern der Gedanke, einem Teil
dieser Heimatvertriebenen die Möglichkeit zu geben, sich wieder auf dem Lande eine neue Heimat und eine
neue Existenz zu schaffen.

Da aber im Westen Deutschlands landwirtschaftlicher Grund und Boden knapp war und auch durch die Bodenre-
formgesetze der Alliierten landwirtschaftlich nutzbare Flächen nicht in ausreichender Zahl für neue Siedlerstellen zusammengebracht werden konnten, entschloß sich die Landesregierung in Nordrhein-Westfalen, Teile des damals ca. 6.500 ha großen Reichswaldes südlich von Kleve zur Rodung frei zu geben. Hinzu kam, daß
auch in der einheimischen Landwirtschaft der Wunsch geäußert wurde, Teile des Reichswaldes zu roden, um die
Flächen der Betriebe in den benachbarten Orten aufstocken zu können. Viele dieser Betriebe hatten nämlich
vor dem Kriege Flächen in den benachbarten Niederlanden besessen, diese jedoch als Kriegsfolge verloren.
Der Entschluß zur Rodung wurde durch den damals sehr schlechten forstlichen Zustand großer Teile der Wald-
bestände erleichtert. Dies hatte verschiedene Gründe. In den Vorkriegsjahren, ab 1933, hatte man den jährlichen Hiebsatz um ca. 50% erhöht. Dies mußte auf längere Sicht zu Substanzverlusten führen. Im November
1940 kam es dann zu einer Sturmkatastrophe, die weite Teile des Reichswaldes zerstörte. Im Februar 1945
schließlich tobte im Reichswald die Schlacht um Kleve, die auch den Wald in Mitleidenschaft zog. Nach Ende
des Krieges kam es dann zu einem nicht unerheblichen Raubbau durch die Truppen der Siegermächte und zu
weitflächiger Waldvernichtung durch Brände. Kurzum: Der Reichswald war bei Kriegsende so sehr herunterge-
wirtschaftet und zerstört, daß die Forstverwaltung sich nicht in der Lage sah, die Schäden in absehbarer
Zeit zu beseitigen und die Flächen wieder aufzuforsten, so daß es sich geradezu anbot, Teile dieser Flächen in landwirtschaftliche Flächen umzuwandeln.

Die Landesregierung faßte daher den Beschluß, ca. 300 Familien im Gebiet des Reichswaldes anzusiedeln. Mit
der Planung und Durchführung der Maßnahme wurde die gemeinnützige Siedlungsgesellschaft "Rheinisches Heim
GmbH" in Bonn beauftragt. Ursprünglich sollte im Reichswald nur ein neuer Ort entstehen. Ein weiteres Pro-
jekt dieser Art war in der Eifel geplant. Dort erwiesen sich aber die Bodenverhältnisse als zu ungünstig.
Man kam daher zu dem Entschluß, beide Orte im Reichswald anzulegen. So entstanden hier die Orte Nierswalde
und Reichswalde.[1]

Die Siedlerstellen wurden aber nicht nur an Heimatvertriebene vergeben, sondern zu ungefähr einem Drittel
auch an Bewerber aus dem Westen Deutschlands, insbesondere aus dem Rheinland. Dies waren beispielsweise
ehemalige Pächter oder nachgeborene Bauernsöhne, die den elterlichen Betrieb nicht übernehmen konnten. Zusätzlich wurde auch Land zur Aufstockung von Betrieben in den benachbarten Gemeinden vergeben.

Als erstes mußten umfangreiche Rodungs- und Kultivierungsarbeiten durchgeführt werden, an denen sich auch
schon die ersten Siedler beteiligten. Nach dem Umbruch des Waldbodens mit Spezialpflügen und einer Grund-
düngung konnte im Herbst 1950 die erste Ernte eingebracht werden.

Gleichzeitig wurde das Wege- und Straßennetz ausgebaut und die Versorgungsleitungen für Elektrizität und
Wasser verlegt. Zeitlich parallel zu diesen Arbeiten entstanden auch die Gebäude der Siedlerstellen. Für
die einzelnen Typen der Siedlerstellen wurden Gebäude nach einem einheitlichen Bautyp errichtet. Die Siedlungsgesellschaft unterschied fünf Typen mit einer unterschiedlichen Flächenausstattung (NIERSWALDE und
REICHSWALDE (Hrsg.), 1960):

> Vollbauernstellen mit je ca. 15 ha
> Einspännerstellen mit je ca. 7.5 ha
> Gärtner- oder Intensivstellen mit je ca. 3.75 ha
> Nebenerwerbsstellen mit je ca. 0.5 - 1.5 ha
> Kleinsiedlungen mit je ca. 1000 m^2

Die Entwicklung der ersten drei Typen der Siedlerstellen (Vollbauern-, Einspänner- und Intensivstellen)
wird im Folgenden dargestellt. Grundlage für diese Darstellung ist eine Liste der Siedler in Nierswalde,
die 1960 in einer Festschrift zum 10-jährigen Bestehen der Reichswaldsiedlung veröffentlicht wurde (NIERS-
WALDE und REICHSWALDE (Hrsg.), 1960). Diese Liste enthält neben dem Namen und dem Beruf der Siedler unter
anderem auch die ursprüngliche Größe der Siedlerstellen.

---

1) Weitere Einzelheiten zur Entstehung der beiden Orte siehe GORISSEN, F., 1950 und NIERSWALDE und REICHS-
   WALDE (Hrsg.), 1960.

Bei der Darstellung wird davon ausgegangen, daß die Eigenfläche bei der Gründung der Siedlerstellen mit der Fläche gleichzusetzen ist, die er damals auch bewirtschaftete (= Betriebsgröße). Es ist nämlich nicht anzunehmen, daß die Siedler zu diesem Zeitpunkt bereits Flächen gepachtet oder verpachtet hatten. Anhand dieser Liste lassen sich die Siedlerstellen in Nierswalde den einzelnen Typen wie folgt zuordnen:

Zum Typ 1 (Vollbauernstellen) gehörten 22 Siedlerstellen. Ihre Größe schwankte zwischen 13.3 ha und 16.5 ha und Betrug im Durchschnitt 14.6 ha.

Zum Typ 2 (Einspännerstellen) gehörten 14 Siedlerstellen. Ihre Größe schwankte zwischen 6.8 ha und 10.5 ha und betrug im Durchschnitt 7.7 ha.

Zum Typ 3 (Gärtner- oder Intensivstellen) gehörten 30 Siedlerstellen. Ihre Größe schwankte zwischen 3.3 ha und 4.5 ha und betrug im Durchschnitt 3.8 ha.

Insgesamt wurden in Nierswalde 66 landwirtschaftliche oder gartenbauliche Siedlerstellen gegründet. Hinzu kamen noch die hier nicht in ihrer Entwicklung verfolgten 35 Nebenerwerbsstellen und 30 Kleinsiedlungen.

Auf der Grundlage der oben erwähnten Liste der Siedler sowie der Angaben des Ortslandwirtes in Nierswalde und des Sprechers der Gartenbaubetriebe, die mit den Ergebnissen der landwirtschaftlichen Betriebserhebung verglichen und, falls notwendig, korrigiert wurden, ist die Entwicklung der landwirtschaftlichen und gartenbaulichen Siedlerstellen in Nierswalde in den Abbildungen 1 und 2 dargestellt. Im einzelnen ist folgendes dazu zu sagen:

In Nierswalde wurden 1950/51 22 Vollbauernstellen gegründet. Bis 1960 wechselte in 4 Fällen der Betriebsinhaber durch Erbfolge. Bis zum Jahre 1979 wechselte dann in 14 weiteren Betrieben der Inhaber, davon in 10 Fällen durch Erbfolge, wobei in 5 Fällen der Sohn, in 4 Fällen der Schwiegersohn und in einem Fall der Enkel neuer Betriebsinhaber wurde. Vier Vollbauernstellen wurden von neuen Siedlern übernommen. In einem dieser Fälle behielt der Vorgänger eine Restfläche, auf der ein neuer Gartenbaubetrieb entstand.

Zwei der ursprünglich 22 Vollbauernstellen werden heute nur noch im Rahmen einer Freizeitbetätigung bewirtschaftet. Die Inhaber haben die Flächen dieser Siedlerstellen bis auf ca. 1.5 ha an andere Betriebe in Nierswalde verpachtet. Zwei weitere Vollbauernstellen wurden ganz aufgegeben. Ihre Flächen wurden in einem Fall bis auf die Gebäude an zwei andere Siedler veräußert und im anderen Fall in drei gleichen Teilen an die Nachbarn verpachtet. Von den übrigen 18 Vollbauernstellen in Nierswalde (vgl. Abb.1a) hatten 1979 drei noch ihre ursprüngliche Größe, während 15 durch Pacht oder Kauf von Land vergrößert worden waren. In einem dieser Fälle war außerdem durch Heirat eine Einspännerstelle von ca. 6.8 ha Größe zum Betrieb hinzugekommen.

Die durchschnittliche Größe der gepachteten Flächen dieser Betriebe beträgt ca. 4.3 ha. Die Unterschiede zwischen den einzelnen Betrieben sind aber sehr groß. Die Größe der gepachteten Flächen schwankt zwischen 1-10 ha. Verpächter dieser Flächen sind die Inhaber anderer Siedlerstellen, die ihre Betriebe ganz oder teilweise aufgegeben haben und Gartenbaubetriebe, die zeitweise Teile ihrer Flächen an Landwirte verpachten, da sie je nach Betriebsform und Wirtschaftsweise, insbesondere bei intensivem Unterglasanbau, nicht die gesamte Fläche ihrer Siedlerstellen im Rahmen eines Familienbetriebes bewirtschaften können. In einzelnen Fällen liegen die gepachteten Flächen auch in benachbarten Gemarkungen.

Die durchschnittliche Betriebsgröße der heute noch als Vollerwerbsbetriebe bewirtschafteten Vollbauernstellen liegt bei ca. 18.7 ha. Die Größe der einzelnen Betriebe schwankt dabei zwischen 14 ha und 25.6 ha.

Zum Typ 2 der Siedlerstellen in Nierswalde, zu den Einspännerstellen, zählten ursprünglich 14 Betriebe mit einer durchschnittlichen Größe von 7.7 ha (vgl. Abb.1a). Bis 1960 wechselte in diesen Betrieben in zwei Fällen der Betriebsinhaber durch Erbfolge. In fünf weiteren Betrieben fand bis 1979 ein Inhaberwechsel durch Erbfolge statt. Vier Betriebe wurden seit 1950/51 aufgegeben und in zwei Betrieben wird nur noch eine geringe Restfläche vom Inhaber selbst bewirtschaftet. In vier von diesen sechs Fällen wurde das Land veräußert, in einem Fall verpachtet und im letzten Fall, wie schon im vorigen Abschnitt erwähnt, durch Heirat mit einer Vollbauernstelle zusammengelegt.

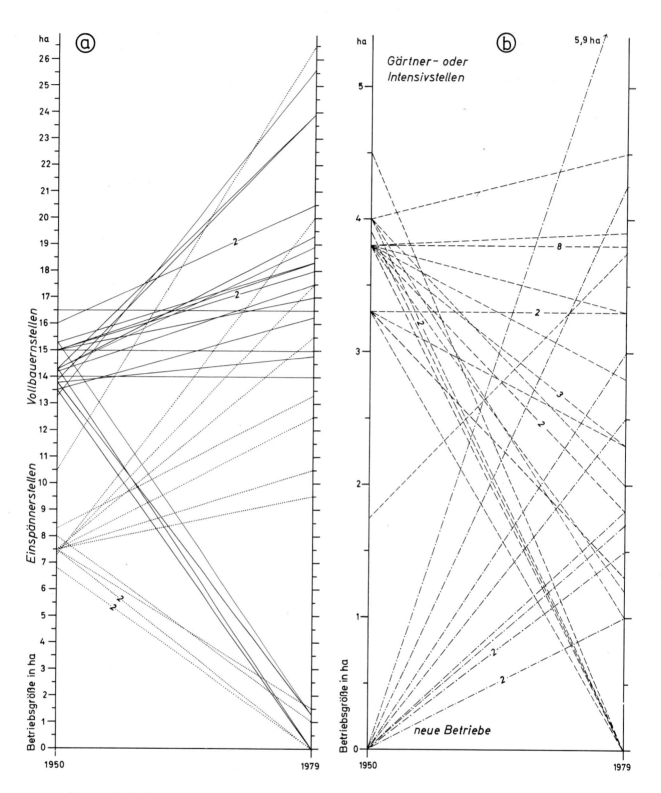

Abb. 1: Größe der landwirtschaftlichen Siedlerstellen in Nierswalde bei ihrer Gründung und 1979

a) Vollbauern- und Einspännerstellen   b) Gärtner- und Intensivstellen

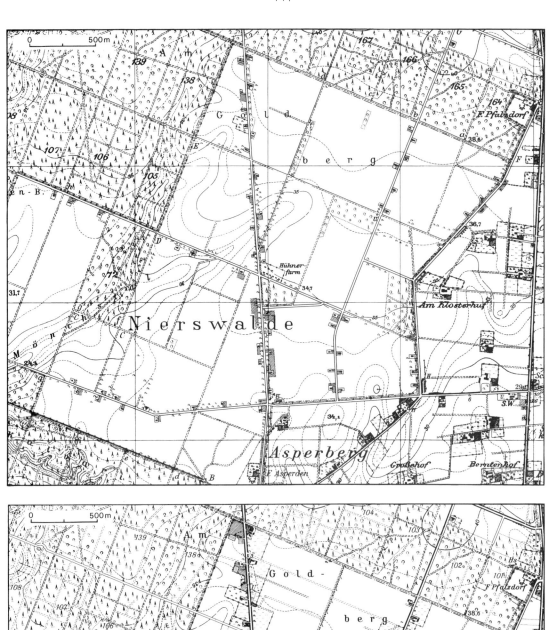

Ausschnitt aus der Topographischen Karte 1 : 25 000
herausgegeben vom Landesvermessungsamt Nordrhein-Westfalen

In dieser Gruppe konnten vier Betriebe durch Landkäufe vergrößert werden. In drei Fällen kam das Land aus aufgegebenen Einspännerstellen und in einem Fall aus einer aufgegebenen Vollbauernstelle. Die durchschnittliche Größe der hinzugekauften Flächen beträgt ca. 7.6 ha. Diese Betriebe haben ihren ursprünglichen Besitz zum Teil verdoppelt.

Alle acht der aus der Gruppe der Einspännerstellen hervorgegangenen Betriebe haben Flächen hinzugepachtet. Die Größe dieser Flächen beträgt im Durchschnitt ca. 3.8 ha. Auch bei diesen Betrieben ist wieder eine große Schwankungsbreite in der Größe der gepachteten Flächen festzustellen und zwar zwischen 1 ha und 5.5 ha. Die Verpächter dieser Flächen sind wie bei den Vollbauernstellen größtenteils aus Nierswalde. Die durchschnittliche Größe der in dieser Gruppe noch verbliebenen Betriebe liegt bei ca. 15.7 ha, wobei der kleinste Betrieb 9.5 ha und der größte 26.5 ha groß ist (vgl. Abb.1a).

Wenn man die Entwicklung der beiden ersten Gruppen der landwirtschaftlichen Siedlerstellen (Vollbauern- und Einspännerstellen) in Nierswalde gemeinsam betrachtet (vgl. Abb.1a), so ist festzustellen, daß sich besonders die Inhaber der Einspännerstellen bemüht haben, ihre Betriebe aufzustocken. Mit Ausnahme eines Betriebes liegen sie heute alle in der Größenklasse über 10 ha. Andererseits haben in der Gruppe der Einspännerstellen auch die meisten Betriebe aufgegeben bzw. zum Feierabendbetrieb abgestockt (42.8%). Vergleicht man nun einmal die Durchschnittsgröße der Haupterwerbsbetriebe (=Voll- und Zuerwerbsbetriebe), die im Jahr 1978 im Bundesgebiet 20.6 ha betrug (AGRARBERICHT 1979), mit der Größe der Betriebe in Nierswalde, so liegen dort nur fünf Betriebe über diesem Wert.

Betrachten wir nun die Entwicklung der Intensiv- oder Gärtnerstellen (vgl. Abb.1b). In dieser Gruppe der Siedlerstellen in Nierswalde haben sich seit ihrer Gründung die größten Veränderungen vollzogen. Der Anbau von Gemüse und die Anlage von Obstplantagen auf den frisch gerodeten Flächen war in den ersten Jahren mit erheblichen Problemen verbunden und von Mißerfolgen begleitet, die sich auf die wirtschaftliche Entwicklung dieser Betriebe besonders negativ auswirkten (vgl. NIERSWALDE und REICHSWALDE (Hrsg.), 1960, S.52-57). Dies hatte in nicht wenigen Fällen zur Folge, daß die Betriebsinhaber aufgaben und die Siedlerstellen von neuen Siedlern übernommen wurden. Erst im Laufe der Jahre, nach einer entsprechenden Düngung und Bearbeitung des Bodens, entwickelten sich die Betriebe zu ihrer heutigen Form, die in der Hauptsache im Unterglasanbau von Gemüse, Blumen und anderen Zierpflanzen besteht. Heute stehen nun diese Betriebe durch die Energiepreissteigerung vor neuen Problemen.

Bei der Gründung von Nierswalde waren 30 Intensivstellen entstanden. In 20 dieser Betriebe hat bis heute ein Wechsel des Inhabers stattgefunden. In acht Fällen wurde der Betrieb von einem neuen Siedler übernommen, in den übrigen Fällen von Familienmitgliedern. In drei Betrieben wechselte der Inhaber noch ein weiteres Mal.

Bis heute wurden sechs Betriebe ganz aufgegeben. Zwei weitere Betriebe haben den größten Teil ihrer Flächen abgegeben und nur die Gebäude der Siedlerstelle mit einem größeren Gartengrundstück behalten. Die durch diese Entwicklung freigewordenen Flächen dienten entweder zur Aufstockung bereits bestehender oder zur Gründung neuer Betriebe. Die Entwicklung der Intensivstellen hatte nämlich im Laufe der Jahre gezeigt, daß bei einem intensiven Unterglasanbau eine Fläche von ca. 1.5 ha für einen Vollerwerbsbetrieb als Existenzgrundlage ausreichte. Daher teilte die Siedlungsgesellschaft die Betriebe, die durch Aufgabe an sie zurückfielen und schuf neue Intensivstellen. So entstanden neun neue Intensivstellen. Daneben entstanden noch zwei weitere Betriebe, einer durch Aufstockung einer Nebenerwerbsstelle, ein anderer durch Abtrennung von einer Vollbauernstelle. Da die Intensivstellen, wie bereits erwähnt, durch den Unterglasanbau mit geringeren Flächen auskommen, haben neun dieser Betriebe einen Teil ihrer Flächen an Landwirte verpachtet, die diese ackerbaulich nutzen. Die Größe dieser Flächen schwankt zwischen 0.5 ha und 2 ha und liegt im Mittel bei 1.4 ha. Nur ein Betrieb hat Flächen gepachtet. Es handelt sich hierbei aber nicht um einen Gartenbaubetrieb, sondern um einen Betrieb der intensiven Geflügelhaltung. Er paßt daher nach seiner Betriebsform und seiner Größe nicht mehr in die Gruppe der Gärtner- und Intensivstellen und sollte eigentlich als Sonderfall betrachtet werden. Man kann in Nierswalde heute 32 Betriebe der Gruppe der Intensivstellen zuordnen. Sie haben eine durchschnittliche Größe von ca. 2.9 ha. Der kleinste Betrieb dieser Gruppe ist 1 ha und der größte 5.9 ha groß.

Die Entwicklung der Intensivstellen in Nierswalde läßt sich zum Teil auch dem Kartenbild entnehmen. Dies zeigt ein Vergleich zweier Ausschnitte aus der topographischen Karte Blatt Kleve. Der erste Ausschnitt (Karte 1) stammt aus einer Auflage dieser Karte aus dem Jahre 1950. Man findet auf ihm noch keine Gewächshäuser in Nierswalde. Im zweiten Kartenausschnitt (Karte 2) aus dem Jahre 1977 erkennt man südlich des Ortskerns von Nierswalde eine große Zahl von Gewächshäusern und auch einige der neu entstandenen Intensivstellen.

Vergleicht man nun die Entwicklung der Siedlerstellen in Nierswalde mit der Entwicklung der Landwirtschaft in der Bundesrepublik insgesamt, so ist festzustellen, daß sie erwartungsgemäß im allgemeinen gleichartig verlaufen ist. Dies verdeutlicht auch ein Zahlenvergleich (vgl. Tab.1).

Tab. 1: Durchschnittliche Größe der landwirtschaftlichen Betriebe (in ha)

	1949[1]	1977[2]	Steigerung in % (1949 = 100)
BRD[3]	8,06	14,37	78,29
NRW[4]	7,05	13,86	96,60
Nierswalde:			
Vollbauernstellen	14,60	18,70	28,08
Einspännerstellen	7,70	15,70	103,90

1) Nierswalde: Größe bei der Gründung der Betriebe 1949/50
2) Nierswalde: Größe 1979
3) Agrarbericht 1979
4) Stat. Jahrbücher 1952 und 1978 der BRD

Die Tabelle zeigt, daß bei den Vollbauernstellen die Steigerung der Betriebsgröße nicht so stark war wie im übrigen Bundesgebiet. Ihre Ausgangsgröße lag aber schon erheblich über der durchschnittlichen Größe der landwirtschaftlichen Betriebe im Landesganzen im Jahre 1949. Anders verhält es sich bei den Einspännerstellen, deren Ausgangsgröße der durchschnittlichen Größe der Betriebe 1949 entsprach. Sie haben ihre Betriebsflächen im Rahmen der Entwicklung im übrigen Bundesgebiet vergrößert. Der Trend geht also bei den landwirtschaftlichen Betrieben zur Aufstockung der Betriebsflächen durch Kauf oder Pacht von Land. Dies ist aber nur durch eine Verringerung der Gesamtzahl der Betriebe möglich. Dies geschieht auch in Nierswalde. Auch die Gründe für die Aufgabe von Betrieben sind die gleichen. So ist ein Grund die zu geringe Betriebsgröße. Dies wird deutlich durch den hohen Anteil von aufgegebenen Betrieben in der Gruppe der Einspännerstellen. Ein anderer Grund für eine Betriebsaufgabe ist das Alter der Betriebsinhaber und das mangelnde Interesse der nachfolgenden Generation, den Betrieb weiterzuführen.

In den Gartenbaubetrieben verlief die Entwicklung etwas anders. Man versuchte in diesen Betrieben nicht durch den vermehrten Einsatz von Flächen das Betriebsergebnis zu steigern,um mit der allgemeinen Einkommenentwicklung Schritt zu halten, sondern durch den verstärkten Einsatz von Kapital, der sich beispielsweise im Bau von Gewächshäusern niederschlug, und durch eine Spezialisierung auf nur wenige Anbauprodukte, wie beispielsweise auf Calunen und Erikazeen. Das unternehmerische Risiko wird aber in solchen Fällen größer. In den kommenden Jahren werden gerade auf diese Betriebe aufgrund der angestiegenen und weiter ansteigenden Energiepreise jedoch Probleme zukommen, deren Lösung noch offen ist.

Literaturverzeichnis

AGRARBERICHT 1979 der Bundesregierung. Bonn 1979

GORISSEN, F. (1950): Heimat im Reichswald. Kleve.

NIERSWALDE und REICHSWALDE (Hrsg.): 10 Jahre Reichswaldsiedlung. Goch 1960.

Die Förderwürdigkeit kleiner Raumeinheiten
Ein Meßsystem, dargestellt am Beispiel der Region Kleve

Peter Hauth

Mit 1 Abbildung, 4 Tabellen und 1 Karte

Summary. A system to analyse the economic development of small areas: The region of Kleve as an example

The interdependence of measures taken to improve the regional economic structure and sectoral measures taken on community level should adequately be considered when planning community investments. A procedure dealing with small spatial units is discussed under following dual perspectives: where do investments under the aspect of total regional effectiveness seem appropriate, and where do they seem under the aspect of local urgency justifiable?

The example of the newly established county of Kleve is taken for developing a measurement system to make such an evaluation. To start with the 207 registered villages are compiled into 73 units taking into account local developments. Each unit is analysed as to its infrastructural state according to 12 points derived from statistical facts. This leads to the placing of each of the 73 units in a dual value system describing total regional effectiveness on the one hand, and local urgency on the other.

No attempt is made to introduce a principle into the system which allows a preference of either regional effectiveness or local urgency, since this is a decision that has to be left to politics. Such a decision can be alleviated, however, by the system here described. It provides objective standards to legitimatize regional assistance.

The above system is to be regarded as a model which can certainly be improved by those more intimate with the region or by those with a more thorough knowledge of the relevant facts. The model, however, is also an invitation to contribute to the discussion on how to develop the economy of small areas.

1. Begründung des Systems

Soll die Gemeinschaftsaufgabe "Verbesserung der regionalen Wirtschaftsstruktur" ihre Aufgabe im Sinne der Raumordnungspolitik erfüllen, darf sie sich nicht auf die Förderung betrieblicher Investitionen und wirtschaftsnaher Infrastruktur in festgelegten Fördergebieten beschränken, sondern muß auch die Koordinierung der zu ihr in einem Interdependenzverhältnis stehenden fachpolitischen Maßnahmen gewährleisten (vgl. GATZWEILER 1976, S.738). Sieht man regionale Wirtschaftsförderung so breit, und will man aus dieser Sicht kommunale Investitionen raumrelevant planen, erscheint eine intraregionale Erfassung kleiner Raumeinheiten unter dem Gesichtspunkt von Förderprioritäten geboten.

Als Hilfsmittel für eine solche Erfassung wird im folgenden ein Modell vorgestellt, das auf der Grundlage gegebener Daten Aussagen zu räumlichen Prioritäten innerhalb einer konkreten Region liefern kann und von daher zur kleinräumigen Steuerung regionaler Wirtschaftsförderung oder entsprechender haushaltspolitischer Ersatzmaßnahmen beizutragen vermag. Daß sich Teilbereiche dieses Meßsystems sinnvoll in eine wirtschaftskundlich orientierte Erdkunde einbeziehen lassen, sei als Randbemerkung zur Sache gestattet: Sie sind didaktisch sowohl zur stärkeren Gewichtung des oft vernachlässigten heimatkundlichen Aspektes in der Sekundarstufe I als auch zur Einführung in wirtschaftsgeographische Arbeitsweisen in der Sekundarstufe II durchaus geeignet.

Unter Berücksichtigung dessen, was an anderer Stelle zu den sachlichen Möglichkeiten regionaler Wirtschaftsförderung in peripheren Gebieten gesagt worden ist (vgl. HAUTH, P. 1980, S.141 ff), sollten räumliche Prioritäten innerhalb einer Region unter zwei Fragestellungen ermittelt werden:

1. Wo erscheint es im Hinblick auf gesamtregionale Wirksamkeit zweckmäßig, knappe Fördermittel für die Erhaltung, Umstrukturierung bzw. Erweiterung der Wirtschaftsstruktur und damit auch des Arbeitsplatzangebotes und der damit verbundenen wirtschaftsnahen Infrastruktur einzusetzen?

2. Wo erscheint es im Hinblick auf örtliche Dringlichkeit vertretbar, knappe Fördermittel für die Erhaltung bzw. Verbesserung der den Wohnwert bestimmenden Infrastruktur und der mit ihr verknüpften Pendlermobilität einzusetzen?

Natürlich ist mit einer Klassifizierung der Raumeinheiten nach Maßstäben dieser Art das Optimierungsproblem bei der intraregionalen Zuordnung von Förderung noch nicht gelöst; denn selbst dann, wenn die Klassifizierung nach den genannten beiden Aspekten in sich jeweils "richtig" wäre, fehlte immer noch ein Kriterium, das beide gegeneinander objektiv abzuwägen vermag. Der Versuch, ein solches Kriterium abzuleiten, wurde ganz bewußt unterlassen, weil hier politisch entschieden werden muß. Um die verschiedenen Interessenvertreter bei dieser Entscheidung jedoch zu qualifizierter Argumentation zu zwingen, ist ein Datensystem, das möglichst objektive Maßstäbe zu den beiden genannten Aspekten zu liefern vermag, eine wichtige Ergänzung des Instrumentariums zur intraregionalen Wirtschaftsförderung. Dieser Eindruck drängt sich jedenfalls dem auf, der im überschaubaren kommunalen Bereich immer wieder erfahren muß, wie weit jenseits jeder konkreten räumlichen Gewichtung Investitions- und Fördervorhaben diskutiert und beschlossen werden.

Dargestellt wird das Meßsystem am Beispiel der Region Kleve (gleichgesetzt mit dem Kreis Kleve[1]). Da aber die Gliederung der amtlichen Statistik und die Erhebungsmöglichkeiten des Verfassers die Auswahl jener Datengruppen stark einengte, die sich Raumeinheiten unterhalb der Gemeindeebene zuordnen lassen, waren sowohl der "richtigen" Gewichtung der Datengruppen als auch der "richtigen" Abgrenzung der Raumeinheiten von vornherein Grenzen gezogen. Die abgeleitete Prioritätsklassifizierung kann also nur Beispiel dafür sein, welche Aussagen für eine Region aus dem Meßsystem heraus möglich sein könnten, wenn die Voraussetzungen gegeben wären, von ihrer Art her aussagefähige Datengruppen angemessen auf Raumeinheiten zu beziehen, die in ihrer Zusammensetzung den realen örtlichen Verhältnissen entsprechen. Diese Voraussetzungen aber, die bei kleinräumiger Datenerhebung[2] und intimer Kenntnis ihrer jeweiligen Raumbedeutsamkeit zu schaffen sein müßten, waren in der vorliegenden Untersuchung nur bedingt gegeben.

Dennoch schien es geboten, den Entwurf eines Systems zur Objektivierung kleinräumiger Prioritätsentscheidungen nicht auf die Vorgabe eines allgemeinen Rahmens zu beschränken, sondern diesen Rahmen auch mit greifbaren Zahlen auszufüllen und durchzurechnen. Damit hat Kritik konkrete Ansatzpunkte: Sie kann aus besserer Kenntnis der räumlichen Gegebenheiten und/oder aus der Verfügbarkeit aussagekräftigerer Daten das Meßsystem berichtigen, ergänzen oder verwerfen. In jedem Fall aber bleibt die Herausforderung, Beiträge zur kleinräumigen Steuerung regionaler Wirtschaftsförderung zu leisten.

---

1) Der Kreis Kleve ist u.a. von seiner Neugliederungskonzeption als eine sozio-ökonomische Funktionseinheit, d.h. als eine Region anzusehen. Zu klein ist der Raum dazu nicht; denn wie im Raumordnungsbericht 1974 (S.110) ausgeführt, zeigt ein "Größenvergleich der von den Ländern festgelegten Regionen... bei der Einwohnerzahl Unterschiede bis zum Dreißigfachen, bei der räumlichen Ausdehnung bis zum Fünfzigfachen. Die Größenordnungen liegen etwa zwischen Landkreis und Regierungsbezirk."

2) Eine kleinräumige Datenerhebung ist als Nebenprodukt der laufenden Verwaltungsarbeit ohne größere Schwierigkeiten durchführbar, z.B. durch eine Fortschreibung der Zahl der gewerblichen Betriebe durch die Gewerbeaufsicht, durch eine Erfassung des Meßbetrages für das Gewerbekapital durch die Gemeindekasse, durch eine Erfassung gewisser Veränderungen in der Struktur der unselbständig Beschäftigten über die Zuständigkeit für Lohnsteuerkarten, durch eine Erfassung von Veränderungen in der gewerblich und privat genutzten Bausubstanz durch das Bauamt usw.

2. Abgrenzung der Raumeinheiten

Wirtschaften ist ein in hohem Maße raumbezogener Prozeß: einmal wegen der arbeitsteiligen Organisation und der damit verbundenen Verteilungsproblematik, zum anderen wegen der Mitwirkung des Produktionsfaktors Boden und der damit verbundenen Standortproblematik. Um diesen Prozeß zu erfassen und die mit ihm verbundenen Fragen zu lösen, sind sowohl raumübergreifende Betrachtungen erforderlich als auch solche, die Produktion, Distribution und Konsumtion sowie ihre Förderung vom engsten Lebens- und Arbeitsbereich des wirtschaftenden Menschen, d.h. von seinem Lebensstandort her erfassen. Daß Regionalisierungen der letztgenannten Art fehlen, ist ein bedauerlicher Mangel; denn der ökonomische Zwang, in regionaler Wirtschaftsförderung Prioritäten setzen zu müssen, drängt nicht nur bei der Zielprojektion und der Sachbereichsabgrenzung auf angemessene Entscheidung, sondern fordert mit Blick auf die Existenzfähigkeit dieser Lebensstandorte und der durch sie bestimmten regionalen Struktur ihre kleinräumige Konkretisierung heraus. Nicht zuletzt auch deswegen, weil es an überschaubaren Lebensstandorten noch am ehesten möglich sein müßte, den einzelnen zu jener politischen Mitwirkung zu motivieren, die das freiheitsgefährdende Auswuchern von Verwaltung und Anonymität verhindern kann.

Das Gemeindegefüge einer Region ist für eine solche Betrachtung sicherlich zu grobmaschig, besonders nachdem die Kommunalreform auch im ländlichen Raum größere Verwaltungseinheiten schuf. Ansatzpunkte könnten jedoch die in der Statistik als Wohnplätze ausgewiesenen Raumeinheiten sein. Als Wohnplatz "wird eine räumlich geschlossene, dauernd bewohnte Ansiedlung bezeichnet, die ein politisch unselbständiger Teil der Gemeinde ist".[3] Daß ein solcher statischer Wohnplatz durchaus etwas mit dem hier gesuchten Lebensstandort zu tun hat, zeigt sich darin, daß sein Name manchmal "nur eine im Volksmund gebräuchliche Bezeichnung ist".[4] In der Beispielregion Kleve (Kreisgebietsstand 1.1.1975) gab es 1961 292 derartiger Wohnplätze; bis 1970 waren sie durch die Entwicklungen im Raum auf 207 zusammengewachsen. Es stellt sich die Frage, wie man diesen Konzentrationstrend auf 1976 hin so fortschreiben kann, daß unter Beibehaltung der statistischen Definition eine im Sinne dieser Untersuchung sinnvolle Verdichtung im Wohnplatzgefüge erreicht wird.

Zweckmäßig und zulässig erscheint es, dazu den Begriff "räumliche Geschlossenheit" wie folgt zu erweitern: In Gemeinden mit Kernbereichen von ca. 10 000 Einwohnern trägt sich ein Stadtverkehr, der mit Bussen die innerhalb eines Radius von ca. 3 km angrenzenden Wohnplätze so intensiv anzubinden vermag, daß man von räumlicher Geschlossenheit sprechen kann.[5] Im übrigen Bereich könnte man bei einer Zusammenfassung mehrerer Wohnplätze dann noch von einer ausreichenden räumlichen Geschlossenheit sprechen, wenn sie innerhalb eines Radius von 1,5 km liegen (im Flachland zumutbare Entfernung für Radfahrer bzw. Fußgänger), innerhalb der gleichen Gemeinde gemeinsame Zuordnungen haben (z.B. Schule, Heimatfest) und innerhalb des genannten Umkreises von mindestens einer öffentlichen Verkehrslinie berührt werden.

In einem ersten Schritt erfolgte die Übernahme bzw. die Zusammenfassung der Wohnplätze 1970 auf den Stand 1976 von der Karte her. Sodann wurde diese Raumbildung durch die nach den Wohnplätzen 1970 gegliederte Datenerhebung überprüft und durch Rücksprachen mit ortskundigen Behördenvertretern ergänzt. Ergebnis dieser Gruppierung sind die 73 Raumeinheiten der Karte 1. Sie bilden den Raster für die Zuordnung der zur Gewichtung kleinräumiger Prioritäten regionaler Wirtschaftsförderung erfaßten Daten.

3. Erfassung der Daten

Zum Zwecke der Datenerfassung wurden den Gemeinden des Kreises Kleve Erhebungsbögen zugeschickt, in denen, auf die Wohnplätze 1970 bezogen, enthalten waren:

1. die Daten, die der Statistik für 1961 und 1970 (Volkszählungen) zu entnehmen waren und deren Fortschreibung auf den Stand 1975/76 zumindest von der Tendenz her für zumutbar gehalten wurde,

---

3) Landesamt für Datenverarbeitung und Statistik des Landes Nordrhein-Westfalen: Bevölkerung und Erwerbstätigkeit, Sonderreihe Volkszählung 1970, H. 2b, S.7.

4) ebenda

5) Bad Ems, eine Stadt in Rheinland-Pfalz mit ca. 10 000 Einwohnern, hat einen privatwirtschaftlich betriebenen Stadtverkehr seit ca. 20 Jahren.

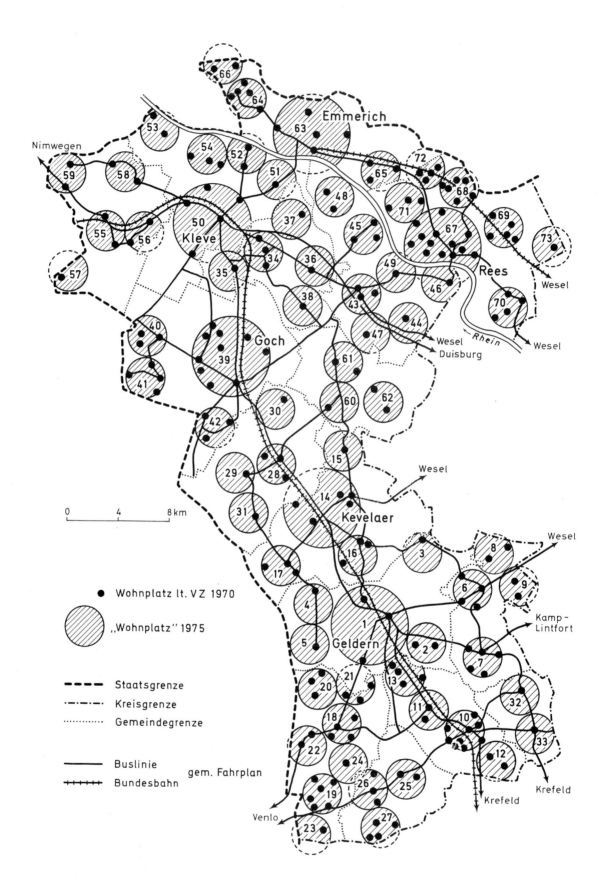

Karte 1: Wohnplätze im Kreis Kleve

149

2. die Investitionsansätze, die gemäß den "Haushaltssatzungen 1976" über 1976 hinaus geplant sind.

3. die Fragen, die über die Ausstattung mit Infrastruktureinrichtungen Auskunft geben sollten.

Beim Rücklauf der Befragungsunterlagen stellte sich heraus, daß zwar die Fortschreibung der für Erwerbstätigkeit und Arbeitsstätten vorgegebenen 61er und 70er Werte grundsätzlich möglich war, daß die für die Untersuchung erforderliche Vollständigkeit jedoch nicht erzielt werden konnte: Wohl wurden alle diesbezüglichen Fragen von einzelnen oder mehreren Gemeinden beantwortet, jedoch nicht alle von jeder. Dieser Mangel ließ sich auch nicht in persönlichen Rücksprachen beheben. Die kleinräumigen Tendenzen in der Entwicklung der Landwirtschaft, im produzierenden Gewerbe sowie im Dienstleistungsgewerbe, und dort speziell im Einzelhandel, konnten daher nicht in das Meßsystem aufgenommen werden. Vollständig gelang dagegen die Erfassung der Infrastrukturausstattung 1976. Das Datengerippe wurde schließlich noch durch Angaben zur Anbindung der 73 Raumeinheiten an 7 ausgewählte zentrale Orte ergänzt (vgl. Tab.1). Aus den so erfaßten Daten wurden sodann für jeden der 73 Wohnplätze folgende Aussagen übernommen bzw. abgeleitet:

(1) die Wohnbevölkerung 1975 in Prozent der Kreisbevölkerung,
(2) die Veränderung der Wohnbevölkerung 1961-70 in Prozent,
(3) das Zurückbleiben der Erwerbstätigkeit hinter der Entwicklung der Wohnbevölkerung zwischen 1961 und 1970 in Prozent,
(4) die weiblichen Nichterwerbstätigen in Prozent der Erwerbstätigen 1970,
(5) die Erwerbstätigen in der Landwirtschaft in Prozent der Erwerbstätigen 1970,
(6) der prozentuale Rückgang der Erwerbstätigkeit in der Landwirtschaft von 1961 auf 1970,
(7) der negative Pendlersaldo in Prozent der Erwerbstätigen 1970,
(8) die durchschnittliche Beschäftigungszahl je Betrieb im produzierenden Gewerbe (ohne Bau) 1970,
(9) der Anteil der Dienstleistungsbetriebe 1970 an der Wohnbevölkerung in Promille,
(10) der prozentuale Anteil an der für 1976 bis 1979 im Kreis insgesamt geplanten Verkehrsinvestitionssumme,
(11) eine Wertziffer für die Infrastruktur 1976. Die Wertzifferpunkte wurden wie folgt vergeben:

- für das Vorhandensein mindestens eines Kindergartens, einer Primarschule, einer Hauptschule, einer weiterführenden Schule und einer Berufsschule je einen Punkt (höchstens 5)

- für das Vorhandensein mindestens einer Turnhalle, eines Hallenbades und eines Krankenhauses je einen Punkt (höchstens 3)

- für den Anschluß an eine überörtliche Kanalisation[6], für den Ausweis eines Gewerbegebietes und für das Vorhandensein mindestens eines Geldinstitutes je einen Punkt (höchstens 3)

- für den konkret vorgesehenen Ausbau von Wohngebieten und die konkret vorgesehene Ansiedlung von Gewerbebetrieben je einen Punkt (höchstens 2)

- für geplante Investitionen, die nicht auf Verkehr oder Kanalisation bezogen sind (DM in 1 000): bis 1 000 einen Punkt, über 1 000 bis 10 000 zwei Punkte, über 10 000 bis 20 000 drei Punkte, über 20 000 vier Punkte (höchstens 4)[7]
- für Kreisverwaltung einen Punkt

Die höchstmögliche Wertziffer 18 soll den höchsten Infrastruktur-Ausstattungsgrad anzeigen.

6) Als "angeschlossen" wurde auch ein Wohnplatz gewertet, der lt. Meldung der Gemeinde nur teilweise angeschlossen war, für den aber im Investitionsprogramm Kanalinvestitionen ausgewiesen sind.

7) Für die Punktzuweisung ist hier weniger die absolute Höhe der Zuweisung im Investitionsprogramm, als vielmehr die durch sie ausgedrückte Gewichtigkeit der kommunalpolitischen Absichtserklärung maßgebend: Die Einbeziehung des Wohnplatzes in das Programm wird unabhängig vom Geldbetrag als Hinweis ge- und bewertet, daß er investitionspolitisch zumindest noch nicht abgeschrieben ist. Ordnet man ihm über eine Million zu, wird man im Programmzeitraum nicht umhin können, wenigstens etwas zu verwirklichen; ein Programmansatz von über 10 Millionen dürfte besagen, daß man bereits kommunalpolitisch abgesprochene Vorstellungen hat; bei Planungsprojekten über 20 Millionen kann man erwarten, daß soviel kommunale Potenz dahintersteht, daß wegen der gegebenen Standortgewichtigkeit hier auch bedeutende Finanzierungsschwierigkeiten hingenommen würden. Von daher die Punktvergabe von 1 bis 4.

(12) Eine Wertziffer für die Anbindung der Raumeinheit an die Orte Kleve, Emmerich, Wesel, Krefeld, Duisburg, Geldern und Goch. Sie ergibt sich dadurch, daß die jeweilige Durchschnittsentfernung für öffentliche Verkehrsmittel in Zeitminuten vermindert wird um eine als optimal gesetzte Zeit von 30 Minuten und dieser Wert dann nochmals vermindert wird um die Zahl der öffentlichen Verkehrshaltepunkte, die im Bereich der Raumeinheit liegen. Da sich ergebende negative Werte = 0 gesetzt wurden, drückt die Null die relativ höchte Anbindungsqualität aus. (Vgl. Tab.1, Sp.14).

4. Gewichtung der Raumeinheiten

Mit Hilfe dieser Basisdaten wurden die 73 Raumeinheiten jeweils zweifach gewichtet.

Bei der ersten Gewichtung wurde unterstellt, daß im Hinblick auf die gesamtregionale Wirksamkeit Fördermittel zur Erhaltung, Umstrukturierung bzw. Erweiterung des örtlichen Arbeitsplatzangebotes und der damit verbundenen wirtschaftsnahen Infrastruktur vornehmlich in die Raumeinheiten zu lenken sind, wo sie

1. auf engstem Raum auf viele wirken, d.h. dorthin, wo der Anteil an der Kreisbevölkerung hoch, die Bevölkerungszunahme hoch und auch die Zahl der Beschäftigten im produzierenden Gewerbe je Betrieb hoch ist.

2. auf bereits vorhandene bzw. geplante Zentralität stößt, d.h. dorthin, wo die Wertziffern für die Infrastruktur und die geplanten Verkehrsinvestitionen sowie die Zahl der Arbeitsstätten in Dienstleistung und Handel, bezogen auf die Wohnbevölkerung, hoch sind.

Bei der zweiten Gewichtung wurde unterstellt, daß im Hinblick auf die örtliche Dringlichkeit oder Bedürftigkeit Fördermittel zur Erhaltung bzw. Verbesserung der den Wohnwert bestimmenden und die Pendlermobilität stärkenden Infrastruktur vornehmlich in die Raumeinheiten zu lenken sind, wo sie

1. auf schwach strukturierte Arbeitsmärkte stoßen, d.h. dorthin, wo der Anteil der in der Landwirtschaft Tätigen an den Erwerbspersonen groß ist, wo ferner die Abnahme der landwirtschaftlichen Erwerbstätigen hoch ist, und wo die Zahl der Erwerbstätigen hinter der der Wohnbevölkerung zurückbleibt.

2. in Auspendlerräume hineinwirkt, d.h. dorthin, wo der negative Pendlersaldo bezogen auf die Erwerbstätigen hoch ist, wo der Anteil der weiblichen Nichterwerbstätigen an der Zahl der Erwerbstätigen insgesamt hoch ist und wo die Wertziffer für die Anbindung an zentrale Orte hoch ist.

In Tabelle 2 wurden die Werte zur Gewichtung der gesamtregionalen Wirksamkeit und in Tabelle 3 die Werte zur örtlichen Dringlichkeit und - sofern sie es selbst noch nicht waren - als Prozentsätze der Summe der 73 Reihenwerte ausgedrückt. Diese Formung macht die jeweils für eine Raumeinheit erfaßten sechs Werte "gleichnamig" und so addierbar. Damit erfüllt zwar jede Reihe der 73 Zahlen die Grundbedingung der Vergleichbarkeit mit den anderen Reihen ($\bar{x} = \frac{\sum x}{n} = \frac{100}{73}$, d.h. = konstant; x dabei Einzelwert der Reihe), nicht aber die der "Stauchung" der Extremwerte: Alle Reihenvarianzen (s^2) gleich 1, d.h.

$$s^2 = 1 = \frac{\sum z^2}{n-1} \text{, wobei } z = \frac{x - \bar{x}}{\sqrt{\frac{\sum (x-\bar{x})^2}{n-1}}} \text{ und } n = 73 \text{ (Anzahl der Raumeinheiten) ist.}$$

Die Umformung der x-Werte in z-Werte wurde unterlassen, weil der bei 73 Raumeinheiten recht aufwendige Rechengang zu keinen erheblichen Abweichungen zu führen scheint[8] und weil mangels entsprechender Untersuchungen und der Beispielhaftigkeit der Rechnung auf eine unterschiedliche Gewichtung der Wertgruppen verzichtet wurde und von daher Auslegungsspielräume vorhanden sind. Die Erfüllung der Bedingung "Varianzen = 1" würde also nur zu einer irreführenden Scheingenauigkeit im Rechenbeispiel führen.

Die in den Tabellen 2 und 3 ausgewiesenen Additionswerte ergeben die Rangskala der Förderung: einmal im Hinblick auf die gesamtregionale Wirksamkeit (Tab. 2, Sp.14), zum anderen im Hinblick auf die örtliche Dringlichkeit (Tab.3, Sp.15). Ein höherer Wert drückt dabei eine höhere Förderungswürdigkeit aus. Zur Darstellung in Abb.1 sind die vielen Werte der Förderungswichtigkeit getrennt nach der regionalen Wirksam-

---

8) Der Verf. hat die Wirtschaftskraft des Neugliederungskreises Kleve mit der von 16 Fördergebieten vergleichend (nach der Methode von THELEN/LÜHRS: Abgrenzung von Fördergebieten, Hannover 1971) zum einen unter der Bedingung $\bar{x}$ = konstant, zum anderen unter Beachtung der "Stauchungsbedingung" durchgerechnet. Die Abweichungen waren unbedeutend.

Tab. 1: Anbindung der Wohnplätze im Kreis Kleve an das öffentliche Verkehrsnetz 1976[1]

Nr.	Wohnplätze 1975[2]	Anz. Wpl. 1970	Halte[3] 2x gez.	Halte ein +aus	Kleve	Emmerich	Wesel	Krefeld	Duisburg	Geldern	Goch	Ø Entfern. in Min.	Wertziff. 4)
1	2	3	4	5	6	7	8	9	10	11	12	13	14
1	Geldern u. Umgebung	3		108	30	70	60	30	60		20	40	0
2	Hartefeld/Vernum	2		15	50	90	80	40	80	10	40	60	15
3	Kapellen	1		7	50	90	60	70	110	30	40	60	23
4	Lüllingen	1	a	9	60	100	100	80	120	50	50	80	41
5	Walbeck	1	b	24	100	140	130	100	130	60	90	110	56
6	Issum u. Umgebung	4		33	50	70	40	50	80	10	40	50	0
7	Sevelen u. Umgebung	5		31	60	90	60	60	90	20	50	60	0
8	Niederw./Bönningh.	2	c	8	60	60	30	60	90	20	50	50	12
9	Hochw./Brückerheide	2	c	8	60	60	30	60	90	20	50	50	12
10	Aldekerk u. Umgebung	9		47	40	80	90	20	50	20	30	50	0
11	Nieukerk/N.-Bruch	2		34	40	80	80	20	40	10	20	40	0
12	Stenden/Horst	2		12	60	100	110	40	70	30	50	70	28
13	Winternam u. andere	4		16	50	90	110	40	70	10	40	60	14
14	Kevelaer u. Umgebung	5		62	20	60	60	40	80	10	10	40	0
15	Kervenheim/Kervend.	2		13	50	90	80	70	110	40	40	70	27
16	Wetten u. andere	3		20	40	40	80	60	100	30	30	60	10
17	Twisteden u. andere	3	a	8	40	80	80	60	100	30	30	60	22
18	Straelen u. Umgebung	4		29	60	110	100	60	100	20	50	70	11
19	Herongen u. Umgebung	6	e	7	70	110	120	50	80	50	60	80	43
20	Holt/Auwell/Forst	3	d	23	80	120	110	80	110	40	70	90	37
21	Vossum u. andere	3	b/d	23	50	90	80	50	80	10	40	60	7
22	Westenbr./Kast.-B.	2		6	60	100	90	60	90	20	50	70	34
23	Louisenburg	1	e	7	70	110	120	50	80	50	60	80	43
24	Sang	1	f	9	90	130	140	70	100	90	80	100	61
25	Wachtendonk u. Umgeb.	2		11	60	100	110	40	70	30	50	70	29
26	Wankum u. Umgebung	3	f/g	9	60	100	110	40	70	30	50	70	31
27	Harzbeck u. andere	4	g	9	90	130	140	70	100	60	80	100	61
28	Weeze u. Umgebung	3		40	20	60	80	40	80	10	10	40	0
29	Hees	1		5	30	70	90	50	90	20	20	50	15
30	Kalbeck	1		18	30	70	110	70	110	40	10	60	12
31	Wemb	1		5	40	80	100	60	100	30	30	60	25
32	Rheurdt	1		25	60	100	100	40	70	20	50	60	5
33	Schaephuysen	1		40	60	100	110	30	70	30	60	70	0
34	Bedburg u. Umgebung	3		60	10	50	80	60	90	30	10	60	0
35	Hau	1		18	10	50	80	80	100	40	20	50	2
36	Till-Moyland	1		24	20	60	90	80	90	60	40	60	6
37	Huisberden	1		6	10	50	80	80	80	50	30	50	14
38	Louisendorf	1		6	30	70	100	100	120	50	70	80	44
39	Goch u. Umgebung	10		70	10	50	90	50	90	20		40	0
40	Kessel u. andere	3		9	40	80	120	80	120	50	20	70	31
41	Hassum u. andere	4		7	50	90	130	90	130	60	30	80	43
42	Hülm u. andere	3		3	30	70	110	70	110	40	10	60	27
43	Kalkar u. Umgebung	3		43	10	50	70	100	70	60	20	50	0
44	Appeldorn	1		18	20	60	60	110	80	70	40	60	12
45	Wissel u. andere	3	h	6	40	80	100	130	100	80	50	80	44
46	Niedermörmter	1		7	40	50	70	130	100	80	50	70	33
47	Neu-Louisendorf	1		12	30	70	60	120	90	70	40	70	28
48	Emm.-Eyland/Bylerw.	2	h	6	100	140	160	190	160	140	110	140	104
49	Honneppel	1		7	40	50	80	120	90	70	40	70	33
50	Kleve u. Umgebung	5		144		30	60	60	80	30	10	40	0
51	Warbyen	1		18	10	10	70	80	80	50	30	50	2
52	Griethaus./Salmorth	2	h	10	10	40	80	80	80	50	30	50	2
53	Keeken/Bimmen	2	i	5	90	130	160	160	180	130	110	140	105
54	Brienen u. andere	3	k	10	40	70	110	110	110	80	60	80	40
55	Kranenburg u. Umgeb.	2	l	35	10	50	80	80	100	50	30	60	0
56	Nütterden/Schotterh.	2	h	31	10	50	80	80	100	50	30	60	0
57	Grafenwegen	1	l	35	70	110	140	140	160	110	90	120	55
58	Niel/Mehr	2	i	5	30	70	100	100	120	70	50	80	45
59	Wyler/Zyflich	2		27	30	70	100	100	120	70	50	80	23
60	Uedem u. Umgebung	2	m	31	50	90	80	70	100	40	40	70	9
61	Keppeln/Kirsel	2		11	50	90	80	70	100	40	40	70	29
62	Uedem.-Bruch/U.-Fel.	2	m	31	80	120	110	100	130	70	70	100	39
63	Emmerich u. Umgebung	5		103	30		20	100	60	70	50	50	0
64	Elten u. Umgebung	5	n	22	60	20	50	130	90	100	80	80	28
65	Praest/Vrassel/Dorn	3		42	40	10	30	110	80	90	70	60	0
66	Grondst./Feldhausen	2	n	22	90	50	80	160	120	130	110	110	58
67	Rees u. Umgebung	14		57	70	30	30	100	70	90	50	60	0
68	Millingen u. Umgeb.	6		33	50	10	10	80	50	80	70	50	0
69	Haldern u. andere	5	p	20	60	20	30	100	60	90	80	60	10
70	Haffen u. andere	4		18	90	50	40	110	90	110	70	80	32
71	Bienen u. andere	3		22	60	20	50	130	90	100	70	70	18
72	Berg/Hueth/Mill.-Br.	3		22	60	20	50	130	90	100	70	70	18
73	Wittenhorst	1	p	20	120	80	90	160	120	150	140	120	70

Erläuterungen zu 1) bis 4) siehe unter Tabelle 4

Tab. 2: Förderungswürdigkeit der Wohnplätze im Kreis Kleve nach "gesamtregionaler Wirksamkeit des Mitteleinsatzes" 1)

Nr.	Wohnplätze 1975 2)	Wohnbevölkerung4) 75 i.% Krs.Bev.	Veränd.von 61 auf 75 in %	-46=0	%v.ΣSp.5	Beschäft. im prod. Gew. 1970 je Btr.	%v.ΣSp.7	Infrastruktur ausstatt. 1976 Wert	%v.ΣSp.9	Verk.-Inv. 76-793) %.v.Krs.	Zahl d. Dienstleist.Btr.i%v. Bev.70	ΣSp.12	Förderungswürdigkeit ΣSp.	Stufe
1	2	3	4	5	6	7	8	9	10	11	12	13	14	15
1	Geldern u.a.	6,653	26	72	1,767	18	2,711	17	4,462	15,182	25	2,304	33,079	6
2	Hartefld. u.a.	0,856	31	77	1,890	3	0,452	4	1,050	2,514	12	1,106	7,868	3
3	Kapellen	0,879	5	51	1,252	6	0,904	4	1,050	0,330	14	1,290	5,705	2
4	Lüllingen	0,323	4	50	1,227	2	0,301	0	0,000	0,000	15	1,382	3,233	1
5	Walbeck	1,163	10	56	1,375	12	1,807	7	1,837	0,166	16	1,475	7,823	3
6	Issum u.a.	1,864	28	74	1,816	14	2,108	11	2,887	2,247	23	2,120	13,042	6
7	Sevelen u.a.	1,545	23	69	1,694	7	1,054	9	2,362	0,498	22	2,028	9,181	4
8	Niederw. u.a.	0,173	-24	22	0,540	26	3,916	0	0,000	0,000	4	0,369	4,998	2
9	Hochwald u.a.	0,129	-22	24	0,589	4	0,602	0	0,000	0,000	5	0,461	1,781	0
10	Aldekerk u.a.	1,639	8	54	1,325	6	0,904	8	2,100	0,928	21	1,935	8,831	4
11	Nieukerk u.a.	1,555	15	61	1,497	10	1,506	10	2,625	0,253	21	1,935	9,371	4
12	Stenden u.a.	0,610	89	135	3,314	8	1,205	4	1,050	0,928	19	1,751	8,858	4
13	Winternam u.a.	0,271	-34	12	0,295	3	0,452	1	0,262	0,000	6	0,553	1,833	0
14	Kevelaer u.a.	6,235	13	59	1,448	10	1,506	15	3,937	5,391	28	2,581	21,098	6
15	Kervenhm. u.a.	0,682	18	64	1,571	26	3,916	5	1,312	0,000	18	1,659	9,140	4
16	Wetten u.a.	0,851	10	56	1,375	6	0,904	4	1,050	0,100	18	1,659	5,939	2
17	Twisteden u.a.	0,544	25	71	1,743	4	0,602	4	1,050	0,534	14	1,290	5,763	2
18	Straelen u.a.	2,202	14	60	1,473	7	1,054	14	3,675	0,000	28	2,581	10,985	5
19	Herongen u.a.	1,033	19	65	1,595	35	5,271	7	1,837	0,613	19	1,751	12,100	6
20	Holt u.a.	0,418	3	49	1,203	5	0,753	1	0,262	0,000	6	0,553	3,189	1
21	Vossum u.a.	0,187	- 3	43	1,055	5	0,753	0	0,000	0,000	4	0,369	2,364	1
22	Westenbr. u.a.	0,318	1	47	1,154	1	0,151	0	0,000	0,000	18	1,659	3,282	1
23	Louisenburg	0,059	-46	0	0,000	0	0,000	0	0,000	0,000	25	2,304	2,363	1
24	Sang	0,052	-30	16	0,393	5	0,753	0	0,000	0,000	0	0,000	1.198	0
25	Wachtendonk u.a.	1,442	4	50	1,227	5	0,753	12	3,150	1,073	28	2,581	10,226	5
26	Wankum u.a.	0,604	- 3	43	1,055	4	0,602	7	1,837	0,077	9	0,829	5,004	2
27	Harzbeck u.a.	0,182	- 3	43	1,055	31	4,669	1	0,262	0,000	8	0,737	6,905	3
28	Weeze u.a.	2,694	14	60	1,473	30	4,518	12	3,150	3,549	26	2,396	17,780	6
29	Hees	0,333	6	52	1,276	0	0,000	0	0,000	0,000	11	1,014	2,623	1
30	Kalbeck	0,096	-12	34	0,835	1	0,151	0	0,000	0,000	0	0,000	1,082	0
31	Wemb	0,343	1	47	1,154	3	0,452	0	0,000	0,000	17	1,567	3,516	1
32	Rheurdt	1,175	28	74	1,816	4	0,602	9	2,362	0,041	25	2,304	8,300	4
33	Schaephuysen	0,990	37	83	2,037	3	0,452	6	1,575	0,041	27	2,488	7,583	3
34	Bedburg u.a.	1,567	45	91	2,234	3	0,452	11	2,887	1,659	14	1,290	10,089	5
35	Hau	2,765	- 1	45	1,105	6	0,904	7	1,837	0,000	7	0,645	7,256	3
36	Till-Moyland	0,340	- 5	41	1,006	1	0,151	2	0,525	1,411	11	1,014	4,447	2
37	Huisberden	0,109	- 4	42	1,030	4	0,602	1	0,262	2,323	0	0,000	4,326	2
38	Louisendorf	0,238	1	47	1,154	10	1,506	2	0,525	0,000	6	0,553	3,976	1
39	Goch u.a.	9,775	18	64	1,571	14	2,108	15	3,937	7,348	26	2,396	27,135	6
40	Kessel u.a.	0,667	54	100	2,455	5	0,753	6	1,575	0,456	17	1,567	7,473	3
41	Hassum u.a.	0,484	9	55	1,350	3	0,452	2	0,525	0,141	17	1,567	4,519	2
42	Hülm u.a.	0,501	24	70	1,718	1	0,151	2	0,525	0,000	6	0,553	3,448	1
43	Kalkar u.a.	1,888	24	70	1,718	7	1,054	12	3,150	0,693	22	2,028	10,531	5
44	Appeldorn	0,633	8	54	1,325	23	3,464	7	1,837	0,910	9	0,829	8,998	4
45	Wissel u.a.	0,825	13	59	1,448	7	1,054	8	2,100	0,361	14	1,290	7,078	3
46	Niedermörmter	0,327	19	65	1,595	8	1,205	3	0,787	0,896	10	0,922	5,732	2
47	Neu-Louisendorf	0,135	1	47	1,154	2	0,301	0	0,000	0,000	3	0,276	1,866	0
48	Emm.-Eyland u.a.	0,098	- 8	38	0,933	1	0,151	0	0,000	0,000	5	0,461	1,643	0
49	Hönneppel	0,274	31	77	1,890	5	0,753	0	0,000	0,000	5	0,461	3,378	1
50	Kleve u.a.	16,209	15	61	1,497	28	4,217	18	4,724	17,731	25	2,304	46,682	6
51	Warbyen	0,281	- 3	43	1,055	6	0,904	0	0,000	0,133	10	0,922	3,295	1
52	Griethausen u.a.	0,466	-16	30	0,736	46	6,928	6	1,575	0,000	17	1,567	11,272	5
53	Keeken u.a.	0,281	-13	33	0,810	12	1,807	3	0,787	0,664	12	1,106	5,455	2
54	Brienen u.a.	0,565	48	94	2,307	2	0,301	2	0,525	0,000	7	0,645	4,343	2
55	Kranenburg u.a.	1,212	0	46	1,129	10	1,506	12	3,150	10,587	27	2,488	20,072	6
56	Nütterden u.a.	1,115	35	81	1,988	3	0,452	7	1,837	2,114	12	1,106	8,612	4
57	Grafenwegen	0,036	-22	24	0,589	0	0,000	0	0,000	0,000	8	0,737	1,362	0
58	Niel u.a.	0,307	1	47	1,154	6	0,904	0	0,000	0,622	10	0,922	3,909	1
59	Wyler u.a.	0,394	16	62	1,522	3	0,452	1	0,262	0,000	11	1,014	3,644	1
60	Uedem u.a.	1,588	9	55	1,350	19	2,861	12	3,150	3,649	27	2,488	15,086	6
61	Keppeln u.a.	0,581	12	58	1,424	2	0,301	3	0,787	0,116	14	1,290	4,499	2
62	Uedem-Bruch u.a.	0,347	11	57	1,399	10	1,506	1	0,262	0,000	13	1,198	4,712	2
63	Emmerich u.a.	8,664	15	61	1,497	21	3,163	16	4,199	4,924	24	2,212	24,659	6
64	Elten u.a.	1,297	9	55	1,350	8	1,205	8	2,100	0,507	25	2,304	8,763	4
65	Praest u.a.	1,162	25	71	1,743	10	1,506	4	1,050	0,000	13	1,198	6,659	3
66	Grondst. u.a.	0,126	2	48	1,178	0	0,000	0	0,000	0,000	22	2,028	3,332	1
67	Rees u.a.	2,861	8	54	1,325	22	3,313	16	4,199	3,799	22	2,028	17,525	6
68	Millingen u.a.	1,066	10	56	1,375	14	2,108	7	1,837	0,987	23	2,120	9,493	4
69	Haldern u.a.	1,412	34	80	1,964	10	1,506	7	1,837	0,568	17	1,567	8,854	4
70	Haffen u.a.	0,860	38	84	2,062	20	3,012	6	1,575	2,240	14	1,290	11,039	5
71	Bienen u.a.	0,136	4	50	1,227	7	1,054	2	0,525	0,697	17	1,567	5,206	2
72	Berg u.a.	0,155	-16	30	0,736	1	0,151	0	0,000	0,000	11	1,014	2,056	1
73	Wittenhorst	0,155	10	56	1,375	0	0,000	0,	0,000	0,000	0	0,000	1,530	0
	Summen	100,002	716	4074	99,997	664	100,002	381	99,997	100,001	1085	99,998	599,997	x

Erläuterungen zu 1) bis 4) siehe unter Tabelle 4

Tab. 3: Förderungswürdigkeit der Wohnplätze im Kreis Kleve nach "örtlicher Dringlichkeit d. Mitteleinsatzes"[1]

Nr.	Wohnplätze 1975[2]	Erwerbst. i. Landwirtsch.[3] 1970 i%ET	%vΣSp.3	Rückg. 61-70 in %	%vΣSp.5	ET hinkt 1970 Wohnbev. nach in%	%v ΣSp.7	neg. Pendler-saldo 1970 i%ET	%v ΣSp.9	weibl. Nicht-erwerbst.70[3] i%ET	%vΣSp.11	Anbindung an zentr. Orte Wert	%vΣSp.13	Förderungswürdigkeit Σ Sp.	Stufe
1	2	3	4	5	6	7	8	9	10	11	12	13	14	15	16
1	Geldern u.a.	7	0,336	16	0,566	10	0,849	0	0,000	68	1,337	0	0,000	3,088	1
2	Hartefld.u.a.	24	1,151	45	1,591	15	1,273	49	2,087	71	1,396	15	0,890	8,388	4
3	Kapellen	24	1,151	50	1,767	7	0,594	48	2,044	71	1,396	23	1,364	8,316	4
4	Lüllingen	60	2,876	0	0,000	0	0,000	15	0,639	68	1,337	41	2,432	7,284	3
5	Walbeck	30	1,438	54	1,909	18	1,528	18	0,767	68	1,337	56	3,321	10,300	5
6	Issum u.a.	11	0,527	32	1,131	17	1,443	19	0,809	70	1,376	0	0,000	5,286	2
7	Sevelen u.a.	15	0,719	43	1,520	13	1,104	44	1,874	70	1,376	0	0,000	6,593	3
8	Niederw. u.a.	48	2,301	48	1,697	20	1,698	15	0,639	64	1,258	12	0,712	8,305	4
9	Hochwald u.a.	52	2,493	36	1,273	15	1,273	36	1,533	63	1,238	12	0,712	8,522	4
10	Aldekerk u.a.	12	0,575	41	1,449	15	1,273	46	1,959	68	1,337	0	0,000	6,593	3
11	Nieukerk u.a.	4	0,192	41	1,449	13	1,104	51	2,172	72	1,415	0	0,000	6,332	3
12	Stenden u.a.	16	0,767	57	2,015	27	2,292	64	2,726	72	1,415	28	1,661	10,876	5
13	Winternam u.a.	55	2,637	44	1,555	17	1,443	36	1,533	77	1,514	14	0,830	9,512	4
14	Kevelaer u.a.	7	0,336	37	1,308	10	0,849	10	0,426	67	1,317	0	0,000	4,236	2
15	Kervenhm. u.a.	22	1,055	33	1,166	9	0,764	20	0,852	70	1,376	27	1,601	6,814	3
16	Wetten u.a.	33	1,582	40	1,414	19	1,613	33	1,405	68	1,337	10	0,593	7,944	3
17	Twisteden u.a.	39	1,870	39	1,379	26	2,207	37	1,576	71	1,396	22	1,305	9,733	4
18	Straelen u.a.	21	1,007	16	0,566	9	0,764	10	0,426	66	1,297	11	0,652	4,712	2
19	Herongen u.a.	29	1,390	23	0,813	8	0,679	0	0,000	63	1,238	43	2,550	6,670	3
20	Holt u.a.	70	3,356	13	0,460	13	1,104	19	0,809	62	1,219	37	2,195	9,143	4
21	Vossum u.a.	70	3,356	24	0,848	18	1,528	22	0,937	63	1,238	7	0,415	8,322	4
22	Westenbr. u.a.	50	2,397	23	0,813	11	0,934	30	1,278	67	1,317	34	2,017	8,756	4
23	Louisenburg	9	0,431	81	2,863	16	1,358	79	3,365	69	1,356	43	2,550	11,923	5
24	Sang	55	2,637	24	0,848	1	0,085	32	1,363	64	1,258	61	3,618	9,809	4
25	Wachtend. u.a.	22	1,055	29	1,025	12	1,019	28	1,193	67	1,317	29	1,720	7,329	3
26	Wankum u.a.	21	1,007	37	1,308	18	1,528	63	2,683	66	1,297	31	1,839	9,662	4
27	Harzbeck u.a.	65	3,116	27	0,954	12	1,019	17	0,724	62	1,219	61	3,618	10,650	5
28	Weeze u.a.	12	0,575	28	0,990	10	0,849	8	0,341	71	1,396	0	0,000	4,151	2
29	Hees	25	1,198	37	1,308	25	2,122	61	2,598	75	1,474	15	0,890	9,590	4
30	Kalbeck	62	2,972	36	1,273	14	1,188	37	1,576	63	1,238	12	0,712	8,959	4
31	Wemb	40	1,918	22	0,778	7	0,594	40	1,704	64	1,258	25	1,483	7,735	3
32	Rheurdt	15	0,719	43	1,520	21	1,783	51	2,172	72	1,415	5	0,297	7,906	3
33	Schaephuysen	13	0,623	41	1,449	15	1,273	51	2,172	72	1,415	0	0,000	6,932	3
34	Bedburg u.a.	12	0,575	35	1,237	20	1,698	62	2,641	72	1,415	0	0,000	7,566	3
35	Hau	9	0,431	31	1,096	23	1,952	71	3,024	71	1,396	2	0,119	8,018	4
36	Till-Moyld.	23	1,103	54	1,909	7	0,594	0	0,000	62	1,219	6	0,356	5,181	2
37	Huisberden	41	1,965	57	2,015	22	1,868	43	1,831	73	1,435	14	0,830	9,944	4
38	Louisendorf	57	2,733	54	1,909	23	1,952	14	0,596	68	1,337	44	2,610	11,137	5
39	Goch u.a.	10	0,479	37	1,308	12	1,019	15	0,639	70	1,376	0	0,000	4,821	2
40	Kessel u.a.	29	1,390	37	1,308	20	1,698	38	1,618	73	1,435	31	1,839	9,288	4
41	Hassum u.a.	30	1,438	50	1,767	25	2,122	46	1,959	70	1,376	43	2,550	11,212	5
42	Hülm u.a.	32	1,534	47	1,661	39	3,311	8	0,341	65	1,278	27	1,601	9,726	4
43	Kalkar u.a.	11	0,527	29	1,025	4	0,340	33	1,405	71	1,396	0	0,000	4,693	2
44	Appeldorn	30	1,438	48	1,697	16	1,358	17	0,724	70	1,376	12	0,712	7,305	3
45	Wissel u.a.	15	0,719	56	1,979	16	1,358	53	2,257	73	1,435	44	2,610	10,358	5
46	Niedermörmt.	31	1,486	11	0,389	12	1,019	34	1,448	68	1,337	33	1,957	7,636	3
47	Neu-Louisend.	68	3,260	21	0,742	11	0,934	30	1,278	57	1,121	28	1,661	8,996	4
48	Emm.-Eyl. u.a.	78	3,739	39	1,379	8	0,679	20	0,852	63	1,238	104	6,168	14,055	6
49	Honneppel	30	1,438	45	1,591	18	1,528	37	1,576	71	1,396	33	1,957	9,486	4
50	Kleve u.a.	3	0,144	35	1,237	12	1,019	0	0,000	68	1,337	0	0,000	3,737	1
51	Warbyen	34	1,630	31	1,096	16	1,358	39	1,661	71	1,396	2	0,119	7,260	3
52	Grieths. u.a.	9	0,431	67	2,368	16	1,358	2	0,085	72	1,415	10	0,593	6,250	3
53	Keeken u.a.	25	1,198	42	1,485	21	1,783	39	1,661	76	1,494	105	6,228	13,849	6
54	Brienen u.a.	9	0,431	51	1,803	12	1,019	84	3,578	73	1,435	40	2,372	10,638	5
55	Kranenbg. u.a.	12	0,575	45	1,591	11	0,934	4	0,170	71	1,396	0	0,000	4,666	2
56	Nütterden u.a.	8	0,384	63	2,227	28	2,377	69	2,939	74	1,455	0	0,000	9,382	4
57	Grafenwegen	13	0,623	79	2,793	26	2,207	83	3,535	87	1,710	55	3,262	14,130	6
58	Niel u.a.	39	1,870	38	1,343	21	1,783	42	1,789	68	1,337	45	2,669	10,791	5
59	Wyler u.a.	26	1,246	22	0,778	13	1,104	0	0,000	71	1,396	23	1,364	5,888	2
60	Uedem u.a.	4	0,192	70	2,474	15	1,273	0	0,000	71	1,396	9	0,534	5,869	2
61	Keppeln u.a.	49	2,349	40	1,414	25	2,122	34	1,448	66	1,297	29	1,720	10,350	5
62	Ued.Bruch u.a.	58	2,780	35	1,237	37	3,141	20	0,852	70	1,376	39	2,313	11,699	5
63	Emmerich u.a.	3	0,144	36	1,273	11	0,934	0	0,000	72	1,415	0	0,000	3,766	1
64	Elten u.a.	5	0,240	18	0,636	0	0,000	43	1,831	73	1,435	28	1,661	5,803	2
65	Praest u.a.	17	0,815	43	1,520	13	1,104	41	1,746	72	1,415	0	0,000	6,600	3
66	Grondst. u.a.	31	1,486	22	0,778	0	0,000	0	0,000	77	1,514	58	3,440	7,218	3
67	Rees u.a.	8	0,384	46	1,626	12	1,019	0	0,000	69	1,356	0	0,000	4,385	2
68	Millingen u.a.	13	0,623	37	1,308	20	1,698	34	1,448	72	1,415	0	0,00u	6,492	3
69	Haldern u.a.	18	0,863	42	1,485	32	2,716	26	1,107	69	1,356	10	0,593	8,120	4
70	Haffen u.a.	23	1,103	40	1,414	20	1,698	57	2,428	71	1,396	32	1,898	9,567	4
71	Bienen u.a.	62	2,972	30	1,060	31	2,632	8	0,341	76	1,494	18	1,068	9,567	4
72	Berg u.a.	21	1,007	33	1,166	0	0,000	73	3,109	76	1,494	18	1,068	7,844	3
73	Wittenhorst	52	2,493	53	1,873	49	4,160	40	1,704	81	1,592	70	4,152	15,974	6
	Summen	2086	100,001	2829	100,002	1178	100,003	2348	100,003	5087	99,998	1686	100,001	600,008	x

Erläuterungen zu 1) bis 3) siehe unter Tabelle 4

keit und der örtlichen Dringlichkeit je sieben Stufen (0-6) zusammengefaßt (Tab.2, Sp.15 und Tab.3, Sp.16).

5. Ergebnisse

Mit der Gewichtung der Raumeinheiten ist ein objektiver Rahmen für die Diskussion von Förderentscheidungen angeboten. Diese Diskussion wird sich einmal - wie eingangs angedeutet - auf die Herleitung der Gewichtungsziffern beziehen und insoweit die Berichtigung, Fortschreibung und Ergänzung des Datenmaterials betreffen. Zum anderen aber wird sie darauf gerichtet sein, die beiden hier herausgestellten Förderkriterien - gesamtregionale Wirksamkeit und örtliche Dringlichkeit - zu relativieren und dabei gegeneinander abzuwägen. So taucht hier kleinräumig wieder die Kernfrage regionaler Wirtschaftsförderung auf: Förderung in Schwerpunkten oder Förderung in der Fläche? Dazu am Beispiel der Region noch drei Hinweise:

1. Ordnet man die Wohnplätze nach ihrer Einwohnerzahl 1975 (vgl. Tabelle 4), dann erscheinen auf den ersten sechs Plätzen die, die KLEMMER in der Region als zentrale Orte anspricht (Kleve, Emmerich, Geldern und Goch) bzw. mit mehr oder weniger starkem Bedenken erwähnt (Kevelaer und Rees)[9]. An diesen sechs Wohnplätzen, die wegen ihrer Bevölkerungskonzentration und der damit verbundenen Möglichkeit eines "Stadtverkehrs"[10] in Karte 1 durch die größeren Kreise hervorgehoben sind, lebt die Hälfte der Kreisbevölkerung (50,4%). Hier fand zwischen 1961 und 1975 auch das vergleichsweise größte Bevölkerungswachstum statt (53,0%) und hierhin sollen 54,5% der bis 1979 geplanten Verkehrsinvestitionen fließen. Alle diese Wohnplätze liegen in der höchsten Wirksamkeitsstufe 6 (vgl. Abb.1). Ergänzt man die Gruppe der 6 um die 10 Wohnplätze, die die Zentren der übrigen Gemeinden umschließen, sind bereits über 2/3 der Wohnbevölkerung, 71,2% des Bevölkerungswachstums und 78,8% der geplanten Verkehrsinvestitionen erfaßt, und nur zwei von ihnen - Uedem und Rheurdt - fallen nicht unter die Wirksamkeitsstufen 5 bzw. 6 (vgl. Abb.1). Nimmt man noch die von der Einwohnerzahl her folgenden 8 Raumeinheiten hinzu[11], zeigt sich, daß an einem Drittel der Wohnplätze über Dreiviertel der Kreisbevölkerung wohnt (78,0%), daß hier der Bevölkerungszuwachs mit 83,9% überproportional hoch war, daß hier die Einrichtungen der Infrastruktur konzentriert sind und daß dieser Gruppe der weitaus überwiegende Teil der geplanten Verkehrsinvestitionen zugewiesen ist (83,9%). An den übrigen 49 Wohnplätzen der Region sind lediglich 22,0% der Gesamtbevölkerung ansässig (1961 noch 22,9%), der Bevölkerungszuwachs ist hier mit 16,1% unterproportional, die Ausstattung mit Infrastruktur relativ niedrig und der Anteil an den bis 1979 geplanten Verkehrsinvestitionen beträgt nur 16,1%.

Sicherlich ist diese Aussage nicht erstaunlich, sondern lediglich Ausdruck des allgemein erkennbaren Rückzuges aus der Fläche. Trotzdem ist sie gerade im Zusammenhang mit regionaler Wirtschaftsförderung von Bedeutung; denn geht man von der kommunalen Erfahrung aus - und bei Zuspitzung der Prioritätenfrage auf kleinräumige Entscheidungsprozesse erscheint ein solcher Rückgriff von der Sache her berechtigt und notwendig -, daß nämlich aus örtlicher Interessenslage oftmals Forderungen erhoben werden, die mangels greifbarer objektiver Gegenargumente akzeptiert werden, dann gewinnt die Banalität Gewicht: In Verbindung mit den Wertziffern zur gesamtregionalen Wirksamkeit könnten sie dazu beitragen, Wunschdenken zu bremsen bzw. in die Bahnen zu lenken, die an anderer Stelle in Überlegungen zur Sachprioritätenfrage angesprochen wurden.

2. Daß gesamtregionale Wirksamkeit und örtliche Dringlichkeit sich in ihren jeweils höchsten Stufen, nicht aber im Mittelfeld gegenseitig ausschließen, verdeutlicht Abb.1. Von den 73 Wohnplätzen trifft die Mittelfeldbedingung "W = 3 bei D = 4" auf immerhin 10 zu, von denen noch 3, nämlich Haldern u.a., Walbeck und Nütterden/Schotterheide, Raumeinheiten der oben umrissenen 24er-Gruppe sind (vgl. Tab.4). Hau wurde

---

9) Vgl. KLEMMER/KRAEMER: Die regionalen Arbeitsmärkte, Bochum 1975, S.108/109.

10) Vgl. Fußnote 5

11) Hau ist wegen seiner besonderen Situation - die Patienten der Landesheilanstalt machen ca. 50% der Wohnbevölkerung aus - nicht mit einbezogen. Vgl. dazu auch die Ausführungen unter der im Text folgenden Ziffer 2.

Tab. 4: Zahlen zur Bevölkerungsentwicklung und zur Infrastruktur in ausgewählten Gruppen der 73 Klever Raumeinheiten (Raumeinheit = Wohnplatz 1975)[1]

lfd. Nr.	Wpl. Nr.	Wohnplätze 1975[7]	Wohnbevölkerung			Infra-struktur-Wertziff. 1975[4]	geplante Verkehrs-invest.[5] 1976-1979	Fördergewichte[6]			
			1961[2]	1975[3]	Zunahme 1961-1975			W 5-6	D 5-6	W= 3 u. D= 4	übrige
1	2	3	4	5	6	7	8	9	10	11	12
	1-73	Summe im Kreis	223884	258206	34322	381	120520	17	15	10	31
1	50	Kleve und Umgebung	36462	41852	5390	18	21370	x			
2	39	Goch und Umgebung	21374	25239	3865	15	8856	x			
3	63	Emmerich und Umgeb.	19382	22370	2988	16	5934	x			
4	1	Geldern und Umgebung	13591	17179	3588	17	18297	x			
5	14	Kevelaer und Umgeb.	14293	16098	1805	15	6497	x			
6	67	Rees und Umgebung	6821	7387	566	16	4579	x			
1-6		Summe 1 - 6	111923	130125	18202	97	65533	6	0	0	0
		in % von Kreissumme	50,0	50,4	53,0	(25,5)	54,5				
7	28	Weeze und Umgebung	6108	6957	849	12	4277	x			
8	18	Straelen und Umgeb.	4982	5685	703	14	0	x			
9	43	Kalkar und Umgebung	3943	4875	932	12	835	x			
10	6	Issum und Umgebung	3765	4814	1049	11	2705	x			
11	60	Aldekerk und Umgeb.	3906	4233	327	8	1118	x			
12	34	Bedburg und Umgeb.	2797	4045	1248	11	2000	x			
13	10	Uedem und Umgebung	3755	4100	345	12	4398				
14	25	Wachtendonk u.Umgeb.	3597	3723	126	12	1293	x			
15	55	Kranenburg u. Umgeb.	3131	3129	- 2	12	12760	x			
16	32	Rheurdt	2371	3033	662	9	49				
7-16		Summe 7 - 16	38355	44594	6239	113	29435	8	0	0	0
		in % von Kreissumme	17,1	17,3	18,2	(29,7)	24,4				
1-16		Summe 1 - 16	150278	174719	24441	210	94968	14	0	0	0
		in % von Kreissumme	67,1	67,7	71,2	(55,1)	78,8				
17	11	Nieukerk/Nieukerker-Br.	3488	4016	528	10	305				
18	7	Sevelen und Umgeb.	3243	3988	745	9	600				
19	69	Haldern und andere	2713	3647	934	7	685			x	
20	64	Elten und Umgebung	3086	3350	264	8	611				
21	5	Walbeck	2730	3003	273	7	200		x	x	
22	65	Praest/Vrasselt/Dornick	2395	3000	605	4	0				
23	56	Nütterden/Schotth.	2136	2878	742	7	2548			x	
24	68	Millingen und Umgeb.	2502	2752	250	7	1190				
17-24		Summe 17 - 24	22293	26634	4341	59	6139	0	1	3	0
		in % von Kreissumme	10,0	10,3	12,6	(15,5)	5,1				
1-24		Summe 1 - 24	172571	201353	28782	269	101107	14	1	3	0
		in % von Kreissumme	77,1	78,0	83,9	(70,6)	83,9				
25-73		Summe 25 - 73	51313	56853	5540	112	19413	3	14	7	31
		in % von Kreissumme	22,9	22,0	16,1	(29,4)	16,1				

Erläuterungen: 1) Vgl. dazu Textteil -2) Gemäß Volkszählung 1961; die Zahl ergibt sich aus einer Zusammenfassung der Wohnplätze 1961 auf den Gebietsstand des Kreises Kleve vom 1.1.1975 - 3) Gemäß einer Wohnplatzerhebung, die der Verf. bei den Gemeinden des Kreises durchführte - 4) Vgl. dazu die Ausführungen im Textteil - 5) Gemäß den nach Wohnplätzen aufgegliederten Investitionsprogrammen der Gemeinden und des Kreises, die in den Haushaltssatzungen 1976 ausgewiesen sind - 6) W = Fördergewicht im Hinblick auf die gesamtregionale Wirksamkeit des Mitteleinsatzes; D = Fördergewicht im Hinblick auf die örtliche Dringlichkeit des Mitteleinsatzes; bezüglich der Stufungen in den Sp. 9-12 vgl. die letzten Spalten der Tabellen 2 und 3; die ausgewiesenen Zahlen geben an, wieviel Raumeinheiten (Wohnplätze) in der jeweiligen Stufung sind - 7) vgl. Tab. 1.

Erläuterungen zur Tabelle 1
1) Die Zeiten wurden errechnet aus a) Kühlers Taschenfahrplan für den rechten Niederrhein und b) Taschenfahrplan der Verb. Sparkasse Goch-Kevelaer-Weeze; für das Umsteigen wurden jeweils 10 Minuten angesetzt, d.h. es wurde unterstellt, daß die Anschlüsse aufeinander abgestimmt sind. Alle Zeiten sind auf volle 10 Minuten gerundet - 2) Vgl. auch Karte und Textteil - 3) Die Buchstaben kennzeichnen die Wohnplätze, die gemeinsame Haltestellen haben; rechnet man die angegebenen Doppelzählungen heraus, ergeben sich 1581 Halte (ein und aus) im Kreis Kleve. Die Fußwege wurden bei den Wohnplätzen mit gemeinsamen Haltestellen in der Zeitberechnung berücksichtigt. - 4) Durchschnittliche Zeitentfernung (Summe der 7 Zeitwerte : 7) abzüglich einer Normal-Wegezeit von 30 Minuten, abzüglich Zahl der Halte; keine Minuswerte, d.h. diese = 0.

Erläuterungen zur Tabelle 2
1) Zum Aufbau der Tabelle siehe Textteil - 2) Vgl. Numerierung in der Karte; außerdem auch die näheren Angaben in Tabelle 1 - 3) Die Gesamtsumme der geplanten Verkehrsinvestitionen im Kreis für den Zeitraum 1976 bis 1979 beläuft sich gemäß den Investitionsprogrammen der Gemeinden und des Kreises auf DM 120,52 Mio.; vgl. dazu auch die Fußnote 5 zu den Erläuterungen zur Tabelle 4 (s.o.) - 4) Vgl. bei Fußnote 3 zu Tabelle 3 (s.u.).

Erläuterungen zur Tabelle 3
1) Zum Aufbau der Tabelle siehe Textteil - 2) Vgl. Numerierung in der Karte; außerdem auch die näheren Angaben zur Zusammensetzung der Wohnplätze in Tabelle 1 - 3) Die u.a. über Wohnplatzangaben auf den Gebietsstand des Kreises per 1.1.75 ermittelten Kreissummen für die Erwerbstätigen lauten: Erwerbstätige insgesamt 1961 (VZ) = 98652 Pers., 1970 (VZ) = 94053 Pers.; Erwerbstätige i.d. Landwirtschaft 1961 = 19754 Pers., 1970 = 12498 Pers.; weibl. Erwerbstätige 1970 = 28722 Pers. noch: Wohnbev. 1970 (VZ) = 244111 Pers.; Beschäft. i. prod. Gewerbe (ohne Bau) 1970 (VZ) = 69529; Wohnbevölkerung 1961 und 1975 vgl. Spalten 4 u. 5 der Tabelle 4.

aus dieser Mittelfeldbetrachtung ausgeschlossen, weil die Patienten der Landespflegeanstalt hier ca. 50%
der Wohnbevölkerung ausmachen und die ermittelte Wertziffer hier keinen Vergleich mit den anderen Gemeinden zuläßt. Zwar hätte man die Patientengruppe in der Gesamtrechnung neutralisieren, d.h. sowohl bei Hau
als auch aus der Kreissumme der Wohnbevölkerung herausnehmen können; ob dann allerdings dieser Torso im
Rechensystem eine vergleichbarere Wertziffer erbracht hätte, muß bei der vielschichtigen Bedeutung der
Landesheilanstalt für Hau bezweifelt werden. Die Nichteinfügbarkeit dieses Wohnplatzes in die Aussagen
des Systems sei daher als ein Hinweis dafür gewertet, daß die Gewichtungsziffern vor ihrer Verwertung
generell auf Besonderheiten ihrer Träger kritisch überprüft werden müssen.

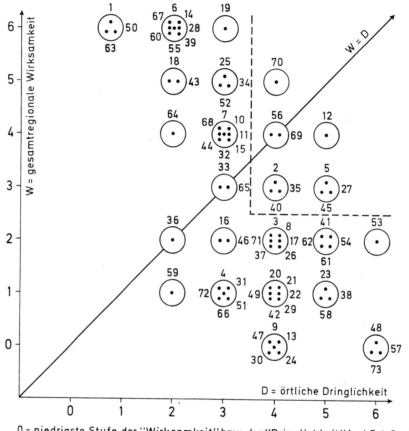

Abb. 1: Die Fördergewichtigkeit der 73 Klever Raumeinheiten (Wohnplätze) nach gesamtregionaler Wirksamkeit und örtlicher Dringlichkeit

3. Da die Gewichtung "gesamtregionale Wirksamkeit" sich lediglich auf die Lenkung von Förderung zur Erhaltung, Umstrukturierung bzw. Erweiterung des örtlichen Arbeitsplatzangebotes und der damit verbundenen wirtschaftsnahen Infrastruktur bezog, könnte aus dem eben unter Ziffer 1 Gesagten der Schluß gezogen werden, daß sich bei der in der Region nach Tab.4 gegebenen Wohnplatzstruktur eine derartige Förderung auf wenige Raumeinheiten beschränken müßte. Und dem wird man von der direkten Wirksamkeit des Fördermitteleinsatzes her auch kaum etwas entgegenhalten können: Trifft er dort doch auf viele Bürger und auf bereits mit hoher Zentralität ausgestattete, d.h. umsetzungsfähige Wohnplätze! Dieser Einschätzung einer direkten Wirksamkeit von knappen Fördermitteln wird man zumindest dann immer hohes Gewicht beimessen dürfen, wenn gleichzeitig bei den Wohnplätzen mit schwachstrukturierten Arbeitsmärkten der Gesichtspunkt der örtlichen Dringlichkeit durch eine angemessene Förderung zur Erhaltung bzw. Verbesserung der den Wohnwert bestimmenden und die Pendlermobilität stärkenden Infrastruktur beachtet und von daher jeder Mißbrauch von Wirtschaftsförderung zur negativen Sanierung von Regionen vermieden wird.

Zur rechten Gewichtung der gesamtregionalen Wirksamkeit bei der kleinräumigen Lenkung der Fördermittel ist neben der angesprochenen direkten jedoch auch die indirekte Wirksamkeit zu beachten. Wie Deiters im Hinblick auf Probleme der Verwaltungsreform betont, wird in unkritischer Ableitung aus industriewirtschaftlichen Tatbeständen gerne ein positiver Zusammenhang zwischen der Größe des Verwaltungsapparates und dem Grad der Rationalität postuliert. Dabei werden aber die besonders in Räumen mit geringer Bevölkerungsdichte anfallenden "Kosten der Raumüberwindung", die als "unsichtbare Kosten" vom Bürger zu tragen sind, fast völlig übersehen.[12] Dieser negative Effekt, der bei Schaffung großer Einheiten dann entstehen kann, wenn die unterschiedlichen räumlichen Verhältnisse ungenügend berücksichtigt werden, ist nicht nur auf Verwaltungskonzentrationen beschränkt. So verdeutlicht HIRSCH an der räumlichen Struktur privatwirtschaftlich organisierter Dienstleistungen, daß sich mit "abnehmender Besiedlungsgröße ... nicht etwa die Einzugsbereiche der Betriebe (vergrößern) , sondern eine Verringerung der Betriebsgröße, der Abbau der Arbeitsteilung sowie die Kombination der verschiedenen Funktionen in einem Betrieb ... das abnehmende Kundenpotential aus(gleichen)".[13] Eine Konzentration des tertiären Sektors an den zentralen Orten einer Region durch eine unkritische Verwendung des Wohnplatzmerkmals "gesamtregionale Wirksamkeit" birgt also durchaus die Gefahr der Verschlechterung der Situation und damit des Abbaues von Lebensqualität im übrigen Bereich in sich: Die vom Verfasser an anderer Stelle angedeutete Entwicklung im Einzelhandel, besonders aber in der beruflichen Bildung, beweisen es.

Den von DEITERS angesprochenen unsichtbaren Kosten der Raumüberwindung ist allerdings nicht nur bei Zentralisierungstendenzen gebührende Beachtung zu schenken. Als nicht gesehene - oder absichtlich übersehene - Folgekosten geförderter Prestigeobjekte[14] beeinträchtigen sie sowohl die gesamtregionale Wirksamkeit der Förderung als auch die finanziellen Möglichkeiten der Kommunen, echte Probleme örtlicher Dringlichkeit zu lösen.

Zusammenfassend darf man sagen, daß bei angemessener Relativierung der Meßergebnisse die hier an 73 Wohnplätzen der Region Kleve beispielhaft ermittelte Gewichtung von "gesamtregionaler Wirksamkeit" und "örtlicher Dringlichkeit" immer dann Entscheidungshilfen bieten können, wenn es darum geht, die für eine Gesamtregion erarbeiteten Aussagen über Ziel- und Sachprioritäten regionaler Wirtschaftsförderung in dieser Region kleinräumig abgestimmt zu realisieren.

---

12) Vgl. J. DEITERS: Der Beitrag der Geographie zur politisch-administrativen Regionalisierung, in: Berichte zur Deutschen Landeskunde, Bd.47, 1973, 1; S.132.

13) Vgl. H. HIRSCH: Ökonomische Maßstäbe für die kommunale Gebietsreform. Eine Kritik der nordrhein-westfälischen Reformvorhaben unter besonderer Berücksichtigung des Aachen-Gesetzes, Abhandlungen zur Kommunalpolitik, Bd.3, Köln 1971, S.V-VI.

14) Aufwendige Schwimmbäder in Kleingemeinden, Feuerwehr-Stützpunkte in mehreren Gemeindeteilen, Wohngebietserschließungen in Randlagen mit hohen Erschließungs- und Folgekosten; vgl. dazu auch das Interview der Rheinzeitung vom 4./5. Dezember 1976 mit dem Regierungspräsidenten von Koblenz: "Nicht jedem sein teures Schwimmbad Bauen."

Literaturverzeichnis

DEITERS, J. (1973): Der Beitrag der Geographie zur politisch-administrativen Regionalisierung. In: Berichte zur Deutschen Landeskunde, 47, 1.

GATZWEILER, H.-P. (1976): Indikatoren als methodisches Instrument zum Vollzug des BROP durch die GRW. In: Informationen zur Raumentwicklung, 12.

HAUTH, P. (1980): Probleme regionaler Wirtschaftsförderung - dargestellt am Beispiel des Kreises Kleve, unveröffentlichte Dissertation, eingereicht an der Mathematisch-Naturwissenschaftlichen Fakultät, Bonn.

HIRSCH, H. (1971): Ökonomische Maßstäbe für die kommunale Gebietsreform. Eine Kritik der nordrhein-westfälischen Reformvorhaben unter besonderer Berücksichtigung des Aachen-Gesetzes, Bd.3 der Abhandlungen zur Kommunalpolitik, Köln.

KLEMMER, P. u. D. KRAEMER(1975): Regionale Arbeitsmärkte, Bd.1 der Beiträge zur Struktur- und Konjunkturforschung. Bochum.

LANDESAMT FÜR DATENVERARBEITUNG UND STATISTIK DES LANDES NORDRHEIN-WESTFALEN: Sonderreihe Volkszählung 1970, H.2a und 2b.

THELEN,P.u. G. LÖHRS (1971): Abgrenzung von Fördergebieten, Bd. 91 der Schriftenreihe des Forschungsinstituts der Friedrich-Ebert-Stiftung. Hannover.